深港澳金融科技师一级考试专用教材

金融通识

主　编　宋　敏　何　杰
副主编　代军勋
参　编　潘　敏　肖卫国　马　理
　　　　赵　征　潘国臣　袁　威

机械工业出版社

本书作为金融科技师学习金融环境和金融系统的基础教材，采用宽口径金融的研究范畴，以货币资金运动作为主线，涵盖了货币、信用、金融工具、金融市场、金融机构、货币政策、金融监管、国际金融等几乎所有金融活动，全面、系统、前瞻性地介绍了金融学基础知识和基本原理，展现了现代金融发展与金融改革的最新成果。本书力求通俗易懂，内容新颖，覆盖面广，信息量大。

本书可作为深港澳金融科技师一级考试的考生的复习指导用书，也适合从事或有志于从事金融科技的人员、金融机构相关业务部门工作者以及希望了解金融科技相关基础知识及实际应用的读者学习参考。

图书在版编目（CIP）数据

金融通识/宋敏，何杰主编. —北京：机械工业出版社，2020.4
深港澳金融科技师一级考试专用教材
ISBN 978-7-111-65081-2

Ⅰ. ①金… Ⅱ. ①宋…②何… Ⅲ. ①金融-资格考试-自学参考资料 Ⅳ. ①F83

中国版本图书馆 CIP 数据核字（2020）第 044667 号

机械工业出版社（北京市百万庄大街22号 邮政编码100037）
策划编辑：裴 泱　责任编辑：裴 泱　韩效杰
责任校对：王 延　封面设计：鞠 杨
责任印制：邵 敏
北京圣夫亚美印刷有限公司印刷
2020年5月第1版第1次印刷
169mm×239mm·16.25 印张·288 千字
标准书号：ISBN 978-7-111-65081-2
定价：49.00元

电话服务　　　　　　　　　网络服务
客服电话：010-88361066　　机 工 官 网：www.cmpbook.com
　　　　　010-88379833　　机 工 官 博：weibo.com/cmp1952
　　　　　010-68326294　　金 书 网：www.golden-book.com
封底无防伪标均为盗版　　　机工教育服务网：www.cmpedu.com

编写说明

2019年2月，中共中央、国务院印发的《粤港澳大湾区发展规划纲要》明确提出，将香港、澳门、广州、深圳作为区域发展的核心引擎；支持深圳推进深港金融市场互联互通和深澳特色金融合作，开展科技金融试点，加强金融科技载体建设。金融科技是粤港澳大湾区跻身世界级湾区的引擎推动力，人才是推动金融创新的第一载体和核心要素。为响应国家发展大湾区金融科技战略部署，紧扣科技革命与金融市场发展的时代脉搏，持续增进大湾区金融科技领域的交流协作，助力大湾区建成具有国际影响力的金融科技"高地"，深圳市地方金融监督管理局经与香港金融管理局、澳门金融管理局充分协商，在借鉴特许金融分析师（CFA）和注册会计师（CPA）资格考试体系的基础上，依托行业协会、高等院校和科研院所，在三地推行"深港澳金融科技师"专才计划（以下简称专才计划），建立"考试、培训、认定"为一体的金融科技人才培养机制，并确定了"政府支持，市场主导；国际化标准，复合型培养；海纳百川，开放共享；考培分离，与时俱进"四项原则。

为了使专才计划更具科学性和现实性，由深圳市地方金融监督管理局牵头，深圳市金融科技协会、资本市场学院等相关单位参与，成立了金融科技师综合统筹工作小组。2019年4月，工作小组走访了平安集团、腾讯集团、招商银行、微众银行、金证科技等金融科技龙头企业，就金融科技的应用现状、岗位设置、人才招聘现状和培养需求等进行了深入的调研。调研结果显示：目前企业对金融科技人才的需求呈现爆炸式增长趋势，企业招聘到的金融科技有关人员不能满足岗位对人才的需求，人才供需矛盾非常突出。由于金融科技是一个新兴的交叉领域，对知识复合性的要求较高，而目前高等院校的金融科技人才培养又跟不上市场需求的增长，相关专业毕业生不熟悉国内金融科技的发展现状，不了解金融产品与技术的发展趋势，加入企业第一年基本无法进入角色，因此，各家企业十分注重内部培训，企业与高校合作成立研究院并共同开发培训课程，自主培养金融科技人才逐渐成为常态。但是，企业培养金融科技人才的成本高、周期长，已经成为制约行业发展的瓶颈。

工作小组本着解决实际问题的精神，在总结调研成果的基础上，组织专家对项目可行性和实施方案进行反复论证，最终达成以下共识。

专才计划分为金融科技师培训和金融科技师考试两个子项目。其中，培训项目根据当下金融场景需求和技术发展前沿设计课程和教材，不定期开展线下培训，并有计划地开展长期线上培训。考试项目则是培训项目的进一步延伸，目的是建立一套科学的人才选拔认定机制。考试共分为三级，考核难度和综合程度逐级加大：一级考试为通识性考核，区分单项考试科目，以掌握基本概念和理解简单场景应用为目标，大致为本科课程难度；二级考试为专业性考核，按技术类型和业务类型区分考试科目，重点考查金融科技技术原理、技术瓶颈和技术缺陷、金融业务逻辑、业务痛点、监管合规等专业问题，以达到本科或硕士学历且具备一定金融科技工作经验的水平为通过原则；三级考试为综合性考核，不区分考试科目，考查在全场景中综合应用金融科技的能力，考核标准对标资深金融科技产品经理或项目经理。考试项目重点体现权威性、稀缺性、实践性、综合性和持续性特点。权威性，三地政府相关部门及行业协会定期或不定期组织权威专家进行培训指导；稀缺性，控制每一级考试的通过率，使三级考试总通过率在10%以下，以确保培养人才的质量；实践性，为二级考生提供相应场景和数据，以考查考生的实践操作能力；综合性，作为职业考试，考查的不仅仅是知识学习，更侧重考查考生的自主学习能力、团队协作能力、职业操守与伦理道德、风险防控意识等综合素质；持续性，专才计划将通过行业协会为学员提供终身学习的机会。

基于以上共识，工作小组成立了教材编写委员会（简称"编委会"）和考试命题委员会，分别开展教材编写工作和考试组织工作。编委会根据一级考试的要求，规划了这套"深港澳金融科技师一级考试专用教材"。在教材编写启动时，编委会组织专家、学者对本套教材的内容定位、编写思想、突出特色进行了深入研讨，力求本套教材在确保较高编写水平的基础上，适应深港澳金融科技师一级考试的要求，做到针对性强，适应面广，专业内容丰富。编委会组织了来自北京大学汇丰商学院、哈尔滨工业大学（深圳）、南方科技大学、武汉大学、山东大学、中国信息通信研究院、全国金融标准化技术委员会秘书处、深圳市前海创新研究院、上海高级金融学院、深圳国家高新技术产业创新中心等高校、行业组织和科研院所的二十几位专家带领的上百人的团队，进行教材的编撰工作。此外，平安集团、微众银行、微众税银、基石资本、招商金科等企业为本套教材的编写提供了资金支持和大量实践案例，深圳市地方金融监督管理局工作人员为编委会联系专家、汇总资料、协调场地等，承担了大部分组织协调工作。在此衷心地感谢以上单位、组织和个人为本套教材编写及专才计划顺利实施做出的贡献。

2019年8月18日，正值本套教材初稿完成之时，传来了中共中央国务院发布《关于支持深圳建设中国特色社会主义先行示范区的意见》这一令人振奋的消息。该意见中明确指出"支持在深圳开展数字货币研究与移动支付等创新应用"，这为金融科技在深圳未来的发展指明了战略方向。

"长风破浪会有时，直挂云帆济沧海。"在此，我们衷心希望本套教材能够为粤港澳大湾区乃至全国有志于从事金融科技事业的人员提供帮助。

编委会

本书特邀指导专家

何　平　清华大学经济管理学院中国金融研究中心主任
陶雄华　中南财经政法大学金融学院教授
金　鹏　中国建设银行湖北省分行副行长

前　言

金融有多重要？

习近平总书记指出，金融是现代经济的核心，是国家重要的核心竞争力，金融安全是国家安全的重要组成部分，金融制度是经济社会发展中重要的基础性制度。金融活，经济活；金融稳，经济稳。经济兴，金融兴；经济强，金融强。

人类已经进入金融时代，金融无处不在并已经成为一个庞大的系统。金融也变得越来越复杂，越来越高风险化。以大数据、云计算、人工智能、区块链以及移动互联网为引领的新的工业革命与科技革命，导致金融的边界、服务、产品和模式不断被打破和被重构。金融科技师只有对金融体系和金融变革有深刻全面的了解，才能对金融环境有更好的适应，才能对金融工具有更好的驾驭。

为了适应金融科技师通识教育的需要，为了推动金融科技师正确金融观的建立，本书力求紧扣时代，结构合理，内容准确，通俗易懂。本书围绕货币运动的规律展开，分为九章，对金融体系进行了全面介绍。

第一章"货币与货币制度"，主要介绍了货币的形式、货币的职能以及货币制度，重点介绍了科技驱动的货币形式转变；第二章"信用"，主要介绍了信用的特征、信用的基本形式、信用工具，并重点介绍了利息和利率及其计算；第三章"金融市场"，主要介绍了金融市场的含义、构成要素、功能、类型，并分别详细介绍了货币市场、资本市场和金融衍生工具市场，分析了这三个子市场的运行规则；第四章"证券投资"，主要介绍了证券投资的特征、收益、风险，并对股票投资、债券投资和基金投资进行了详细介绍，还重点介绍了正在兴起的量化投资的策略和方法；第五章"金融中介"，主要介绍了金融中介的产生、基本功能和种类，分别详细介绍了商业银行和保险公司的业务和经营管理；第六章"中央银行"，主要介绍了中央银行的产生和发展、中央银行的性质和职能，并对中央银行与政府的关系进行了分析；第七章"货币政策"，主要介绍了货币政策的目标和工具，分析了货币政策的传导路径和有效性；第八章"金融风险与金融监管"，主要介绍了金融风险的含义、分类、度量和管理策略，分析了金融监管的必要性和金融监管体制的发展趋势，重点介绍了银行、证券、保险和互联网金融的监管体系；第九章"国际金融"，主要介绍了国际收支、外汇与汇率、汇率制度和外汇管制、国际储备，并重点介绍了国际货币制度的演化。

为了便于学习，本书每章之前都提示学习要点，每章之后都进行要点回顾，并提供参考习题。为了加深金融科技师对相关金融知识点的理解，本书还通过分散于各章的小知识进行重点内容的延展。

本书由宋敏、何杰担任主编，为本书编写提供了编写思路和写作大纲，并进行了最后的统稿。具体编写分工为：第一、二章由代军勋编写，第三章由赵征编写，第四章由袁威编写，第五章由代军勋、潘国臣编写，第六、七章由潘敏、马理编写，第八章由代军勋、赵征、潘国臣、袁威编写，第九章由肖卫国编写。

感谢清华大学经济管理学院中国金融研究中心何平教授、中南财经政法大学金融学院陶雄华教授和中国建设银行湖北省分行副行长金鹏先生为本书编写提出的宝贵意见。

本书是依托武汉大学金融学科的长期学术沉淀而集体创作的成果。本书的编写是建立在武汉大学金融学科已有相关专业教材的基础上，包括：《货币金融学（第六版）》（黄宪等主编，武汉大学出版社，2017年）、《国际金融（第二版）》（刘思跃等主编，武汉大学出版社，2013年）、《银行管理学（修订版）》（黄宪等主编，武汉大学出版社，2011年）。

本书也大量参考了其他国内外学者的研究成果，在此一并表示感谢！由于编者的疏漏，可能有部分参考文献没有列出，欢迎大家指正。

编者

学习大纲

学习目的

本课程的学习目的在于通过系统学习金融基本概念和基础知识,透彻了解现代金融体系中各子系统的功能以及金融系统的总体运行机制,培养学生正确的金融观,提高学生认识、分析、解决金融实务问题的能力。

学习内容及学习要点

学习内容		学习要点
第一章 货币与货币制度	第一节 货币的形式	1. 了解商品货币、代用货币、信用货币、电子货币、虚拟货币等货币形式的内涵和运行特征 2. 熟悉货币形式演化的规律
	第二节 货币的职能	1. 了解价值标准、交易媒介、价值贮藏、支付手段等货币职能 2. 熟悉货币职能发挥的约束条件
	第三节 货币制度	1. 了解银本位制、金银复本位制、金本位制、信用货币制度的运行特征 2. 了解我国的人民币制度
第二章 信用	第一节 概述	1. 了解信用的要素构成与特征 2. 了解信用的运行逻辑
	第二节 信用的基本形式	1. 了解商业信用、银行信用、国家信用、消费信用和工商企业的直接信用等信用形式 2. 熟悉商业信用和银行信用的运行特征
	第三节 信用工具	1. 了解信用工具的种类 2. 熟悉信用工具的属性
	第四节 利息与利率	1. 了解利息与利率的含义、种类 2. 掌握资金的时间价值的计算

（续）

学习内容		学习要点
第三章 金融市场	第一节 金融市场概述	了解金融市场的含义、构成要素、功能和类型
	第二节 货币市场	了解货币市场的内涵和构成
	第三节 资本市场	1. 了解股票市场、债券市场的运行规则 2. 了解投资基金
	第四节 金融衍生工具市场	1. 了解金融远期市场、金融期货市场、金融期权市场和金融互换市场的运行规则 2. 熟悉金融衍生工具的功能
第四章 证券投资	第一节 证券投资概述	1. 了解证券投资的特征 2. 掌握证券投资收益的计算 3. 掌握证券投资风险的计算
	第二节 股票投资	1. 了解股票的发行与流通 2. 熟悉股票的价格与价值 3. 掌握股票估值
	第三节 债券投资	1. 了解债券信用评级 2. 掌握债券估值
	第四节 基金投资	1. 了解基金的发行与流通 2. 掌握基金估值
	第五节 量化投资	1. 了解量化投资的含义 2. 熟悉量化投资策略 3. 熟悉量化投资方法
第五章 金融中介	第一节 金融中介概述	1. 了解金融中介产生的过程和原因 2. 了解金融中介的基本功能和类型
	第二节 商业银行	1. 了解商业银行的资金来源、资金运用、表外业务和其他业务 2. 熟悉商业银行的经营原则
	第三节 保险公司	1. 了解保险的含义、功能和种类 2. 熟悉保险经营
第六章 中央银行	第一节 中央银行的产生和发展演变	了解中央银行的产生及其普及完善
	第二节 中央银行的职能与组织形式	1. 熟悉中央银行的性质和职能 2. 了解中央银行的类型
	第三节 中央银行与政府的关系	1. 了解中央银行与政府关系的内涵 2. 了解保持中央银行独立性的原因

(续)

学习内容		学习要点
第七章 货币政策	第一节 货币政策的目标	1. 熟悉货币政策的最终目标、中介目标和操作目标，熟悉金融创新对货币政策中介目标的影响 2. 熟悉中国人民银行货币政策中介目标的选择
	第二节 货币政策工具	1. 熟悉一般性货币政策工具 2. 了解选择性货币政策工具和其他货币政策工具 3. 熟悉非常规货币政策工具 4. 熟悉中国人民银行的货币政策工具
	第三节 货币政策传导与有效性	1. 熟悉货币政策的传导路径 2. 掌握货币政策的有效性的评价
第八章 金融风险与金融监管	第一节 金融风险	1. 了解金融风险的含义和分类 2. 掌握金融风险的度量方法 3. 熟悉金融风险的管理策略
	第二节 金融监管	1. 了解金融监管的必要性和金融监管体制的发展趋势 2. 熟悉银行监管、证券监管、保险监管和互联网金融监管的体系
第九章 国际金融	第一节 国际收支	1. 了解国际收支和国际收支平衡表 2. 熟悉国际收支失衡与调节
	第二节 外汇与汇率	1. 了解外汇、汇率及其标价方法 2. 熟悉汇率的决定基础与影响因素 3. 了解外汇风险
	第三节 汇率制度与外汇管制	1. 了解各种汇率制度及其优缺点 2. 了解外汇管制及其影响
	第四节 国际储备	1. 了解国际储备及其构成 2. 熟悉国际储备的管理
	第五节 国际货币体系	了解国际货币制度的主要内容及类型

目 录

编写说明
前　言
学习大纲

第一章　货币与货币制度 ································· 1

　第一节　货币的形式 ································· 1
　　一、商品货币 ································· 1
　　二、代用货币 ································· 2
　　三、信用货币 ································· 2
　　四、电子货币 ································· 3
　　五、虚拟货币 ································· 3

　第二节　货币的职能 ································· 4
　　一、价值标准 ································· 4
　　二、交易媒介 ································· 5
　　三、价值贮藏 ································· 5
　　四、支付手段 ································· 5

　第三节　货币制度 ································· 6
　　一、银本位制 ································· 7
　　二、金银复本位制 ································· 7
　　三、金本位制 ································· 7
　　四、信用货币制度 ································· 9

第二章　信用 ································· 11

　第一节　信用概述 ································· 11

一、信用的要素构成 ·· 12
　　二、信用的特征 ·· 12
第二节　信用的基本形式 ·· 12
　　一、商业信用 ·· 12
　　二、银行信用 ·· 13
　　三、国家信用 ·· 14
　　四、消费信用 ·· 14
　　五、工商企业直接信用 ·· 15
　　六、地方政府信用 ·· 15
第三节　信用工具 ·· 15
　　一、信用工具的种类 ·· 16
　　二、信用工具的属性 ·· 18
第四节　利息与利率 ·· 19
　　一、利息与利率的含义 ·· 19
　　二、利率的种类 ·· 19
　　三、资金时间价值 ·· 21

第三章　金融市场 ·· 25

第一节　金融市场概述 ·· 25
　　一、金融市场的含义 ·· 25
　　二、金融市场的构成要素 ·· 26
　　三、金融市场的功能 ·· 27
　　四、金融市场的类型 ·· 28
第二节　货币市场 ·· 32
　　一、货币市场的内涵 ·· 32
　　二、货币市场的构成 ·· 33
第三节　资本市场 ·· 39
　　一、股票市场 ·· 39
　　二、债券市场 ·· 47
第四节　金融衍生工具市场 ·· 50
　　一、金融远期市场 ·· 51
　　二、金融期货市场 ·· 52
　　三、金融期权市场 ·· 57

四、金融互换市场 ·· 61

第四章　证券投资 ·· 65

第一节　证券投资概述 ·· 65
　　一、证券投资的特征 ·· 65
　　二、证券投资收益 ·· 67
　　三、证券投资风险 ·· 72

第二节　股票投资 ·· 73
　　一、股票的发行与流通 ·· 73
　　二、股票的价格与价值 ·· 75
　　三、股票估值 ·· 77

第三节　债券投资 ·· 78
　　一、债券的信用评级 ·· 78
　　二、债券估值 ·· 80

第四节　基金投资 ·· 82
　　一、基金的发行与流通 ·· 82
　　二、基金估值 ·· 83

第五节　量化投资 ·· 85
　　一、量化投资的含义 ·· 85
　　二、量化投资策略 ·· 86
　　三、量化投资方法 ·· 88

第五章　金融中介 ·· 91

第一节　金融中介概述 ·· 91
　　一、金融中介的基本功能 ·· 91
　　二、金融中介的类型 ·· 93

第二节　商业银行 ·· 99
　　一、商业银行的资金来源 ·· 99
　　二、商业银行的资金运用 ·· 104
　　三、表外业务和其他业务 ·· 108
　　四、商业银行的经营原则 ·· 109

第三节　保险公司 ·· 110
　　一、保险概述 ·· 110

二、保险的种类 ·· 114
　　三、保险经营 ·· 116

第六章　中央银行 ·· 122

第一节　中央银行的产生和发展演变 ·· 122
　　一、中央银行的产生 ··· 122
　　二、中央银行制度的普及和完善 ·· 124

第二节　中央银行的职能与组织形式 ·· 128
　　一、中央银行的性质 ··· 128
　　二、中央银行的职能 ··· 129
　　三、中央银行的类型 ··· 131

第三节　中央银行与政府的关系 ·· 135
　　一、中央银行与政府关系的内涵 ·· 135
　　二、中央银行的独立性 ·· 136

第七章　货币政策 ·· 139

第一节　货币政策的目标 ··· 139
　　一、货币政策的最终目标 ··· 139
　　二、货币政策的中介目标和操作目标 ·· 143
　　三、金融创新对货币政策中介目标的影响 ·································· 147
　　四、中国人民银行货币政策中介目标的选择 ······························· 148

第二节　货币政策工具 ·· 151
　　一、一般性货币政策工具 ··· 151
　　二、选择性的货币政策工具 ·· 155
　　三、其他货币政策工具 ·· 157
　　四、非常规货币政策工具 ··· 158
　　五、中国人民银行的货币政策工具 ··· 161

第三节　货币政策传导与有效性 ·· 164
　　一、货币政策的传导路径 ··· 164
　　二、货币政策的有效性 ·· 165

第八章　金融风险与金融监管 ··· 171

第一节　金融风险 ·· 171

XV

一、金融风险的含义 ……………………………………… 171
　　二、金融风险的分类 ……………………………………… 172
　　三、金融风险的度量 ……………………………………… 174
　　四、金融风险的管理策略 ………………………………… 179
第二节　金融监管 …………………………………………… 180
　　一、金融监管的必要性 …………………………………… 180
　　二、金融监管体制的发展趋势 …………………………… 183
　　三、银行监管 ……………………………………………… 189
　　四、证券监管 ……………………………………………… 194
　　五、保险监管 ……………………………………………… 199
　　六、互联网金融监管 ……………………………………… 204

第九章　国际金融 …………………………………………… 208

第一节　国际收支 …………………………………………… 208
　　一、国际收支与国际收支平衡表 ………………………… 208
　　二、国际收支失衡与调节 ………………………………… 210
第二节　外汇与汇率 ………………………………………… 213
　　一、外汇的含义与作用 …………………………………… 213
　　二、汇率及其标价方法 …………………………………… 216
　　三、汇率的决定基础与影响因素 ………………………… 217
　　四、外汇风险 ……………………………………………… 219
第三节　汇率制度与外汇管制 ……………………………… 220
　　一、汇率制度 ……………………………………………… 220
　　二、外汇管制 ……………………………………………… 222
第四节　国际储备 …………………………………………… 225
　　一、国际储备及其构成 …………………………………… 225
　　二、国际储备的管理 ……………………………………… 227
第五节　国际货币体系 ……………………………………… 232
　　一、国际货币体系概述 …………………………………… 232
　　二、国际金本位制 ………………………………………… 233
　　三、布雷顿森林体系 ……………………………………… 234
　　四、牙买加体系 …………………………………………… 237

参考文献 …………………………………………………… 242

第一章

货币与货币制度

【本章要点】

1. 了解商品货币、代用货币、信用货币、电子货币、虚拟货币等货币形式的内涵和运行特征；
2. 熟悉货币形式演化的规律；
3. 了解价值尺度、交易媒介、支付手段、价值贮藏等货币职能；
4. 熟悉货币职能发挥的约束条件；
5. 了解银本位制、金银复本位制、金本位制、信用货币制度的运行特征；
6. 了解我国的人民币制度。

货币是商品经济发展的产物。货币一旦从商品中分离出来、固定充当一般等价物，它不仅克服了商品交易中大量存在的时空分离而无法成交的矛盾，而且使经济发展与货币密切联系在一起。货币形式不断演进，信用工具层出不穷，极大地推动了资本配置效率的提高、经济的发展和社会文明的进步。

第一节 货币的形式

在商品经济中，货币作为一般等价物的本质是稳定的，但货币的形式必然随着生产和交换的发展不断演变。

一、商品货币

商品货币是兼具货币与商品双重身份的货币。它在执行货币职能时是货币，不执行货币职能时是商品。它作为货币用途时的价值与作为商品用途时的价值相等，又称足值货币。作为货币的商品应当具有如下四个特征：①价值较高，这样可以用较少的媒介完成较大量的交易；②易于分割，即分割之后不会损失价值；③易于保存，即在保存过程中不会损失价值，无须支付费用等；④便于携带，以利于在不同空间的交易。在人类历史上，商品货币主要有实物货币（如粮食、布、牲畜、贝壳等）和金属货币（如铜币、银币和金币等）两种形态。实物货币是人类最早的货币形态，其后过渡到贱金属（铁、铜等）和贵金属（银、金）。

贵金属货币具有质地均匀、易于分割、经久耐磨、价值稳定等优点，但随商品流通的扩大，贵金属日益暴露出许多缺点，主要有：①由于流通造成的磨损和人为削刮，使铸币的名义价值与实际价值经常背离；②人类拥有的作为货币用途的贵金属矿产资源有限，供应缺乏弹性，不能满足飞速扩大的商品交易对货币量的需要；③流通费用较高，不便携带，无法适应大宗交易的需要。于是，随着商品流通的扩展，出现了各种代用货币。

二、代用货币

代用货币是在贵金属货币流通的制度下，代替金属货币流通的货币符号。它本身价值低于货币面值，但可以和所代表的金属货币自由兑换。代用货币通常是纸制的，一般由政府或银行发行，但要求代用货币有足量的金属保证，以满足其随时兑现。北宋年间的"交子"、明代的"大明宝钞"都是代用货币的早期雏形。与贵金属货币相比较，代用货币有以下几个优点：①它的印刷成本远低于铸币的铸造费用；②不在意日常磨损和人为有意的毁损；③纸质代用货币容易保管、携带和运送，节省了流通费用。但代用货币的发行量受贵金属准备的限制，不能满足经济发展的需要。随着金本位制的崩溃，代用货币退出了历史舞台，为信用货币所取代。

三、信用货币

信用货币是代用货币进一步发展的产物。信用货币本身的价值低于货币价值，且不代表任何金属货币，它只是一种信用凭证，主要依靠银行信用或政府信用而流通。本质上说信用货币属于银行或政府的负债。信用货币最显著的特征是作为商品的价值与作为货币的价值是不相同的。

目前世界上几乎所有的国家都采用了信用货币的货币形式。金属货币制度的崩溃导致信用货币在全世界范围的普遍采用。20 世纪 30 年代，由于世界性的经济大危机，各主要国家先后被迫放弃金本位和银本位制，所发行的纸币不再兑换金属货币，信用货币应运而生。信用货币具有以下特征：①信用货币是货币的价值符号；②信用货币是债务货币；③信用货币具有强制性；④国家对信用货币进行控制和管理。信用货币体系克服了金本位制下货币供应缺乏弹性的致命缺陷，货币当局在应对经济危机时有了更大的调控空间，但其风险性在于政府的货币发行规模摆脱了金属货币的束缚之后，很容易失控。

四、电子货币

电子货币是指通过电子化方式支付的货币。

电子货币是一种信息货币，具有货币的基本属性。在商品交易支付中，它具有交易行为的自主性、交易条件的一致性、交易方式的独立性和交易过程的可持续性等通货应具有的特性。电子货币还具有一些特殊的属性，主要表现在以下方面：①发行主体的多元化。从目前的情况看，电子货币的发行既有中央银行，也有一般金融机构。②发行行为的个性化。目前的电子货币大部分是不同的机构自行设计的带有个性特征的产品，其担保主要依赖各个发行者自身的信誉和资产，风险不一致，其使用范围也受到设备条件、相关协议等的限制。③流通范围的国际化。电子货币打破了各国通货在流通上的区域界限，只要商家愿意接受，消费者可以较容易地获得和使用多国货币。④形态上的虚拟化。电子货币是一种超物货币，其存在流通可以不需借助实物体，依靠信息流传递，成为一种超物的价值体，履行货币的职能，因而比历史上任何一种货币的效率都高。⑤防伪上的差异化。传统货币的防伪可依赖于物理设备，而电子货币的防伪只能采取技术上的加密或认证系统来实现。

五、虚拟货币

虚拟货币是指非真实的货币，如比特币、莱特货币等。

比特币（Bitcoin）的概念最初由中本聪在2008年11月1日提出，并于2009年1月3日正式诞生。比特币是一种P2P形式的虚拟的加密数字货币。比特币不依靠特定货币机构发行，它依据特定算法，通过大量的计算产生。比特币与其他虚拟货币最大的不同，是其总数量非常有限，具有极强的稀缺性。

比特币的本质其实就是一堆复杂算法所生成的特解。特解是指方程组所能得到有限个解中的一组，而每一个特解都能解开方程并且是唯一的。如果以钞票来比喻，比特币就是钞票的冠字号码，你知道了某张钞票上的冠字号码，你就拥有了这张钞票。而挖矿的过程就是通过庞大的计算量不断地去寻求这个方程组的特解，这个方程组被设计成了只有2100万个特解，所以比特币的上限就是 2100 万个。

电子货币与虚拟货币都是无形的,两者之间最重要的区别就是发行者不同。电子货币是法币的电子化,包括常见的银行卡、网银、电子现金等,还有近年来发展起来的第三方支付,如支付宝、财付通等。这些电子货币无论其形态如何、通过哪些机构流通,其最初的源头都是中央银行发行的法币。但虚拟货币是非法币的电子化,其最初的发行者并不是央行。例如,腾讯Q币以及其他的游戏币等,这类虚拟货币主要限于特定的虚拟环境里流通。之后出现的比特币,通过区块链技术较好地解决了去中心化、去信任的问题,实现了全球流通,在世界范围内受到追捧。电子货币与虚拟货币,统称为数字货币。

展望货币形式快速发展的未来,可以预见到,使用现钞和支票的经济主体会逐渐减少,甚至有可能消失,但货币不会消亡,它仍将以不断出现的新的形式存在,执行货币的各项职能。

第二节 货币的职能

货币作为现代市场经济一种最普遍且历史悠久的现象,在生活中司空见惯。家庭、厂商、政府的运转,乃至国家宏观经济的运行,各经济主体都用货币衡量其劳动或投入的所得以及交易价值,用货币计量经济活动中的成本与收益,用货币象征其对社会财富的拥有,用货币预测未来经济的增长。货币的出现是为了完善和改进物物交换的低效率。货币的产生以及带给经济系统最大的改变,主要就是降低交易成本和提高全社会经济运行的效率。货币在经济生活中的作用是通过货币的职能表现出来的。在货币金融学术界,学者们普遍认同货币的基本功能有四个,即价值标准、交易媒介、价值贮藏和支付手段。

一、价值标准

价值标准(Standard of Value)也称价值尺度,就是利用货币作为衡量价值的工具。在日常生活中用克来度量质量,用公里来度量距离;同样,各国也使用自己的货币来计算商品和劳务的价值。因为货币是大家都接受的交换媒介,所以所有商品用货币计价十分方便,商品的价值贵贱也就一目了然,易于比较。货币执行价值尺度的职能,大大简化了商品劳务定价中的交易次数和价格体系,提高了社会经济运行的效率。

举例来说,在一个市场上有三种商品,绵羊、斧子和布匹。如果没有货币,这三种商品要以物易物地交换,那就要先知道三种相对价格,如1只绵羊等于2把斧子，1只绵羊等于10尺布，1把斧子等于5尺布。如果一个市场有10种商品，以物易物地交换，每一种商品的价格都要用其他9种商品来表示。有了货币，就有了用货币度量形成的统一商品价格体系，商品之间的交易就变得相对容易。

货币作为商品的价值标准只需要观念上的货币就可以了，即在商品上贴上价格的标签，它把商品的价值表现为一定数量的货币（价格）。单位商品价值的货币表现就是商品的价格，它是单位商品的价值量与单位货币代表的价值量之比。商品的价格与商品的价值量成正比例变化，与单位货币代表的价值量成反比例变化。

二、交易媒介

交易媒介（Medium of Exchange）是指货币以普遍被接受物的形态在交易时发挥媒介作用。

货币作为良好的交易媒介应满足三个基本要求：①在交易中具有普遍接受性。②购买力（或价值）相对稳定，尽管商品货币价值的稳定性是相对的概念。③供给应富有弹性。一种良好的货币，其数量供应必须富有弹性（即有伸缩的余地），即货币流通量应该有一种调节机制，以保障货币总量与经济增长的协调。

三、价值贮藏

价值贮藏（Store of Value）是指货币暂时退出流通领域，充当社会财富的一般代表，即"购买力的暂栖所"。

如前所述，交易媒介的职能使物物交易或劳务交易中的统一行为，被区分为买与卖两个相互独立的行为。在人们卖出商品或劳务再到买入其他商品或劳务的时间间隔中，出于各种原因，货币可能会暂时退出流通领域，从而执行价值贮藏的职能。货币作为贮藏手段具有完全流动性的特征，但货币并不是唯一储存价值的手段，任何有价值的资产都可以成为贮藏手段，执行这一职能。在社会经济发展的不同阶段，价值贮藏的目的和所采取的形式是不同的。

四、支付手段

支付手段（Means of Payment）是指货币在清偿债务时充当延期支付的工具。它是货币的交易媒介职能在延期执行时派生出来的。

货币作为交易媒介职能和支付手段职能的主要区别是，商品或劳务交易行为的发生与货币支付在时间上有无间隔。若两者同时发生，货币便是作为交易媒介，若两者间隔，出现延期支付，货币便是作为支付手段。

货币支付手段对经济的影响主要表现在以下三个方面：①有利于减少流通中的现金需求量。在发达的市场经济国家，经济往来中形成了错综复杂的债权债务关系，延期支付日益成为普遍的交易方式，货币作为支付手段的重要性早已远远超过了交易媒介手段。②推动了信用关系的发展。货币支付手段的职能使信用的形式由商品信用迅速地发展为货币信用，使得交易量极大扩展。它还突破了现金利润对厂商扩大生产的限制，使厂商可以突破自身积累进行扩大再生产。③它所带来潜在的风险造成了买卖和交易的脱节，强化了货币交易链条断裂的脆弱性，从而也加大了经济危机爆发的可能性。在错综复杂的债权债务关系链中，一旦其中某个环节断裂，容易引起连锁反应，引发支付系统的危机。

第三节 货币制度

货币制度，简称"币制"，是一个国家以法律形式所规定的货币流通的组织形式。货币制度主要包含以下四个方面的内容：①规定本位货币材料与货币单位。所谓本位货币是国家法律规定的标准货币。它具有法定的无限支付能力，称无限法偿。本位货币的标准计量单位，称为货币单位，如美国的美元、英国的英镑、欧元区的欧元、中国的人民币元、日本的日元等都是本国的本位货币单位。②确定本位货币和辅币的发行与流通程序。③规定发行准备。④规定货币的对外关系，如能否自由兑换、汇价的确定办法等。

概括地讲，货币制度可分为两大类：①金属本位制，即以贵金属作为本位货币。②信用货币本位制，又称管理纸币本位或不兑现本位，是指不以有价值的商品作为本位货币的货币制度。金属本位制又可划分为三种类型的货币制度：银本位制、金银复本位制和金本位制，如图1-1所示。

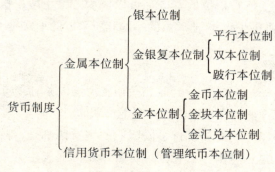

图1-1 货币制度

一、银本位制

银本位制是以白银作为本位币的一种货币制度。银币自由铸造，无限法偿，并且可以自由输出、输入。由于在这种货币制度下是以银作本位币，故也称为银单本位制。

中世纪的欧洲，许多国家实行银本位制，这符合当时欧洲商品经济发展水平和欧洲贵金属生产的状态。商品经济的进一步发展，要求一种单位价值量更大且更加稳定的贵金属作货币，于是，黄金货币地位的重要性不断提升。到19世纪，欧洲各国相继实行金银复本位制。但在20世纪初有一些经济相对落后的国家如中国、印度等仍然实行银本位制。

二、金银复本位制

金银复本位制，是由国家法律规定的以金币和银币同时作为本位币，均可自由铸造、自由输出入、无限法偿的货币制度。复本位制是资本主义国家在发展初期（16～18世纪）广泛采用的货币制度。

与银本位制相比，金银复本位制有两个优点：①金银并用，使币材充足，满足了当时生产扩大对通货的需要。②便利交易，金币价值较高，银币价值较低，可分别用于大宗批发交易与小额交易。

复本位制主要有三种类型：①平行本位制。金币和银币按其实际价值流通，两种货币的兑换比率完全由生金银的市场比价确定，国家不规定金银的法定比价。②双本位制。这是金银复本位制的主要形式，国家以法律形式规定金银铸币之间的法定比价，两者的交换比率不再受市场上金银价格波动的影响。③跛行本位制。在此种本位制下，金银币均为本位币，但国家规定银币不能自由铸造，并限制每次的支付额，只有金币能自由铸造和无限法偿，两者有一个法定比价。在此货币制度中，银币事实上处于辅币地位，故称跛行本位，它是复本位制向金本位制的过渡形式。随着黄金产量的增加和各种条件的成熟，西方主要国家先后过渡到金本位制。

三、金本位制

金本位制是以黄金作为本位币的货币制度。金本位制有金币本位制、金块本位制和金汇兑本位制三种形式。

（一）金币本位制

金币本位制是以黄金作为货币制度的基础，并实行金币流通的一种货币制度。第一次世界大战前，经济发达的资本主义国家曾经实行这种货币制度。它具有"三大自由"的特点：①金币可以自由流通，价值符号（辅币和银行券）可以自由兑换金币。由于价值符号能按面值随时向发行机构兑换金币，所以它们能稳定地代表一定数量的黄金进行流通，从而保证了货币价值和价格的相对稳定。②金币可以自由铸造，自由熔化。所谓自由铸造，是指人们可将黄金条块向国家铸币厂申请铸成金币。自由熔化是指人们可自己将金币熔化成金块或向铸币当局换成金块。金币实行自由铸造与熔化，使金币数量能自发地满足流通中的货币需求，也使金币的币值与其所含黄金的商品价值保持一致。③黄金可以自由输出和输入国境。

然而，随着经济的发展，金本位制的缺点日益明显，主要表现为：流通中的金币因磨损而不足值；黄金数量的有限性，不能充分满足世界经济增长带来的日益增长的商品交易规模对黄金数量的需要；金币本位制使货币数量严格受到黄金数量的限制，使国家在经济周期的不同阶段对货币流通的调节受到很大限制。因此，20 世纪初，多数国家因黄金短缺，价值符号无法兑现而开始限制黄金的自由兑换和输出，金币本位制的基础不断削弱。第一次世界大战爆发后，许多国家开始放弃金币本位制，只有未参战的极少数国家（如瑞士、瑞典等）仍维持金币本位制。

（二）金块本位制

金块本位制的特点是金币停止流通，而以银行券（或政府发行的纸币）代替金币流通。银行券（或纸币）仍规定法定含金量，其发行以一定数量的黄金为准备，居民可在一定范围内按法定含金量自由地兑换金块。在第一次世界大战后的 1924—1928 年，英国、法国、荷兰、比利时等国都实行金块本位制。实行金块本位制可节省黄金使用，只需保留一定比例的黄金作为发行准备。它虽然暂时缓解了黄金短缺与商品生产和交换发展对货币高需求之间的矛盾，但是，金币流通的取消和兑换数量的限制，则表明黄金货币的职能已开始萎缩。

（三）金汇兑本位制

金汇兑本位制又称虚金本位制，其特点是：国内市场上没有金币流通，本国纸币仍规定有含金量，但在国内不能兑换黄金。实行这种本位制的国家，规定国内货币与另一实行金币或金块本位制国家的货币保持固定汇率，并在该国存放黄金外汇储备作为发行准备，居民可按法定汇率购买外汇，在汇率联系国兑换黄金。

实行金汇兑本位制，进一步节约了黄金的使用，也扩大了各国的信用创造能力，它使货币供给量进一步摆脱了黄金的束缚。但是，实行金汇兑本位制的国家，使本国货币依附于外国货币，本币的币值常受联系国币值波动的影响，且在财政金融与外贸政策制定等方面都要受这些国家的制约。

20 世纪 30 年代资本主义世界经济大危机爆发后，各国于 1930—1936 年纷纷放弃了金本位制，实行不兑现的信用货币制度。

四、信用货币制度

信用货币制，又称管理纸币本位制，是以不兑现的纸币为本位货币的货币制度。它是 20 世纪 30 年代以来，世界各国普遍实行的一种货币制度。

信用货币制度是经济发展到一定阶段的产物，是经济发展的必然选择。与贵金属货币相比较，信用货币制度有四个显著的特点：①它以不兑现的纸币为本位币，一般是由国家授权中央银行发行的。国家法律规定纸币是无限法偿货币，即可用于任何数额的交易，任何人不得拒收。②不兑现纸币不代表任何贵金属，不能兑换黄金等贵金属。纸币的发行实行发行准备制度，目前各国中央银行用作发行准备的主要是政府证券、黄金、外汇和商业票据等。在 20 世纪 70 年代中期以前，西方各国纸币在形式上规定有一定的含金量，但不能兑现。20 世纪 70 年代中期以后，各国纸币都不再规定含金量。③非现金结算占据主导地位。目前法偿货币（纸币和辅币）的使用在市场经济发达国家不足整个交易量的 10%，绝大多数的小额交易通过个人支票、银行卡、手机等进行支付，大额交易则通过公司支票、网银、电子支付系统进行支付。④信用货币的性质使流通中的货币量从金本位制下的自动调节机制转为由各国中央银行人为控制。虽然实行信用货币制度的国家在经济运行各阶段普遍出现了价格波动（通货膨胀和通货紧缩），但这一现象是货币制度发展中不可避免的，它并不能否定信用货币制度相对于金属本位制度的历史性进步。

 小知识

中国货币制度的演变

我国秦汉时规定上币为金银，下币为铜铁，但那时并未实行真正的金、银本位制。

宋代中叶至清末近千年历史中，我国实行的是银铜两本位制（或银两制）。

清末 1910 年，清帝国颁布《币则条例》，银两、银元并行使用。

1933 年，国民政府废两改元，开始实行真正的银单本位制。

1935 年，法币改革又实行与美元挂钩的金汇兑本位制。

中华人民共和国成立后，实行现代信用货币制度。1948年12月1日，人民币作为中华人民共和国的唯一法偿币的正式发行，标志着中国人民币制度的建立。人民币制度是一种不兑现银行券制度，人民币从未规定过含金量。

【要点回顾】

1. 货币形式经历了从商品货币到商品货币的代表物，进而发展到不代表任何实值商品的信用货币的过程。信用货币进一步发展的形式是电子货币。电子货币除了具有一般通货的职能外，还具有发行者多元化、流通使用独立化，跨国界性，形态上的超物化等特性。随着互联网的兴起，网络虚拟货币不断出现，典型的网络虚拟货币是比特币。

2. 货币具有价值标准、交易媒介、价值贮藏和支付手段四种职能。其中价值标准和交易媒介是基本职能，其余两项是货币的派生职能。

3. 货币制度是一国用法律规定的货币流通形式。历史上，西方各国大致经历了金银复本位制、金本位制和信用货币制度三种货币制度。中国的人民币制度从一开始就是一种与贵金属没有联系的信用货币制度。

【复习题】

1. （单选题）货币在执行（　　）职能时，可以是观念上的货币。
A. 价值贮藏　　　　　　　　B. 价值标准
C. 支付手段　　　　　　　　D. 交易媒介

2. （多选题）金银复合本位制的主要缺陷是（　　）。
A. 造成价值尺度的多重性　　B. 违反独占性和排他性
C. 引起宏观经济的波动　　　D. 导致币材的匮乏

3. （单选题）下列说法哪一项不属于信用货币的特征（　　）。
A. 与金属货币挂钩　　　　　B. 是一种信用凭证
C. 依靠银行信用和政府信用流通　D. 是非足值货币

第二章 信 用

【本章要点】

1. 了解信用的要素构成与特征；
2. 了解信用的运行逻辑；
3. 了解商业信用、银行信用、国家信用、消费信用和工商企业的直接信用等信用形式；
4. 熟悉商业信用和银行信用的运行特征；
5. 了解信用工具的种类；
6. 熟悉信用工具的属性；
7. 了解利息与利率的含义、种类；
8. 掌握资金的时间价值的计算。

信用的产生与商品货币关系的发展紧密相连。货币发挥延期支付的职能，使信贷行为和信用关系得以确立和发展。信用的经济功能主要是借助于各种金融工具或信用工具，对暂时闲置资金进行跨期和跨域配置，从而在全社会范围内提高资金的使用效率，推动生产力的发展。

第一节 信用概述

信用是一种以还本付息为条件的借贷行为，体现的是债权债务关系。信用有借方和贷方两个关系人，贷方为授信者，即债权人；借方为受信者，即债务人。授信过程是债权人提供一定的有价物给债务人，到约定时间，债务人将有价标的物归还并加付一定利息。有价标的物可以是货币或某种金融要求权，如债券，也可以是商品、劳务等。但无论何种信用形式，最终通常都用货币偿付。

一、信用的要素构成

在经济活动中，信用一般有两种形式，即实物信用和货币信用。在货币经济中，无论采用哪种信用形式，信用关系的构成均涉及五大要素：①信用的主体。这些主体可能是厂商、政府、个人以及银行、金融中介和其他金融机构。②信用关系。即信用主体通过直接或间接的方式进行资金和实物的融通所形成的债权债务关系。③信用条件。它们主要指期限和利率。期限是信用关系从开始到终结之间的确定期限，利息则是债权人在让渡实物和货币使用权时所得到的报酬。其他信用条件还包括利息的计算方式、支付的次数、本金的偿还方式等。④信用标的。即信用关系的对象是实物形式，还是货币形式。前者主要表现为商业信用，后者主要表现为银行信用。⑤信用载体，即信用工具，它是载明债权债务关系的合法凭证。

二、信用的特征

信用行为有以下基本特征：①暂时性。资金或实物的使用权的暂时让渡，是债权人在一定时期内将一定数量的实物或货币使用权暂时让渡给债务人。②偿还性。实物与货币使用权的暂时让渡是以偿还为先决条件的，在信用关系结束时，要求债务人必须按一定方式偿还本息。③收益性。信用关系建立在有偿的基础之上，债权人在让渡实物或货币的使用权时，一般要求在归还本金时有一定的补偿（利息最具代表）。④风险性。信用交易的债权人能否按期收回本金和利息是不确定的，在很大程度上取决于债务人的信誉和能力、国家法律的完善程度以及社会道德规范。

第二节 信用的基本形式

信用作为一种借贷行为，是通过一定方式具体表现出来的，表现信贷关系特征的形式称为信用形式。根据借贷主体的不同，信用可分为以下几种基本形式。

一、商业信用

商业信用是指工商企业之间在进行商品或劳务交易时以延期支付或预付货款的形式所提供的信用，它是信用的基础之一。

（一）商业信用的特点

（1）商业信用主要是以商品形态提供的，它同时包含两种性质的经济行为，即商品买卖行为和借贷行为，提供信用的过程同时也是商品买卖的过程。

（2）商业信用的债权人或债务人都是商品生产者或经营者。债权人，即信用的授予者，在商品赊销行为中，是商品的卖方，在货款预付行为中，是商品的买方；债务人，即信用的接受者，在商品赊销行为中，是商品的买方，在货款预付行为中，则是商品的卖方。

（3）商业信用的运动与经济周期的波动基本上是一致的，即信用规模随着生产和商品流通规模的扩大而扩大，反之则缩小。

（二）商业信用的优点及其局限性

商业信用的优点在于方便和及时。在找到商品的买主或卖主的同时，既解决资金融通的困难，也解决商品买卖的矛盾，从而缩短了融资时间和交易时间。而且商业票据一般都可以到商业银行贴现或经背书后转让给第三方，通过这种方式，持票人可以及时获得部分资金或抵偿部分债务，以缓解资金短缺的矛盾。尽管商业信用有不少优点，但在具体运用过程中也暴露出不少缺点。这主要表现在：①商业信用的规模、金额有限。从个别企业来看，它受企业资本额以及现有生产能力的限制；从全社会来看，它只是在厂商之间进行，其信用额不可能超过厂商现有的资本总额。②商业信用的范围有限。它仅存在于有商品供求关系的双方，而且一般是在经常来往、相互了解的企业间进行的。

二、银行信用

狭义的银行信用是指银行及其他金融中介通过放贷、贴现等方式，以货币形态提供的信用。银行信用具有以下特点：①银行信用的债权人是银行自身，债务人是厂商和居民；②银行信用贷出的是货币资金，它的使用在时间和投向上不受任何限制；③银行具有专业化规模经济优势，聚集资金是全方位的，信用的规模巨大，其规模不受银行自有资本的限制。广义的银行信用包括银行信用证、银行贷记卡透支、银行的抵押和担保（保函）、贷款承诺、出口贸易中的福费廷，以及银行提供各类金融衍生品中所需承担的违约责任等。

由于借贷的是作为一般购买手段和支付手段的货币，且有金融机构作为中介，所以前述商业信用的局限性在银行信用这里得到克服。例如，商业信用一般是上游企业贷给下游企业，而在银行信用中，下游企业多余的资金也可以贷给上游企业。又如，商业信用的成立需要借者和贷者在借贷规模上取得一致，在银行信用形式下，小额的可贷货币资金聚集起来可以满足大额货币资本的借入需求，大额的可贷货币资金也很容易分散去满足小额的货币资金借入需求。再如，商业信用的成立需要借者和贷者在借贷期限上取得一致，在银行信用形式下，把短期可贷货币资金连接起来可以满足较长期的资金需求，较长期的可贷货币资金也可先后贷给较短期的货币需求等。

银行信用克服了商业信用的某些缺点，但它不能取代商业信用。商业信用和银行信用是两种最基本的信用形式，它们构成信用制度的基石。在实际经济生活中，这两者往往互为补充，共同发展。

三、国家信用

国家信用是政府以债务人的身份筹集资金的一种借贷行为。

国家信用的债务人是政府，债权人是全社会的经济实体和居民的信用关系和行为。国家信用的形式主要是发行公债（包括短、中、长期国债券）。

国家信用的重要性是随着国家干预经济的加深及其财政赤字的增长而同步发展的。第二次世界大战后，西方各国政府对社会经济生活的干预不断加强，西方国家不同程度地出现了财政赤字。政府对公债还本付息的主要途径是靠课征的税收，纳税负担由社会法人和公众分担。不过，西方国家常用发行新债以补充旧债还本付息的办法，这样就使债务总额越滚越大。

四、消费信用

消费信用是工商企业、银行及其他金融机构以消费品为对象，向消费者提供的信用。消费信用主要有两种类型：一是企业通过赊销直接对个人以商品形式提供，如以分期付款方式向消费者提供的房屋或高档消费品；二是银行向消费者个人提供的用于购买房屋或高档消费品的贷款。消费信用通常采用以下具体做法。

（一）分期付款

它是销售单位提供给消费者的一种信用，多用于购买耐用消费品等。这种消费信用的借贷双方要签订书面合同，该合同载明合同期限、利息、每次付款的金额及其他费用。消费者先付一部分货款，称第一次付现额，然后，按合同分期支付其余货款和利息。本息付清后，消费品即归消费者所有，在货款付清之前，消费品的所有权仍归卖方，消费者仅有使用权。

（二）信用卡

银行信用卡提供的消费信用是通过其透支功能体现出来的，它是由银行或发卡机构与零售商联合起来，向消费者提供的一种延期付款的信用凭证。信用卡规定有一定的透支限额和期限，持卡人可凭卡在任何接受信用卡支付的单位购买商品或支付劳务服务等。

消费信用的作用：①可有效刺激需求，扩大商品销售，促进生产的发展。以汽车消费为例，全球65%以上的汽车销售是通过消费信贷的方式进行的。②为银行资金找到了新的出路，可提高资金的使用效率，改善社会消费结构。③增加了经济发展中的不稳定因素。消费信用的过度发展，使消费者提前动用了未来的收入，除了直接影响未来的购买力以外，还将使其陷入债务负担之中，这在一定情况下还有可能增加银行不良信贷资产。

五、工商企业直接信用

工商企业的直接信用是指工商企业通过发行股票、债券、融资票据等信用工具，直接从金融市场筹集资金的一种信用形式，是工商企业筹集长期资金的主要途径。工商企业的直接信用加快了现代企业扩张规模的速度，促进了金融市场、特别是资本市场的发展，是现代市场经济体系中最为典型的信用形式之一。

六、地方政府信用

地方政府信用的形式主要是地方政府债。为满足当地经济发展和基础设施建设的需要，不少国家允许地方政府发行地方政府债券或债务凭证来筹集资金。这类债券在美国被称为市政债券（Municipal Bonds）。这类债券的偿还主要依靠当地经济实力和地方纳税能力来保障，因此，它们的信用级别因各地经济实力而差异很大。

除了上述几种主要信用形式之外，现代经济生活中还有信托信用、租赁信用、保险信用、民间信用以及国际信用等。

第三节　信用工具

信用工具是载明债权债务关系的合约，一般规定了资金盈余者向资金短缺者转让金融剩余的金额、期限和条件。信用工具本质上是一种权利凭证，即表明对他人的债权或债务的凭证或所有权凭证。

一、信用工具的种类

在现代经济社会里,金融工具的品种繁多,花样层出不穷,它们在契约的要素构成上基本相同,但表现的程度差异很大。

(一)短期信用工具

短期信用工具主要是指偿还期在一年以内的金融契约,主要有国库券和各类短期票据。

1. 国库券

国库券(Treasury Bills)是国家为了弥补年度内先支后收或短期收支不平衡,由财政部发行的以国家为债务人、期限在一年以内的短期信用凭证。国库券由中央银行具体办理发行和还本付息事宜。国库券的偿还期一般为3~6个月,也有的规定为9个月或一年期不等。

2. 票据

票据是具有一定格式、载明金额和日期,到期由付款人对持票人或指定人无条件支付一定款项的信用凭证。票据是最常用的支付工具,主要包括汇票、本票和支票。

汇票(Bill of Exchange)是由出票人签发的,委托付款人在见票时或者在指定的日期无条件向持票人或者收款人支付确定金额的票据。汇票的基本当事人有出票人(即签发票据的人)、付款人(即债务人)和受款人(即持票人)。按出票人不同,汇票可分为银行汇票和商业汇票。银行汇票是由银行签发,交由汇款人寄给外地受款人,凭此向指定银行兑取款项的汇款凭证。商业汇票是由企业签发的,要求付款人于一定时间内无条件支付一定金额给收款人的信用凭证。

本票(Promissory Note)又称期票,是由债务人(出票人)签发的,承诺自己在见票时无条件支付一定金额给收款人或持票人的承诺书或保证书,其特征是以出票人自己为付款人。基本当事人有出票人(付款人)和受款人。按出票人的不同,本票可分为银行本票(银行签发)和商业本票(企业签发)。按是否注明持票人姓名,本票可分为记名本票和不记名本票(不注明持票人或受款人的名称)。按付款期限可分为即期本票(见票即付)和远期本票(到期付款)。

支票(Check)是银行活期存款人向银行签发的,通知银行在其存款额度内或约定的透支额度内,无条件地即期支付一定款项给指定人或持票人的书面凭证。支票区别于其他票据的最主要的特征在于，支票是即期票据，支票的付款人有资格限制，通常只能是商业银行。支票有多种形式，如记名支票、不记名支票、划线支票、保付支票和旅行支票等。

（二）中长期信用工具

中长期信用工具主要是期限在一年以上的各类债券。

1. 公司债券

公司债券（Corporate Bonds）是企业为向外筹集资金而发行的一种债务凭证。企业对债券作出承诺，在指定时间必须按票面规定还本付息。债券持有者同公司之间只存在普通的债权债务关系，定期取得收入，到期收回本金，不能参与公司的管理。公司债券一般是企业在扩展和追加投资时所发行的，期限不等，通常在1年以上，其利率一般高于国债利率。20世纪80年代以来，由于利率频繁波动，浮动利率债券逐渐占据重要地位，其利率与市场基准利率挂钩，定期（半年或一年）调整。由于公司债券支付的利息列入成本而不必纳税，在金融市场发达的国家，大企业需要资金时，会较多地优先考虑用发行债券的办法筹资。

公司债券按有无担保品可分为两类，一类是有担保公司债券（以公司不动产为担保的称抵押债券，以有价证券作担保的称质押债券），另一类是无担保公司债券（凭信用发行，没有抵押品）。

2. 政府债券

政府债券（Government Notes and Bonds）指中央政府以债务人身份为筹措预算资金而发行的债务凭证，也称国债券。政府债券由中央政府发行并承担还款义务。国债券一般不记名，票面上载有面值、偿还期和利率，其期限通常是1~3年，也有较长期限的国债。市场经济成熟国家的政府债券的利息都是复利支付方式，至少是年复利，即每年以息票的方式支付一次利息，也有每半年支付一次的。这种息票支付方式相当于采取复利计息，是债务人权益受到保护的体现。政府债券还有一种特殊形式，即零息票债券，它属于折让证券，在整个借款的年期内不支付任何利息（息票），并在到期日按面值赎回，买入价与到期日赎回的面值之间的价差是购买者的资本增值。

3. 市政债券

市政债券（Municipal Bonds）是地方政府为满足地方财政需要而发行的债务凭证，筹集的资金用作地方性一般行政开支和兴办地方公用事业。市场经济发达国家的市政债券往往对持有者由国家减免所得税，有的还可免缴地方所得税，所以它又称"免税证券"（Tax-exempt Securities）。

4. 金融机构债券

金融机构债券是金融机构为筹集资金而发行的债务凭证。金融债券被视为公司债券的一种，其发行、流通和转让受相同法规管理。在很长时期内，金融机构债的形态都不是很复杂。21世纪后，随着资产证券化的加速，银行和金融机构通过将各类资产放入资产池，对其进行各种组合，并运用复杂的金融衍生工具对其进行所谓风险对冲，导致目前金融机构债券所内嵌的要素越来越多，内容和形式也越来越复杂。

（三）永久性信用工具

永久性信用工具主要指政府发行的无期限公债和企业发行的股票。最典型的政府发行的无期限公债是英国的统一公债，它没有偿还期。英国政府于1751年首次发行该种债券，政府无限期地支付利息，并允许流通转让，但不能要求偿还本金。股票是现代企业筹资的重要手段，没有偿还期的约定。

二、信用工具的属性

市场上的各种信用工具概括起来有以下四个属性。

（一）偿还期

偿还期（Maturity）是指信用工具从目前到偿还本金实际所剩余的时间。信用是有偿性的，因此，每种信用工具都具有不同的偿还期，如2010年发行的10年期债券，在2010年，其偿还期是10年，但到2018年时，其偿还期只有2年。但有两种极端情况：一种是偿还期为零，如纸币和银行的活期存款；另一种是偿还期为无限，如永久性信用工具中的英国统一公债。

（二）流动性

流动性（Liquidity）是指信用工具转变成为现金而不蒙受损失的能力。它取决于以下两个因素：一是变现的难易程度，也就是变现所花费时间的长短，它与流动性成反比；二是交易成本的大小，主要指信用工具市场价格波动的程度。

（三）本金安全性

本金安全性（Safety of Principal）主要指信用工具的本金遇到损失的风险。一般来说，信用工具本金面临的风险主要有两大类：一是信用风险，指债务人违约，不按时还本付息的风险，信用风险的大小依债务人的信誉和证券的性质而定；二是市场风险，是指市场上利率变化而引起的信用工具市场价格波动的风险。

（四）收益率

收益率（Yield）是作为信用工具的债权者一方在持有期所应获得的回报率。债权者购买信用工具是一种投资行为，它是要求有回报的。信用工具的收益率有票面收益率、当期收益率、持有期收益率和到期收益率。

以上四个特征之间有一定的冲突。一般来讲，流动性与偿还期成反比，流动性与安全性成正比，安全性与收益率成反比，流动性也与收益率成反比。

第四节　利息与利率

一、利息与利率的含义

利息是货币在一定时期内的使用费，指货币持有者（债权人）因贷出货币而从借款人（债务人）手中获得的报酬。利息包括存款利息、贷款利息和各种债券发生的利息等。利息的实质是剩余价值的一种特殊的转化形式，是利润的一部分。

利息的多少取决于三个因素：本金、期限和利率水平。

利息的计算公式为：利息 = 本金 × 利率 × 期限。

利率是指一定时期内利息额与借贷资金额（即本金）的比率，是单位货币在单位时间内的利息水平。利率是决定企业资金成本高低的主要因素，同时也是企业筹资、投资的决定性因素。利率是货币政策调节的重要工具，用以控制例如投资、通货膨胀及失业率等，继而影响经济增长。合理的利率水平，对发挥社会信用的经济杠杆作用有着重要的意义。

利率受利润率水平、资金供求关系、物价变动幅度、国际经济环境和政策性因素等影响。

二、利率的种类

（一）根据计算方法不同，分为单利和复利

单利是指在借贷期限内，只在原本金上计算利息，对本金所产生的利息不再另外计算利息。复利是指在借贷期限内，除了在原来本金上计算利息外，还要把本金所产生的利息重新计入本金、重复计算利息，俗称"利滚利"。

如果有：

P—本金（现值）

i—利率

F—终值（本息和）

I—利息

n—期数或年数

则，单利计息的本息和为：$F = P + P \times i \times n = P \times (1 + i \times n)$

复利计息的本息和为：$F = P \times (1+i)^n$

例 2-1 若某人有一笔现金 1000 元，按现行银行存款期限和利率，有两种存款安排：第一种，存款期限为 3 年，存款利率为 2.79%；第二种，每年转存，存款利率为 2.25%。问哪种存款安排更合理？

按每年转存的安排，三年的本利和分别为

第一年：本利和 = 1000 × (1 + 2.25%) = 1022.50（元）

第二年：本利和 = 1022.50 × (1 + 2.25%) = 1045.50（元）

第三年：本利和 = 1045.50 × (1 + 2.25%) = 1069.03（元）

按这种考虑复利因素的存款方式，三年后他可获得本金和利息 1069.03 元。但是，如果一次存三年，三年后得到的本利和为

$$1000 \times (1 + 2.79\% \times 3) = 1083.7（元）$$

与每年转存方式相比，可多获利 14.67 元。这就是说，银行在设计利率档次时，是充分考虑了复利因素的。银行确定贷款的期限利率也基本上遵循这一原则。

在市场经济条件下，存贷款各档次利率的形成还取决于对利率水平的预期，如预期利率将上升，则银行存贷款利率就会上升；如预期利率下降，则长期利率先行下降，短期利率也随之降低。

（二）根据与通货膨胀的关系，分为名义利率和实际利率

名义利率是指没有剔除通货膨胀因素的利率，也就是借款合同或单据上标明的利率。实际利率是指已经剔除通货膨胀因素后的利率。一般银行存款及债券等固定收益产品的利率都是按名义利率支付利息，但如果在通货膨胀环境下，储户或投资者收到的利息回报就会被通胀侵蚀。

实际利率是名义利率减去通货膨胀率，公式为

$$1 + 名义利率 = (1 + 实际利率) \times (1 + 通货膨胀率)$$

也可以将公式简化为

$$实际利率 = 名义利率 - 通货膨胀率（可用 CPI 来代替）$$

（三）根据确定方式不同，分为官定利率、公定利率和市场利率

官定利率是指由政府金融管理部门或者中央银行确定的利率。公定利率是指由金融机构或银行业协会按照协商办法确定的利率，这种利率标准只适合于参加该协会的金融机构，对其他机构不具约束力，利率标准也通常介于官定利率和市场利率之间。市场利率是指根据市场资金借贷关系紧张程度所确定的利率。

（四）根据国家政策意向不同，分为一般利率和优惠利率

一般利率是指在不享受任何优惠条件下的利率。优惠利率是指对某些部门、行业、个人所制定的特别利率，比一般利率低。

（五）根据与市场利率的关系，分为固定利率和浮动利率

固定利率是在借贷期内不作调整的利率。使用固定利率便于借贷双方进行收益和成本的计算，但同时，不适用于在借贷期间利率会发生较大变动的情况，利率的变化会导致借贷的其中一方产生重大损失。

浮动利率是在借贷期内随市场利率变动而调整的利率。使用浮动利率可以规避利率变动造成的风险，但同时，不利于借贷双方预估收益和成本。

三、资金时间价值

（一）资金时间价值的含义

资金时间价值是指货币随着时间的推移而发生的增值，是资金周转使用后的增值额。从经济学的角度而言，现在的一单位货币与未来的一单位货币的购买力之所以不同，是因为要节省现在的一单位货币不消费而改在未来消费，则在未来消费时必须有大于一单位的货币可供消费，作为弥补延迟消费的补偿。更简单地说，资金的时间价值，是指同样数额的资金在不同的时间点上具有不同的价值。

在日常生活中，你把 100 元存入银行一年，利率是 5%，一年后，银行会给你 105 元，这 5 元就是利息，是银行付给你的报酬，换句话说，今天的 100 元钱与一年后的 105 元等值。在本金、利率相同的情况下，存款时间越长，利息就越多。同样，当你从银行借款时，你要向银行支付借款利息。企业若要发行债券，也要向债券持有者支付债券的利息。这里的银行借款利息和债券利息就是使用资金的成本。借用资金的时间越长，资金的成本就越高。

资金的时间价值往往指随着时间的推延而能够增值。但要，作为一般等价物的货币本身并不具备这种增值能力，只有在货币作为资金使用，并与劳动

要素相结合的条件下，才能使价值增值。货币的时间价值指的便是这种增值现象。

（二）终值和现值

1. 终值

终值（Future Value）又称将来值，是现在一定量的货币折算到未来某一时点所对应的金额，通常记作 F。按计算方式不同，可分为单利终值和复利终值。比较单利终值和复利终值计算，如果本金为 P，利率为 i，如表 2-1 所示。

表 2-1 单利终值与复利终值的计算

	单利终值	复利终值
第一年年末	$F = P + P \times i = P(1+i)$	$F = P(1+i)$
第二年年末	$F = P + P \times 2i = P(1+2i)$	$F = P(1+i)(1+i) = P(1+i)^2$
⋮	⋮	⋮
第 n 年年末	$F = P + P \times ni = P(1+ni)$	$F = P(1+i)(1+i)\cdots(1+i) = P(1+i)^n$

复利终值是指按复利计息的一定时期的本利和。

计算公式为

$$F = P(1+i)^n$$

式中　P——本金（现值）；

　　　i——利率；

　　　n——计息期；

　　　F——终值。

其中 $(1+i)^n$ 被称为复利终值系数或 1 元的复利终值，用符号 $(F/P, i, n)$ 表示。

例 2-2　如果你想存入 1000 元，将来收回 2000 元，当年利率为 10% 且按复利计息时，要存几年？

$$F = P(1+i)^n$$

即

$$2000 = 1000 \times (1+10\%)^n$$

$$(1+10\%)^n = 2000 \div 1000 = 2$$

查复利终值系数表 10% 这一栏，查得期限为 7 年时，终值系数为 1.94872，期限为 8 年的终值系数为 2.14359。说明存储期在 7~8 年，可使将来收到的本利和为 2000 元。

2. 现值

现值（Present Value）是指未来某一时点上一定量的货币折算到现在所对应的金额，通常记作 P。

假定你想在将来得到一笔钱（终值），按一定的利率，现在一次应存入多少钱呢？按单利计算，公式如下：

单利现值公式：　　　　　　$P = F/(1+ni)$

若按复利计算，则公式为

$$P = \frac{F}{(1+i)^n} = F(1+i)^{-n}$$

复利现值计算是复利终值计算的逆运算。

例 2-3　企业打算存入银行一笔钱，5 年后一次可取出本利和 1000 元，已知复利年利率为 6%，计算现在一次需存入银行多少钱？

根据题意：$F=1000$　$i=6\%$　$n=5$

根据公式：$P = F(1+i)^{-n}$
　　　　　$= 1000 \times 0.747 = 747$（元）

【要点回顾】

1. 信用是一种以还本和付息为条件的借贷行为。信用具有暂时性、偿还性、收益性和风险性的特征。

2. 信用形式是各种具体信贷关系特征的体现。在市场经济发达国家根据借贷主体的不同，信用主要表现为商业信用、银行信用、国家信用、消费信用和工商企业直接信用等五种基本形式。

3. 借贷双方融通资金的工具称为信用工具或金融工具。任何信用都需借助一定的信用工具进行。信用工具种类繁多，包括短期信用工具、中长期信用工具和永久性信用工具。它们都具有偿还期、流动性、本金安全性和收益率这四个基本特征。

4. 利息是货币在一定时期内的使用费。利率是指一定时期内利息额与借贷资金额（即本金）的比率，是单位货币在单位时间内的利息水平。利率受利润率水平、资金供求关系、物价变动幅度、国际经济环境和政策性因素等影响。

【复习题】

1.（单选题）信用是商品经济发展的必然产物，它的产生与货币的（　　）

职能密切相关。

  A. 价值标准   B. 交易媒介

  C. 价值贮藏   D. 支付手段

2. （单选题）信用工具的流动性与债务人的信用、期限的关系是（   ）。

  A. 正比，正比   B. 正比，反比

  C. 反比，正比   D. 反比，反比

3. （单选题）国库券的信用等级最高，而其收益率却低于信用等级低的公司债券，原因在于（   ）。

  A. 公司债券发行量较少   B. 国库券供给量大

  C. 违约风险溢价补偿不同   D. 税收水平不同

第三章
金融市场

【本章要点】

1. 了解金融市场的含义、构成要素、功能和类型;
2. 了解货币市场的特点、功能和构成;
3. 了解股票市场、债券市场的运行规则;
4. 了解投资基金;
5. 了解金融远期市场、金融期货市场、金融期权市场和金融互换市场的运行规则;
6. 熟悉金融衍生工具的功能。

第一节 金融市场概述

一、金融市场的含义

市场是提供资源流动和资源配置的场所。市场依靠价格信号,引领资源在不同部门之间流动并实现有效配置。一个好的市场可以帮助社会资源实现最佳配置。金融市场发达与否是一国经济、金融发达程度及制度选择取向的重要标志。金融市场是金融交易的场所和机制的总和。

金融市场与产品要素市场的关键区别在于交易对象的特殊性。普通的产品和生产要素具有各种各样的使用价值,其市场价格的决定基础是其内在价值,一旦交易完成,随即进入消费过程或生产过程,交易双方的买卖关系也告结束。由此关键特殊性引申出金融市场的其他特殊性。首先,金融工具交易的实质是资金所有权或使用权的有偿让渡。通过交易,双方由此建立起借贷关系或股权投资关系,对未来预期收益和风险在彼此之间进行分配。金融工具由于和实物资产分离，且涉及跨期交易，其市场价格的决定具有不同于普通商品的特殊机制。其次，金融市场的交易过程具有一定的特殊性。普通商品的交易一般是双方直接接触，看货成交，而在金融市场上，金融中介机构在金融交易中往往扮演着十分重要的角色。最后，金融市场的交易场所也具有特殊性。相当一部分普通商品的交易仍以有形市场为主，依靠固定的场所为交易者提供当面接洽、集中交易的渠道，而金融工具的标准化程度相对较高，其交易既可以在证券交易所、商业银行等金融机构营业网点等有形市场中开展，也可以通过电话、传真、互联网等无形市场进行。

二、金融市场的构成要素

（一）金融市场的参与主体

金融市场的主体即市场参与者，主要是家庭、厂商、政府部门、金融机构和中央银行，他们参与金融交易的动机是多元化的。

家庭主要是作为金融市场的资金供给者，他们将日常消费以外的节余收入用于购买金融资产，通过执行投资理财计划实现个人财富的保值和增值。个人参与金融交易还可能有其他目的，如投机、套利、保值等。

厂商则是金融市场中主要的资金需求者，同时也是重要的资金供给者。由于生产经营过程中现金流入、流出在时间和数量上的不一致，企业经常会出现暂时性资金短缺或资金闲置。企业可以在金融市场上筹集资金，满足自身的短期或中长期资金需求；亦可将暂时闲置的资金投入金融市场，获取收益。企业也可以出于投机、套利、保值等目的参与金融交易。

政府部门在金融市场上主要是作为资金需求者，将所筹资金用于调节财政收支，或者用于基础建设、支持国有企业和公用事业发展等"资本性支出"。政府也会在金融市场上扮演投资者的角色，例如购买其他国家政府发行的债券，为财政盈余寻找有效的运用途径。

金融机构是金融市场上的专业参与者，通过提供金融产品和服务获取利润。金融机构在金融市场中的作用十分关键：一方面提高了交易效率，减少了交易双方的信息成本和交易成本；另一方面保持了市场交易的稳定和活跃，在市场运行中起着"做市商"（Market Maker）的作用。此外，金融机构也在市场上进行投机、套利、保值。

中央银行则是较为特殊的非利益驱动的参与者，其目的主要是通过在金融市场上的交易吞吐基础货币或者干预市场价格波动，同时对其他金融市场主体的交易行为产生影响，以实现宏观调控的目标。

广义的金融市场参与者还包括为市场活动提供辅助性服务的专业机构,如证券交易所、会计师事务所、律师事务所、资产评估事务所、证券评级机构、清算机构、登记机构等。

金融市场主体的数量、结构和素质对金融市场的发展水平具有决定意义。

（二）金融市场的交易对象

金融市场的交易对象是金融工具,即交易者之间为转移资金或风险而签订的界定双方权利义务的金融合约。一般而言,金融工具品种的丰富是金融市场发达的标志之一。

各种金融工具之间的差别看上去形形色色,如交易者身份、期限、附着的权利和义务、发行方式和交易方式、担保条件等,但概括起来,实际上主要是三个属性的差异：流动性、风险性和收益性,三者之间既存在相关性,也存在矛盾。金融市场的交易主体需要根据自己的评估和偏好在三者之间进行权衡,以寻求最佳的金融投资组合。

（三）金融市场的交易价格

金融工具的交易价格与交易者的损益直接相关,是金融市场运行机制的核心变量。不同类型金融工具内含因素对交易价格以及对交易损益的影响有所不同,如借贷利率、证券发行以及汇率等,其变化既受多种宏观和微观因素的影响,也是这些因素的综合反映。

此外,金融市场不可或缺的构成要素还包括市场设施、运行规则以及市场管理机构。

三、金融市场的功能

（一）聚集并配置资金

首先,金融市场为资金盈余者提供了能够为其带来收益的金融工具,使其积累的收入有可能获得增值,极大地刺激了人们的储蓄意愿。金融市场将其广泛动员、吸纳的零散资金积少成多,融通给投资者,克服了实物投资项目的不可分性对小额投资的参与障碍,促进了社会资本的形成。其次,金融市场不仅加快了资本积累速度,还有助于提升资本配置效率。交易双方的竞争形成的金融资产均衡价格（收益率）作为信号引导着资金的流动。通过这一"价格发现过程"（Price Discovery Process）,金融市场能够迅速地将资金转移到最具生产效率的单位手中,进而形成实际资源在地区、行业、企业间的最优配置格局,促进资源的有效利用。

(二)风险配置

金融市场不仅提供了资金转移的途径,也为风险在经济主体之间进行有效分配提供了机会。经济主体可以根据自身的风险偏好在众多金融工具中进行选择和组配,确定适当的风险承担水平。风险厌恶程度较高的主体可以将银行存款和政府债券等安全资产作为主要的金融投资方式,并利用金融衍生工具对风险进行保值,而风险容忍度较高或风险中性者可以选择投资于公司债券、股票以及金融衍生工具。前者为追求安全而规避或转移风险,同时也放弃了获取高额回报的可能。后者在承受较高风险的同时,也拥有得到较大收益的机会。金融市场通过构建有效的风险分配机制,使社会整体的风险承担格局趋于均衡。

(三)信息揭示

作为一个包括个人、工商企业、金融机构、政府共同参与的系统,金融市场天然地汇集了大量信息。金融市场不仅反映微观经济主体的信息,如企业的经营情况和居民的收支情况,还反映资金供求状况紧张还是宽松、货币供求状况是通货膨胀还是通货紧缩、经济处于繁荣抑或萧条等宏观经济信息。金融市场的市场价格、资金流向等成为企业、个人经济决策的指示器,也为政府制定宏观经济政策提供了参考依据。

四、金融市场的类型

金融市场在全球呈现蓬勃发展的态势,其活动领域和交易范围日益扩展,金融工具和交易方式不断创新,市场构成日趋复杂。在现代社会,金融市场已经演变成为由许多子市场组成的庞大市场体系,下面按不同的分类标准对这些子市场加以介绍。

(一)按交易标的分类:货币市场、资本市场、外汇市场与黄金市场

货币市场(Money Market)是专门融通短期资金的市场,交易标的物包括货币头寸、存单、票据、短期公债等。货币市场工具因期限短、风险小且流动性强,被视为具有类似于货币的功能而得其名。货币市场的交易目的主要是满足临时性资金周转的需求,因此资金借贷的时间很短,多数1~7天,最长不超过1年。

资本市场(Capital Market)则是专门融通期限在一年以上的中长期资金的市场,所筹资金大都参与社会再生产过程,用于建造厂房、购置设备,扩大生产能力,从而转化为"资本"。资本市场上交易的是中长期或永久性金融工具,主要是指股票和中长期债券,相对于货币市场工具,其风险一般较高,流动性

也较低。广义的资本市场还包括银行中长期信贷市场。

外汇市场（Foreign Exchange Market）是外币和以外币表示的支付凭证买卖的市场。

黄金市场（Gold Market）是指集中进行黄金买卖的市场。黄金市场的交易具有双重性质：①将黄金作为商品买卖；②将黄金买卖作为金融活动。以伦敦、苏黎世为代表的欧式黄金市场无固定交易地点，主要通过电讯网络联系成交，而纽约、芝加哥以及香港、新加坡等为美式黄金市场，主要在交易所交易。

（二）按发行和流通特征分类：初级市场与次级市场

初级市场（Primary Market）又称一级市场或发行市场，是通过发行新的金融工具融通资金的市场。在初级市场上，由于每笔交易都直接导致资金从盈余单位流向短缺单位，因此，初级市场是储蓄向投资转化的关键渠道。

次级市场（Secondary Market）又称二级市场或流通市场，指已发行的金融工具进行转手买卖的交易市场。次级市场上的交易只表示现有金融工具所有权的转移，并不代表社会资本存量的增加。

次级市场的重要性在于：①次级市场的存在提高了金融工具的流动性，解决了投资者和发行者之间融资期限安排不一致的矛盾；②次级市场越活跃，金融工具的流动性越强，则其融资功能越能充分得到发挥；③次级市场的金融工具交易价格是企业选择发行时机和为新发行的金融工具定价的基准；④次级市场行情的波动集中反映了经济、政治和市场主体心理预期的变化，是经济的寒暑表。

（三）按交割方式分类：现货市场与衍生市场

现货市场（Spot Market）采用即期交易方式，是指金融合约的交易双方成交后，立即或在较短时间内交割。现货交易又分为现金交易（Cash Transaction）和固定方式交易（Transaction in Regular Way）。前者的成交和结算在同一天发生，后者的成交日和结算日之间一般相隔 1~5 个营业日，例如隔日结算用 T+1 表示。

如果投资者资金不足，又想获得较多收益，可以采用保证金交易（Margin Transaction），也称"垫头交易"。投资者缴付一部分现款，其余款项由经纪商垫付，买进证券。以这种方式购买证券，投资者必须先在经纪人处开立保证金账户（Margin Account），缴纳一定数额的保证金。交易完成后，客户必须向经纪人归还借款本息。保证金占购买证券金额的比率一般由各国金融管理当局视经济形势加以规定，并可调整。保证金交易具有杠杆效应，当证券价格上升时，可以使投资者超出其自身的资金实力获取更多的利润，当价格下跌时，投资者的损失加重。假定保证金比率为 50%，利率为 10%。某人对 A 公司股票看涨，当时该股票每股20元,他的手头只有10000元资金,可以购买500股,如果他利用保证金交易方式就可以购买1000股,此时杠杆放大了一倍。若每股果真上涨了9元,原来他只能赚4500元,而现在他利用杠杆却可以赚到8000元。但若每股下跌了7元,杠杆也将使得投资者会遭受更大的损失。

衍生品市场(Derivative Market)的交易对象是由基础资产派生而来的各类衍生工具,成交后在未来结算。所谓金融衍生工具(Financial Derivative Instruments)是指其价值取决于基础性金融资产的价值或与某个指标挂钩的金融合约,主要包括远期、期货、期权和互换四种基本类型。金融衍生交易的目的是转移基础金融资产的风险,或是降低交易双方的成本。

(四)按交易场所分类:有形市场与无形市场

有形市场(Visible Market)是指金融交易在固定场所进行,其具体形态可以是交易所或金融机构的营业场所。最著名的有形市场应属纽约证券交易所(New York Stock Exchange, NYSE)。无形市场(Invisible Market)没有固定交易场所,市场参与者通过电话或互联网等通信网络开展交易。

20世纪90年代以来,依托互联网渠道和技术的金融交易蓬勃发展,非金融企业借助互联网平台涉足金融领域,金融机构则利用互联网改造传统业务模式。美国率先将互联网应用于金融交易,1992年,第一家网络证券经纪商"E-Trade金融公司"向个人投资者直接提供证券经纪服务。1998年,首个第三方在线支付平台PayPal建立,并于次年成立"PayPal货币市场基金",用户的账户余额可以获得投资收益,开创了货币市场基金销售的新渠道。自2005年以来,"点对点"的网络融资模式P2P借贷(Peer-to-peer Lending)兴起,资金供求双方可以通过借贷平台直接匹配,代表性借贷平台包括英国的Zopa和美国的Prosper与Lending Club。其后,又诞生了众筹(Crowd Funding)融资模式,创业者和小微企业可以通过众筹平台向公众募集资金,包括股权类、债权类、奖励类和捐赠类众筹等方式。

(五)按地域分类:国内金融市场与国际金融市场

如果金融活动超越国境,涉及其他国家居民,这些金融活动的总和就形成了国际金融市场,它是国内金融市场在国际范围内的扩展和延伸。

根据交易内容,国际金融市场可以划分为国际借贷市场、国际证券市场、国际外汇市场和国际黄金市场。按照市场的参加者和交易使用的货币与市场所在地的国家的所属关系,国际金融市场又可以划分为在岸市场和离岸市场。在岸市场(Onshore Market)是传统的国际金融市场模式,对该市场所在国而言,在岸交易发生在本国居民与非居民之间,交易货币可以是本币,也可以是外币。在离岸市场(Offshore Market)上,离岸交易发生在非居民之间,交易的货币一般为外币,又称为境外市场(External Market)。不过,在现实中,这两类市场并非界限如此分明,在岸业务和离岸业务往往交叉并存,二者的区别主要是管理规则与运作机制的差异。离岸市场由于既不受交易货币发行国的法令管制,也不受业务所在国法规管辖,因此在交易品种、交易规程、利率决定等方面都有其相对独立的特征。

离岸市场是金融自由化和国际化的产物。欧洲货币市场是离岸市场的核心部分。所谓欧洲货币(Euro-currency),并非指欧洲国家的货币,而是指在某种货币的发行国境外的银行存贷的该种货币,又称境外货币。欧洲货币市场的萌芽期是20世纪50年代初,由于冷战期间东西方关系恶化,苏联和东欧国家将其持有的美元存入欧洲国家的银行,以防美国冻结或没收,形成了最早的欧洲美元。20世纪60年代,由于美国采取的一系列金融管制措施与欧洲国家放松外汇管制的政策形成反差,促使美元大量流向欧洲。到了20世纪70年代,由于石油美元的回流,加之跨国公司和跨国银行的发展,欧洲美元市场进一步发展。同时,美元地位下降使其他一些硬通货成为抢购对象,又陆续出现了欧洲马克、欧洲瑞士法郎、欧洲英镑、欧洲日元等。20世纪70年代初,欧洲货币市场开始向亚洲延伸,形成亚洲货币市场,并向北美和拉美地区扩展。因而,广义的欧洲货币市场不仅包括伦敦、巴黎、法兰克福、卢森堡等欧洲金融中心的离岸市场,也包括中东、远东、美国、加拿大和加勒比地区的离岸市场。

 小知识

金融科技与互联网金融

金融科技(Financial Technology,Fintech)是采用互联网、人工智能、大数据、安全/生物识别、区块链、云计算等现代化科学技术对金融业务提供辅助、支持和优化,以创新传统金融行业提供的产品和服务,提升效率并有效降低运营成本。

互联网金融(Internet Finance,ITFIN)是金融科技应用的重要形态,强调科技对金融市场交易渠道和平台的改进。根据我国监管部门的界定,互联网金融是金融机构与互联网企业利用互联网技术和信息通信技术实现资金融通、支付、投资和信息中介服务的新型金融业务模式。互联网金融的兴起是互联网技术和金融功能的有机结合。互联网金融的主要业态包括互联网支付、网络借贷、众筹融资、互联网基金销售、互联网保险、互联网信托和互联网消费金融等。

1. 互联网支付

互联网支付是指通过计算机、手机等设备，依托互联网发起支付指令、转移货币资金的服务。

2. 网络借贷

网络借贷包括个体网络借贷（即 P2P 网络借贷）和网络小额贷款。个体网络借贷是指个体和个体之间通过互联网平台实现的直接借贷，属于民间借贷范畴。网络小额贷款是指互联网企业通过其控制的小额贷款公司，利用互联网向客户提供小额贷款。

3. 众筹

众筹是指通过互联网发布筹款项目并募集资金。互联网众筹的基本模式包括：①捐赠众筹，属于纯公益性质；②回报众筹，也称为奖励性众筹，发起人在项目完成之后给予投资人一定的奖励作为回报；③债权众筹，投资者在未来获取利息收益并收回本金；④股权众筹，主要是指通过互联网形式进行公开小额股权融资，出资人可以得到股息和红利等形式的回报。

第二节 货币市场

一、货币市场的内涵

货币市场是短期资金市场，是指融资期限在一年以下的金融市场，是金融市场的重要组成部分。相对于资本市场，货币市场具有鲜明的特点：①货币市场的交易对象是短期金融工具，流动性、安全性较高，不过获得的收益也有限；②货币市场是批发市场，单笔交易金额较大，且交易频繁，市场的主要参与者是资金实力雄厚的机构投资者。

货币市场是金融市场体系的基础，在金融系统运行中具有不可忽视的作用：①货币市场为经济主体调剂短期资金余缺提供了重要的交易平台。由于生产经营的季节性和周期性，企业资金周转各环节的衔接有松有紧，企业可以在货币市场上进行短期筹资或投资；金融机构可以在货币市场上灵活调剂资金头寸的余缺；货币市场也为财政部门筹措短期资金提供了便利。②货币市场利率在利率体系中占有十分重要的基础地位。由于货币市场工具期限短，具有低风险、高流动性的特质，其收益率通常被作为其他金融工具定价的基准利率。③货币市场的完善程度直接影响着中央银行实施货币政策的有效性。中央银行货币政策的主要工具，如调整贴现率和公开市场操作，都需要通过影响货币市场的资金总量和基础利率，进而影响货币总量和长期利率等中介指标，实现其最终目标。成熟的货币市场能够为中央银行的货币政策提供灵敏的传导渠道。

二、货币市场的构成

（一）同业拆借市场

同业拆借（Interbank Lending/Borrowing）是金融机构（除中央银行以外）之间以货币借贷方式进行的短期融资。中央银行实行的法定存款准备金制度是推动同业拆借市场形成的直接原因。

同业拆借按其是否通过中介进行交易，可分为三大类情况：①由专业中介机构（如拆借经纪公司）充当交易媒介的拆借方式。经纪机构集中了资金拆入拆出的大量信息，可迅速为拆借双方找到在数量和价格上匹配的交易对手。通过经纪机构进行拆借，不仅可以降低搜寻成本、提高效率，还能保障同业拆借的有序和安全。②通过大银行或证券经纪人作为代理进行拆借。③拆借双方直接联系成交。

根据拆借的保障方式，同业拆借分为有担保拆借和信用拆借。有担保拆借以担保人或担保物作为信用保障。这类拆借多采用证券回购方式，由拆出方从拆入方买入短期政府债券、金融债券、银行承兑汇票等高流动性资产，拆入方承诺到期购回作为担保品的资产。信用拆借适用于拆借期限较短，拆入方资信较好的情形。

此外，还可按拆借期限将其分为三种类型：①隔夜拆借，即"日拆"，当天拆入，次日偿还；②指定日拆借，期限一般为1天以上，1年以内，中途不得解约或后延；③无条件拆借，是一种期限较为自由的拆借方式。

同业拆借利率（Interbank Rate）包括拆入和拆出利率（Bid Rate & Offered Rate）。由于同业拆借市场的交易方为以银行为主的金融同业机构，交易违约的可能性极低，故被视为无风险利率，能比较准确地反映社会资金总体供求状况，是市场化程度最高的利率，因而同业拆借利率被金融业视为基础利率，成为其他金融工具定价的基准。例如，伦敦银行同业拆借利率（LIBOR）是目前国际上最重要和最常用的市场基准利率之一，具有代表性的还有美国联邦基金利率（Federal Funds Rate）、欧元区银行间拆借利率（EURIBOR）、香港银行同业拆借利率（HIBOR）以及上海同业拆借利率（SHIBOR）等。同时，同业拆借利率的信号指示功能也使它成为中央银行调整货币政策的重要参考指标，多数中央银行往往将同业拆借利率作为货币政策的操作目标。

中国在1996年建立了全国统一的同业拆借市场，并发布中国银行同业拆借利率（CHIBOR）。此后，中国人民银行批准符合条件的证券公司、投资基金以及其他类型的非银行金融机构和外资银行进入全国银行间拆借市场，并于2002年将市场准入由审批制改为核准制。2007年，全国银行间同业拆借中心发布"上海银行间同业拆借利率"（SHIBOR）。2018年，银行间市场推出同业拆借夜盘交易。

（二）票据市场

1. 商业票据市场

这里所说的商业票据（Commercial Paper，CP），是指由大型工商企业或金融机构作为出票人，承诺到期按票面金额向持票人支付现金的无抵押担保的远期本票。它实质上是一种短期融资证券，不同于以商品销售为依据，建立在商业信用基础上的结算票据。

商业票据的发行者主要是资金雄厚、信誉卓著的大公司、金融机构及公用事业单位。商业票据的发行目的最初是筹集短期资金以满足发行人的临时性和季节性资金需求，后来又派生出其他目的。例如，企业需要为其投资项目筹措长期资金，但当时市场利率较高，企业可以通过持续不断地"滚动"发行商业票据，将短期资金转换为长期资金，降低融资成本。商业票据的发行大多以银行信贷额度作为担保，以提高票据的吸引力。

商业票据多为贴现发行，其发行利率主要取决于市场资金供求的松紧、发行者资信等级、有无担保人及担保人资信等级、票据期限、发行成本等。此外，发行利率与银行的优惠贷款利率也有着密切联系，前者以后者为基础。商业票据的期限一般较短，多为1~2个月。商业票据发行前一般要经过评级，以便向潜在投资者传递有关发行人资信的信息。⊖

商业票据的二级市场通常并不发达，主要是因为期限较短，投资者通常持有票据到期。

20世纪80年代，我国一些企业发行了短期融资券。1989年，融资券发行审批权集中到中国人民银行总行。90年代中期经济降温后，融资券出现不能按期兑付等问题，监管部门不再予以审批。2004年，中国人民银行发布《证券公司短期融资券管理办法》，继而在2005年发布《短期融资券管理办法》，允许证券公司和非金融企业在银行间债券市场发行和交易短期融资券，拓宽了企业进入

⊖ 货币市场融资工具大多采用贴现发行，即以低于面值的价格折价发行，到期时按面值偿付，投资者收到的利息是票面金额与购买价格之间的差额。

货币市场的融资渠道。2008年，首批中小企业短期融资券发行。2010年，银行间市场推出期限为7~270天的超短期融资券。

2. 银行承兑汇票市场

商业汇票（Commercial Draft）是出票人签发的，委托付款人在指定日期支付确定的金额给收款人或者持票人的票据，其性质是工商企业之间因商业信用形成的债权债务关系的凭证。出票人可以向银行申请对汇票予以承兑。银行对汇票的承兑是指银行确认由工商企业签发的商业汇票的证明事项，在汇票上做出承诺付款的文字记载和签章的行为。承兑银行承担到期向持票人付款的不可撤销的责任。经银行承兑的汇票即称为银行承兑汇票（Banker's Acceptance，BA）。出票、承兑相当于银行承兑汇票的发行环节，银行贴现、转贴现、再贴现则是银行承兑汇票的流通转让。贴现（Discount）是指持票人为取得现款，将未到期的已承兑汇票转让给银行，银行将票据面额扣除贴现利息后的金额支付给持票人（贴现利息＝票据面额×贴现率×剩余天数/360）。银行将其贴现的汇票转让给其他金融机构，称为转贴现（Interbank Discount）。再贴现（Rediscount）则是银行或其他金融机构将其持有的汇票转让给中央银行。

银行提供汇票承兑和贴现服务，可以解决贸易双方信用不足和资金紧张的问题，其实质是以银行信用代替商业信用。

我国当前所说的商业票据是指基于商业信用、作为结算手段的"真实票据"，票据市场主要是指票据承兑和贴现市场。我国的票据市场是伴随着商业信用交易逐步发展起来的。1986年，专业银行正式开办票据承兑和贴现业务，中国人民银行则开办了再贴现业务。1996年，《中华人民共和国票据法》颁布。2000年，商业银行设立票据专营机构，票据交易网络化和电子化逐步推进。2003年，中国票据网启用，为票据市场提供服务平台。2009年中国人民银行建成电子商业汇票系统。2016年，上海票据交易所开业运营，建立全国统一的票据交易平台，并于2018年实现纸质票据和电子票据的交易融合。

（三）国库券市场

国库券[一]（Treasury Bill，TB）是指由国家财政部发行的短期债券。国库券的突出特点是：①低风险性。国库券期限较短，利率风险低，且有国家税收能力作为担保，违约风险低。②流动性强。国库券的低风险特征使其可销售性很

[一] 在中国，人们习惯于将财政部发行的债券统称为国库券，而在国外，只有期限在1年以内的国债才被称为国库券。

强，次级市场十分发达。

政府发行国库券的目的除了满足财政部门的短期资金需求外，还为中央银行的公开市场业务提供操作对象。中央银行通过在公开市场上买卖国库券，调节货币供应量和市场利率。国库券还可以被商业银行作为二线流动性储备，既保证资产的流动性，又能获得一定的收益。由于国库券被视为无风险金融工具，其利率也构成金融市场的基准利率之一。

国库券一般采用贴现发行，典型的发行方式是拍卖，其优点是由市场决定发行价格，有利于降低成本。以美国为例，拍卖由财政部委托美联储主持，分为竞争性投标和非竞争性投标。竞争性投标人报出认购价格（或收益率）和数量，非竞争性投标人一般是小投资者，只报出购买数量。在竞争性招标中，招标人按报价从高到低（亦即按收益率从低到高）的顺序开标，依次决定中标人以及中标数量与价格。投标人购得国库券的最高收益率称为终止收益率，报价高于此收益率的投标者将落标。非竞争性投标者按竞争性投标形成的平均价格购买国库券，从而避免了参与竞争性投标可能带来的风险。

在国库券的发行中，国库券一级经销商（通常是银行、证券公司和其他金融机构）的作用十分关键，它们经有关部门认定，有资格参加国库券投标、承销，开展分销和零售业务。具有一级经销商资格的机构须拥有足够的资本金，且在二级市场的交易量要达到一定规模。

中国国债期限结构曾经以中期国债为主。1994年，财政部发行了半年期和1年期国库券，又于1996年发行了3个月期国库券，为中央银行公开市场业务提供操作对象。2003年以来，财政部实现短期国债发行常规化。2015年，财政部滚动发行三个月短期国债，为推动人民币加入特别提款权（SDR）篮子创造条件。

（四）回购协议市场

在回购市场上，交易者通过回购协议（Repurchase Agreement，REPO）进行短期资金融通。

回购交易主要包括两种类型：①质押式回购。作为资金需求者的融资方（正回购方）将其持有的证券质押给作为资金供给者的融券方（逆回购方）融入资金，双方约定在指定日期，由融资方按约定回购利率向融券方返回资金，融券方向融资方返回原出质证券。②买断式回购。证券持有者（正回购方）将证券出售给债券购买方（逆回购方）以获得资金，同时承诺在指定日期以约定价格再购回相等数量的同种证券。回购协议的交易程序分为初始交易与回购交易两个环节，其性质是有担保品的短期融资，证券卖价与回购价之差是借款利息。

在质押式回购中,证券所有权并不转移,逆回购方只享有质权,而在买断式回购中,逆回购方拥有证券所有权,可将证券出售或用于质押,在协议到期时将等量的同种债券返售给正回购方即可。因而,质押式回购和买断式回购又分别称为"封闭式回购"和"开放式回购"。

回购协议项下的证券通常是风险较小的政府债券,也可以是其他信用等级较高的债券。回购利率取决于抵押品的品质、回购期限、交割方式等,一般低于无担保的同业拆借利率。若双方约定回购期限为一天,称为隔夜回购(Overnight Repo),若超过一天,则称为定期回购(Term Repo)。回购协议为正回购方提供了便捷的融资方式,回购方可以避免因急于变现而放弃优质证券资产的损失;对逆回购方来说,则是一种相对安全的短期投资方式。○

回购协议市场的主要参与者是银行、非银行金融机构、企业和政府以及中央银行。中央银行则通过回购交易来调节基础货币供应和短期利率。

上海证券交易所和深圳证券交易所分别于1993年和1994年开办以国债为主要品种的回购交易。1997年,中国人民银行发布《银行间债券回购交易暂行规定》和《禁止银行资金违规流入股市》的规定,将回购市场分割成基于证券交易所和全国银行间市场的两个独立的市场。2002年和2003年,上海证券交易所和深圳证券交易所分别推出企业债券回购交易。2018年,银行间市场推出三方回购交易,通过第三方机构对担保品实行集中、专业管理。

(五)大额可转让定期存单市场

大额可转让定期存单(Large-denomination Negotiable Certificates of Time Deposit,CDs),是银行发行的到期之前可转让的定期存款凭证。它和银行普通定期存单的差异在于:①普通存单记名且不可转让,存款人可以提前支取,但银行会扣除部分利息。大额存单通常不记名,不能提前支取,存单持有者可以在二级市场上将其转让出售。②普通存单金额不等,而大额存单面额固定,按标准单位发行,而且面额较大,在美国,最低额为10万美元。③大额存单的发行者多是大银行。④大额存单的利率一般高于同期定期存款利率。

大额存单是银行存款的证券化,不过,它和银行发行债券筹资仍有所不同。

○ 虽然回购交易的担保品质量较高,但仍具有潜在风险。在买断式回购中,双方都面临交易对手的违约风险:当证券的市价上升时,证券价值可能会高于贷款价值,逆回购方到期可能不愿出售证券,致使正回购方无法按约定价格回购证券而受到损失;当证券市价下跌时,到期时正回购方可能不愿回购,逆回购方则会遭受损失。为控制风险,可要求交易对手提供保证金或保证券,以弥补其违约带来的损失。

后者不属于银行存款，银行无须为其缴纳存款准备金，债券的投资者也不受存款保险制度的保护。

大额存单通常按面额发行，可以采用固定或浮动利率。认购者多是大企业、政府机构、货币市场基金或其他金融机构，也有个人投资者。存单持有者若需变现，可将存单在二级市场出售，通常是由交易商买入。交易商的"做市"保证了大额存单的流动性。

中国银行业发行大额存单始于1986年。1989年，中国人民银行出台《大额可转让定期存单管理办法》。其后，由于宏观经济降温，国内银行存款规模居高不下，资金运用趋于谨慎，大额存单市场未及兴起便归于沉寂。2015年，中国人民银行公布《大额存单管理暂行办法》，允许银行发行大额存单，个人和机构投资人认购起点金额分别不低于30万元和1000万元，存单可通过第三方平台转让。

（六）货币市场基金

货币市场是批发市场，散户一般难以进入，货币市场基金（Money Market Funds，MMF）的问世解决了这一问题。通过这种基金，中小投资者可以将其零散资金集中起来，投资于货币市场工具，分享投资收益。

货币市场基金最早于1971年创立于美国。与传统的证券投资基金相比，货币市场基金的特点是：①均为开放式基金；②基金单位的资产净值固定不变，通常是每个基金单位1美元。随着投资收益的不断累积，投资者的基金份额也不断增加；③衡量基金业绩的标准是收益率，与其他基金以净资产价值增值为标准不同；④投资的对象是货币市场金融工具和固定收益债券，违约风险低，收益稳定；⑤投资者可随时转让基金，流动性较好。

在有些国家，货币市场基金的投资者可以签发基于基金账户的支票，因而货币市场基金实际上具有支票存款账户的性质，但是又无须缴纳法定存款准备金，也不受利率上限的管制，因而对商业银行构成了较大的竞争威胁。不过，投资者投入基金的资金不受存款保险的保护，商业银行也相继推出货币市场存款账户等创新工具与之竞争，加上自20世纪80年代以来，各国政府对商业银行的管制趋于放松，使货币市场基金的竞争优势有所削弱。

2003年，中国首批货币市场基金获准发行。2004年，中国证券监督管理委员会（以下简称"证监会"）和中国人民银行发布《货币市场基金管理暂行规定》。2005年，证监会发布《关于货币市场基金投资等相关问题的通知》，进一步明确了货币市场基金的募集和运行规则，货币市场基金成为国内货币市场的重要参与者。随着互联网金融的加速发展，2013年，阿里巴巴集团联合天弘基金管理公司推出"余额宝",借助支付宝平台销售货币市场基金。

第三节 资本市场

一、股票市场

(一)股票的发行市场

为了保障投资者权益,促进股票市场有序运行,各国证券监管部门一般都会设定股票的发行准则,因股票发行的不同类型而有所区别。首次公开发行(Initial Public Offerings,IPO)或者上市公司增资发行(向原股东配售股份、向不特定对象公开募集股份、发行可转换公司债券、非公开发行股票)所需满足的条件不尽相同。如果公司在国外发行股票,则要受到本国及当地国法规的双重制约。

股票的发行目的、发行方式、发行范围不同,发行程序也有所差异。一般而言,企业需要准备与发行股票有关的各方面申报材料,并提出发行申请。经监管部门审核批准或注册后,企业与承销商签订承销合同,协商确定股票发行的各项事宜,向社会公布招股说明书,并进行"路演"(Road Show)。其后,由承销商负责股票发行的具体操作,具体包括开展股票申购、股款交割、股东登记等工作。这里着重介绍股票发行过程中的几个基本环节。

1. 发行方式

(1)按发行对象分类可分为公开发行和非公开发行。

公开发行,即公募(Public Placement),是以非特定的公众投资者为发行对象,按统一条件向社会公开发售股票。公开发行的潜在投资者范围较广,筹集资金的潜力较大,而且有利于提高发行公司的知名度。股票在公开发行后,一般即可上市转让。不过,公开发行的条件比较严格,发行程序较为复杂,需要公开披露企业各种信息,发行成本相对较高。

非公开发行,又称私募(Private Placement),即公司向特定投资者发行股票。发行对象可以是公司的老股东或员工,或者是投资基金等金融机构和与发行公司有密切关系的企业等机构投资者。私募的手续简便,可节约发行成本,发行风险也较低。不过,私募的筹资潜力有限,非公开发行的股票一般不能上市转让,股票缺乏流动性。

(2)按有无发行中介分类可分为直接发行和间接发行。

直接发行,是指股份公司承担股票发行的一切事务和发行风险,直接向投资者推销股票。采用这种方式，虽然可以节省发行费用，但要求发行公司有相当高的知名度，并熟悉招股手续和有关技术。

间接发行，又叫委托发行，是指发行公司委托证券公司等中介机构代理销售股票。虽然需支付一定的手续费，由于发行公司向社会公众自行发售股票受到其金融能力、信誉程度、信息渠道等条件的限制，因此委托中介机构销售股票是公募发行的主要方式。

2. 承销方式

证券经营机构接受发行人委托承担销售股票的职责，即股票承销（Underwriting）。证券经营机构作为承销商，具体业务主要是接受发行公司的委托，向证券监管机构提出发行申请，提交规定的各类资料，并负责股票销售的具体事宜。一级市场的证券承销业务是投资银行传统的核心业务。依据发行公司与承销商之间的责任关系，可将承销方式分为以下三种。

（1）全额包销

由承销商购买计划发行的全部股票，转售给公众投资者。承销商的买入价和发售价之间的差额即构成承销商的收入，扣除发行费用后，就是包销利润。承销商买断股票，实际上是为发行公司预付了股款，同时承担了全部发行风险。

（2）余额包销

承销商以发行公司的名义按既定的发行价格和发行额代理发行股票，并承诺在发售期满时，若股票不能全部售出，将认购余下的部分。承销商不对公司提供预付股款，承担部分发行风险。承销商的收入来自手续费。

（3）代销

承销商接受发行公司的委托，在一定时期内代理发行股票，其职责仅限于尽力推销，而非包销。承销商不承担任何发行风险。发行期满，未售出的股票将退还给发行公司。

当股票发行数量较大时，主承销商通常与其他证券经营机构寻求合作并组成承销团。主承销商承担主要职责，与发行公司签订股票承销协议，分销商与主承销商签署分销协议。

3. 发行价格

股票的发行目的不同、发行对象、发行方式及股票种类不同，其发行价格也各不相同。总体来看，股票的发行价格有平价发行、溢价发行和折价发行三种形式。股票发行定价是股票发行的关键环节，若定价过低，不能最大限度地筹集资金，若定价过高，将会对股票日后在二级市场上的市场表现产生不利影响，对投资者造成损害，并最终损害发行公司自身利益。合理的定价是股票成功发行的前提。对承销商来说，定价是否适当，是评判投资银行水准的重要标志。股票的发行定价取决于公司的盈利水平、知名度、所处行业特点、股票发行数量、股票二级市场行情和宏观经济形势等一系列因素。

（二）股票的流通市场

1. 流通市场的功能

流通市场为股票创造了流动性，其意义是多方面的。

（1）股票流通市场为股票持有人提供了变现机会。由于股票是永久性证券，股东不能从公司抽回资金，若要收回投资或转移投资，可以在二级市场上将股票转让出去。

（2）股票流通市场的存在为股票发行者创造了有利的筹资环境。股票能够在二级市场上顺畅流通，意味着投资者可以根据自身投资计划和市场变动情况随时买卖股票，这显然有助于推动股票一级市场的顺利发行。

（3）股票流通市场的股权转移和股票行市涨落表明了投资者对股票价值，亦即公司经营业绩的判断。如果公司经营状况不佳，股东可通过卖出其持有的股票以示不满。这种"用脚投票"的机制与股东出席股东会议"用手投票"共同构成了对公司运作的约束机制。在公司股权趋于分散的情况下，"用脚投票"已成为广大投资者行使其决策权的重要方式。

此外，企业之间还可以通过流通市场完成兼并、收购，对资源配置格局进行调整优化。

2. 流通市场的结构

（1）场内市场。场内市场即证券交易所（Stock Exchange），是买卖股票和债券等有价证券的集中交易场所。在证券交易所中，尤以股票的交易最为活跃。通过证券交易所进行的股票买卖活动即股票的场内交易，其主要特点是：有固定的交易场所和交易时间，交易采用公开竞价方式，交易数量大且集中，交易过程受到严格管理。股票在交易所挂牌交易必须经过批准。交易所对申请上市的公司一般都有较严格的要求。获得上市资格并非意味着一劳永逸，交易所会定期或不定期复核，不符合条件者暂停上市或摘牌。

证券交易所并不参加交易，其基本职能是提供证券交易的场所和设施，制定证券上市、交易、清算、交割等方面的规则，审批证券的上市申请，组织、监督证券交易活动，管理和公布市场信息。交易所的参加者可以是自然人或法人，主要分两种：一是既可自营又可代客交易的股票经纪商；一是只从事自营业务的自营商。

 小知识

证券交易所简介

1. 深圳证券交易所

深圳证券交易所（以下简称"深交所"）于 1990 年 12 月 1 日开始营业，是经国务院批准设立的全国性证券交易场所，受中国证监会监督管理。深交所履行市场组织、市场监管和市场服务等职责，主要包括：提供证券集中交易的场所、设施和服务；制定和修改证券交易所的业务规则；审核、安排证券上市交易，决定证券暂停上市、恢复上市、终止上市和重新上市；提供非公开发行证券转让服务；组织和监督证券交易；组织实施交易品种和交易方式创新；对会员进行监管；对证券上市交易公司及相关信息披露义务人进行监管；对证券服务机构为证券上市、交易等提供服务的行为进行监管；设立或者参与设立证券登记结算机构；管理和公布市场信息；开展投资者教育和保护；法律、行政法规规定的以及中国证监会许可、授权或者委托的其他职能。

深交所是实行自律管理的会员制法人，现有 116 家会员和 3 家特别会员。

深交所立足服务实体经济和国家战略全局，经过 28 年的发展，初步建立起板块特色鲜明、监管规范透明、运行安全可靠、服务专业高效的多层次资本市场体系。

截至 2019 年 6 月底，深交所共有上市公司 2170 家，其中主板 472 家、中小板 934 家、创业板 764 家，总市值 20.83 万亿元；挂牌债券（含资产支持证券）5539 只，挂牌面值 2.04 万亿元；挂牌基金 520 只，资产净值 1837 亿元。2019 年上半年，深市股票成交金额 38.8 万亿元，股票筹资额 2076 亿元。

2. 上海证券交易所

上海证券交易所（以下简称"上交所"）成立于 1990 年 11 月 26 日，同年 12 月 19 日开业，受中国证监会监督和管理。上交所致力于创造透明、开放、安全、高效的市场环境，主要职能包括：提供证券交易的场所、设施和服务；制定和修改证券交易所的业务规则；审核、安排证券上市交易，决定证券暂停、恢复、终止和重新上市；提供非公开发行证券转让服务；组织和监督证券交易；对会员进行监管；对证券上市交易公司及相关信息披露义务人进行监管；对证券服务机构为证券上市、交易等提供服务的行为进行监管；管理和公布市场信

息;开展投资者教育和保护;法律、行政法规规定及中国证监会许可、授权或委托的其他职能。

经过29年的快速成长,上交所已发展成为拥有股票、债券、基金、衍生品四大证券交易品种、市场结构较为完整的证券交易所;拥有可支撑上海证券市场高效稳健运行的交易系统及基础通信设施;拥有可确保上海证券市场规范有序运作、效能显著的自律监管体系。依托这些优势,上海证券市场的规模和投资者群体也在迅速壮大。

截至2018年年末,上交所上市公司家数达1450家,总市值27.0万亿元;2018年全年股票累计成交金额40.3万亿元,日均成交1659亿元,股市筹资总额6114亿元;债券市场挂牌只数12 089只,托管量8.4万亿元,累计成交216.9万亿元;基金市场只数达233只,累计成交7.2万亿元;衍生品市场全年累计成交1798亿元。沪市投资者开户数量已达29 610万户。

(2)场外市场。广义上的场外市场是对交易所以外的所有证券交易活动与买卖关系的总称。股票交易之所以采用场外交易的组织形式,主要是因为股票在交易所上市必须遵守一系列严格且复杂的规定,有的股票达不到上市要求;有的股票虽然上市了,也可能由于各种原因在场外交易。

典型的场外市场是OTC市场。柜台交易(Over-The-Count,OTC)市场,又称店头市场。证券交易所通常被称为第一市场,该市场则被称为第二市场,其交易起先主要是在证券商的柜台上进行,故得此名。券商在OTC市场上主要从事自营业务,即分别作为买方和卖方与投资者进行交易,充当股票交易的做市商。券商报出股票的买入价和卖出价,通过买卖差价获得收益。若券商以中介人身份代理客户买卖,在柜台上沟通股票交易,则其赚取的是佣金,代客买卖在场外交易中的比重通常很小。1971年,美国建立了全国证券交易商协会自动报价系统(Nasdaq),音译为"纳斯达克"。Nasdaq改变了以前依靠电话报价的方法,通过计算机网络将做市商联结在一起,及时提供股票交易行市,使场外交易实现了电子化。最初Nasdaq只是传递信息的报价系统,后逐步具备执行交易的功能。由于管制较少,交易灵活方便,运作成本低,许多富于创新精神的高科技公司选择在Nasdaq上市。

 小知识

中国股票市场的发展

1984年,北京天桥股份有限公司和上海飞乐音响股份有限公司经中国人民银行批准向社会公开发行股票。1986年9月26日,上海建立了第一个证券柜台

交易点，这是中华人民共和国证券正规化交易市场的开端。1990 年，上交所和深交所的成立是中国证券市场的重要里程碑，标志着中国证券市场开始其发展历程。两家证券交易所为上市股票提供了必要的交易平台和流动性，而中国投资银行业也随之出现。

1992 年中国证券监督管理委员会成立，标志着中国证券市场统一监管环境的形成。证券监管部门建立了统一的市场监管体系并持续完善相关监管条例和规则，从而有力地推动了中国资本市场的发展。1993 年国务院颁布了《股票发行与交易管理暂行条例》，此后又陆续出台若干法规和行政规章，初步构建了基本的证券法律法规体系。1993 年以后，B 股、H 股发行出台，证券中介机构在种类、数量和规模上也迅速扩大。1998 年，国务院证券委撤销，中国证监会成为中国证券期货市场的监管部门，并在全国设立了派出机构，建立了集中统一的证券期货市场监管框架，证券市场由局部地区试点试验转向全国性市场发展阶段。

1999 年《中华人民共和国证券法》（以下简称《证券法》）的颁布和 2006 年《证券法》《中华人民共和国公司法》（以下简称《公司法》）的修订奠定了我国证券市场的基本法律框架，进一步改善了市场监管环境，使我国证券市场的法制建设进入了一个新的历史阶段。在此期间，我国政府执行了一系列市场化改革措施，其中以券商综合治理和股权分置改革为代表事件。为了贯彻落实国务院相关政策，2004 年 8 月，证监会在证券监管系统内全面部署和启动了综合治理工作，包括证券公司综合治理、上市公司股权分置改革、发展机构投资者在内的一系列重大变革由此展开。2004 年 2 月，国务院发布《关于推进资本市场改革开放和稳定发展的若干意见》，明确了证券市场的发展目标、任务和工作要求，成为资本市场定位发展的纲领性文件。2004 年 5 月起，深交所在主板市场内设立中小企业板块，为中小企业提供了融资和股票交易的平台。2005 年 4 月，经国务院批准，中国证监会发布了《关于上市公司股权分置改革试点有关问题的通知》，启动股权分置改革试点工作。

2009 年 10 月创业板的推出标志着多层次资本市场体系框架基本建成。进入 2010 年，证券市场制度创新取得新的突破，2010 年 3 月融资融券的推出、4 月股指期货的推出为资本市场提供了双向交易机制，这是中国证券市场金融创新的又一重大举措。2012 年 8 月、2013 年 2 月转融资、转融券业务陆续推出，有效地扩大了融资融券发展所需资金和证券的来源。2013 年 11 月 30 日，证监会发布《关于进一步推进新股发行体制改革的意见》，新一轮新股发行制度改革正式启动。2013 年 12 月，新三板准入条件进一步放开，新三板市场正式扩容至全国。随着多层次资本市场体系的建立和完善,新股发行体制改革的深化,新三板、股指期权等制度创新和产品创新的推进,中国股票市场逐步走向成熟,股票市场为中国经济提供投融资服务等功能将日益得到突出和体现。2019年,科创板建立。作为资本市场改革发展的试验田,科创板的定位是坚持面向世界科技前沿、面向经济主战场、面向国家重大需求,主要服务于符合国家战略、突破关键核心技术、市场认可度高的科技创新企业。

经过二十多年的发展,从上市公司的数量、融资金额、投资者数量等各方面,中国股票市场均已具备了相当的规模,其在中国经济的发展中正发挥越来越重要的作用。截至2018年底,中国沪深两市共有上市公司(A、B股)3593家,总市值达到约45.47万亿元,流通市值37.15万亿元。中国股票市场在优化资源配置、促进企业转制、改善融资结构、加速经济发展等方面正在发挥着重要作用。

小知识

中国的多层次资本市场

在资本市场上,不同的投资者与融资者都有不同的规模大小与主体特征,存在着对资本市场金融服务的不同需求。投资者与融资者对投融资金融服务的多样化需求决定了资本市场应该是一个多层次的市场经济体系。

我国资本市场从20世纪90年代发展至今,由场内市场和场外市场两部分构成。其中场内市场的主板(含中小板)、创业板(俗称二板)、科创板和场外市场的全国中小企业股份转让系统(俗称新三板)、区域性股权交易市场、证券公司主导的柜台市场共同组成了我国多层次资本市场体系(见图3-1)。

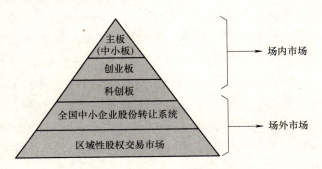

图3-1 中国多层次资本市场架构

1. 主板市场

主板市场也称为一板市场,指传统意义上的证券市场(通常指股票市场),

是一个国家或地区证券发行、上市及交易的主要场所。主板市场对发行人的营业期限、股本大小、盈利水平、最低市值等方面的要求标准较高，上市企业多为大型成熟企业，具有较大的资本规模以及稳定的盈利能力。

2004年5月，经国务院批准，证监会批复同意深圳证券交易所在主板市场内设立中小企业板块，从资本市场架构上也从属于一板市场。

中国内地主板市场的公司在上交所和深交所两个市场上市。主板市场是资本市场中最重要的组成部分，很大程度上能够反映经济发展状况，有"国民经济晴雨表"之称。

2. 二板市场

二板市场又称为创业板市场（Growth Enterprises Market Board，GEM Board），是地位次于主板市场的二级证券市场，以NASDAQ市场为代表，在中国特指深圳创业板。创业板在上市门槛、监管制度、信息披露、交易者条件、投资风险等方面和主板市场有较大区别，其目的主要是扶持中小企业，尤其是高成长性企业，为风险投资和创投企业建立正常的退出机制，为自主创新国家战略提供融资平台，为多层次的资本市场体系建设添砖加瓦。2012年4月20日，深交所正式发布《深圳证券交易所创业板股票上市规则》，并于5月1日起正式实施。

3. 科创板

科创板（Sci-Tech Innovation Board，STAR Market）是独立于现有主板市场的新设板块，并在该板块内进行注册制试点。设立科创板并试点注册制是提升服务科技创新企业能力、增强市场包容性、强化市场功能的一项资本市场重大改革举措。通过发行、交易、退市、投资者适当性、证券公司资本约束等新制度以及引入中长期资金等配套措施，增量试点、循序渐进，新增资金与试点进展同步匹配，力争在科创板实现投融资平衡、一二级市场平衡、公司的新老股东利益平衡，并促进现有市场形成良好预期。2019年1月30日，证监会发布《关于在上海证券交易所设立科创板并试点注册制的实施意见》。3月1日，证监会发布《科创板首次公开发行股票注册管理办法（试行）》和《科创板上市公司持续监管办法（试行）》。2019年6月13日，科创板正式开板；7月22日，科创板首批公司上市。

4. 三板市场

全国中小企业股份转让系统（National Equities Exchange and Quotations，NEEQ）俗称新三板，是经国务院批准设立的全国性证券交易场所，全国中小企业股份转让系统有限责任公司为其运营管理机构。2012年9月20日，公司在国家工商总局注册成立，注册资本30亿元。上海证券交易所、深圳证券交易所、中国证券登记结算有限责任公司、上海期货交易所、中国金融期货交易所、郑州商品交易所、大连商品交易所为公司股东单位。

由于新三板市场的定位是"以机构投资者和高净值人士为参与主体，为中小微企业提供融资、交易、并购、发债等功能的股票交易场所"，因此，其市场生态、研究方法、博弈策略、生存逻辑等，都和以中小散户为参与主体的沪深股票市场有着显著的区别。

5. 四板市场

区域性股权交易市场（下称"区域股权市场"）称为四板市场，是为特定区域内的企业提供股权、债券的转让和融资服务的私募市场，一般以省级为单位，由省级人民政府监管，是我国多层次资本市场的重要组成部分，亦是中国多层次资本市场建设中必不可少的部分。四板市场对于促进企业特别是中小微企业股权交易和融资，鼓励科技创新和激活民间资本，加强对实体经济薄弱环节的支持，具有积极作用。

二、债券市场

（一）债券发行市场

债券发行是发行人以借贷资金为目的，依照法律规定程序向投资人发行债券的行为。债券发行是证券发行的重要形式之一，是以债券形式筹措资金的行为过程。通过债券发行，发行人以最终债务人的身份将债券转移到投资者手中。

1. 债券的发行主体

债券的发行主体包括政府机构、金融机构和公司等，其发行债券的目的各异。一般来说，政府机构发行债券的目的主要是弥补财政赤字和扩大公共投资。金融机构发行债券的目的是为了获得长期稳定的资金来源以扩大贷款和投资。公司发行债券的目的多样，主要目的是筹集长期稳定的低成本资金或优化负债结构。

2. 债券的发行方式

按照发行价格、发行对象和发行中介的不同，债券发行可以有多种方式。按照发行价格的不同可以划分为溢价发行、平价发行和折价发行。当债券的发行价格高于票面金额时，称为溢价发行；当债券的发行价格与票面金额相等时，称为平价发行；当债券的发行价格低于票面金额时，称为折价发行。

按照发行对象的不同可以划分为公募发行和私募发行。公募发行是指发行人向不特定的社会公众投资者发行债券，发行后债券可在证券交易所上市交易。公募债券的发行必须经过债券评级机构评级。私募发行是指以特定少数投资者为对象的债券发行，这类债券发行的金额较小且期限较短，一般不需要债券评级机构评级，发行手续也很简便。

按照有无发行中介可以划分为直接发行和间接发行。直接发行是指发行人直接向投资者推销、出售证券的债券发行；间接发行是指发行人委托证券公司等证券中介机构代理出售证券的债券发行。对发行人来说，采用间接发行的优势在于可在较短时间内筹集到所需资金，发行风险较少，但发行成本相对较高，需要支付筹资额一定比例的手续费。

3. 债券的发行条件

债券的发行条件是指债券发行人在以债券形式筹措资金时所涉及的各项条款和规定，主要包括发行金额、期限、偿还方式、票面利率、付息方式、偿还方式、发行费用、税收效应以及有无担保等内容。

（1）发行金额。发行金额是一次发行债券所筹集的资金总额。发行人根据自身的信誉情况、资金需求程度、还本付息能力以及市场承受能力等因素综合判断后确定合适的发行金额。若发行金额定得过高，会造成销售困难，进而影响发行人信誉且对发行后的债券转让会造成不良影响。

（2）票面利率。票面利率又称名义利率，是指债券发行人每年向投资者支付的利息占票面金额的比率。票面利率的高低会直接影响到发债人的融资成本和投资者的投资收益。一般地，发行人会根据市场利率水平、债券期限长短、信用等级、利息支付方式等因素确定票面利率的高低。

（3）债券期限。债券期限是指从债券的计息日起到偿还本息日止的这段时间。一般地，发行人根据所需资金的用途、对市场利率水平的预期、流通市场的发达程度、市场上其他债券的期限构成以及投资者偏好等因素来确定发行债券的期限结构。

（4）付息方式。付息方式是指债券发行人在债券的有效期内，一次或一定的时间间隔内分次向债权人支付利息的方式。一次性付息又可分为利随本清方式（即债券到期时一次性偿还本息）以及利息预扣方式（即贴现发行方式）。

（5）偿还方式。偿还方式需要规定偿还金额、偿还日期以及偿还形式。按照偿还日期不同可划分为期满偿还、期中偿还和延期偿还。按照偿还形式不同可划分为货币偿还、债券偿还和股票偿还。

(6)发行费用。发行费用是指发行人支付给发行中介机构、服务机构的各种费用。

(7)债券的税收效应。债券的税收效应是指对债券的收益是否征税。债券收益的税收包括收入所得税和资本税。收入所得税由发债人在支付利息时预先扣除并集中上交税务部门;资本税则是出售债券时对资本利得进行征税。债券的税收效应会直接影响债券的收益率。

(二)债券流通市场

债券进行流通交易的场所称为债券的流通市场,又称为二级市场,包括场内市场和场外市场。一般而言,债券必须达到证券交易所规定的上市标准才能够在场内交易。而场外市场是指没有固定交易场所的债券交易市场。

在我国,债券市场也包括场内、场外交易市场两个部分。场内市场包括上海、深圳证券交易所以及上海证券交易所的固定收益电子交易平台。场外市场包括银行间债券市场和银行柜台市场,其中,场外交易市场中的银行间债券市场是我国债券市场的主体。

 小知识

我国债券市场的发展

我国首次发行的债券,是1894年清政府为支付甲午战争军费的需要,由户部向官商巨贾发行的,当时称作"息借商款",发行总额为白银1100多万两。中华人民共和国成立后,中央人民政府曾于1950年1月发行了人民胜利折实公债。1954年,我国又发行了国家经济建设公债。此后20余年内,我国未再发行任何债券。1981年,为平衡财政预算,财政部开始发行国库券。1992年,我国还开办了国债期货交易。但由于国债期货投机现象严重,且风险控制滞后,监管力度不足,1995年5月17日,经国务院同意,国债期货市场暂时停止交易。

随着国债市场的发展和壮大,我国金融债券和企业债券市场也应运而生。1984年,我国开始出现企业债券,当时主要是一些企业自发地向社会和企业内部职工筹资。1987年,我国一些大企业开始发行重点企业债券。1988年,重点企业债券改由各国家专业银行代理国家专业投资公司发行。以后,我国又陆续出现了企业短期融资债券、内部债券、住宅建设债券和地方投资公司债券。

1985年,中国工商银行、中国农业银行开始在国内发行人民币金融债券。此后,各银行及信托投资公司相继发行了人民币金融债券。1991年,中国建设银行和中国工商银行共同发行了100亿元的国家投资债券。1994年，随着各政策性银行的成立，政府性金融债券也开始诞生。1996年，为筹集资金专门用于偿还不规范证券回购债务，部分金融机构开始发行特种金融债券。

1982年，我国开始在国际资本市场发行债券。当年，中国国际信托投资公司在东京发行了100亿日元的武士债券。此后，财政部、银行与信托投资公司、有关企业等相继进入国际债券市场，在日本、美国、新加坡、英国、德国、瑞士等国发行外国债券和欧洲债券。

2007年，证监会颁布《公司债券发行试点办法》，标志着规范意义上的公司债券发行启动，其发行人是依照《公司法》设立的股份公司，初期试点范围限于上市公司，债券利率或价格通过市场询价确定，实行核准发行制度，允许一次核准，分次发行。2008年，发改委改革企业债券发行制度，简化核准手续，加快发行节奏。同年，银行间市场交易商协会推出企业中期票据。企业债券品种日益丰富，发债主体呈现多元化趋势，从基础性行业中占据垄断地位的国有企业扩展到中小企业。2015年，证监会颁布《公司债券发行与交易管理办法》，将发行范围扩大至所有公司制法人，并简化发行审核流程。

中国债券市场从1981年恢复发行国债开始至今，经历了曲折的探索阶段和快速的发展阶段。目前，我国债券市场形成了银行间市场、交易所市场和商业银行柜台市场三个基本子市场在内的统一分层的市场体系。在中央国债登记结算有限公司（简称"中央结算公司"，英文简称"CDC"）实行集中统一托管，又根据参与主体层次性的不同，相应实行不同的托管结算安排。截至2018年年底，我国各类债券余额86万亿元，占该年年末社会融资规模存量200.75万亿元的42.8%，占金融机构本外币贷款余额141.8万亿元的60.6%，占当年90万亿元GDP的95.6%。

第四节　金融衍生工具市场

在金融市场上，金融衍生工具（Financial Derivative）是价值依赖于基础资产的价格或其他基础变量的合约。基础资产（Underlying Asset）可以是债券、股票等债务类和权益类金融工具，也可以是金融衍生合约。其他基础变量可以是利率、汇率、股价指数、通货膨胀率、企业信用等级等指标。

基本的金融衍生工具包括远期、期货、期权和互换合约，在其基础上可以设计构造出更加复杂的衍生合约。

一、金融远期市场

金融远期合约（Financial Forward Contract）是买卖双方约定在未来某个日期按确定的交易价格交割一定数量的特定金融资产的合约。约定购买交易标的物的一方为多方，约定卖出交易标的物的一方是空方。

（一）金融远期合约的种类

具有代表性的金融远期合约主要是远期利率协议和远期外汇合约。

1. 远期利率协议

远期利率协议（Forward Rate Agreement，FRA）是交易双方签订的锁定远期虚拟借贷利率的协议。

远期利率协议的交易双方约定在未来某个日期按约定利率借贷一笔数额和期限预先确定的名义本金。双方选择一种市场基准利率作为参考利率，通常是同业拆借利率（例如 LIBOR）、银行优惠利率、短期国库券利率等。协议中约定的固定利率称为"协议利率"，实际上就是远期利率。名义贷款人是协议的卖方，名义借款人是协议的买方。在交割日（也即名义资金借贷开始的日期），名义贷款人并不向名义借款人实际转移借贷资金，双方只是根据协议利率和参考利率之间的差额以及名义本金额，由交易一方对另一方支付结算金。如果参考利率高于协议利率，协议的卖方向买方给予偿付，如果参考利率低于协议利率，则由买方向卖方进行偿付。

2. 远期外汇合约

远期外汇合约（Forward Exchange Contract）是外汇买卖双方约定在未来某个日期按约定的远期汇率、币种、金额进行交割的合约。

远期外汇交易的目的主要是为了规避汇率变动的风险。最基本的交易策略是套期保值：交易者基于自身持有的一笔外币资产或负债，卖出或买进与之数额相同、期限一致、币种相同的一笔远期外汇，使这笔资产或负债的价值不受汇率变动的影响。

例 3-1 某美国进口商三个月后要支付一笔 30 万英镑的货款，为了避免在此期间英镑汇率上升带来的风险，他可以买入 30 万英镑的三个月期汇，远期汇率为 1 英镑 = 1.5010 美元。假设三个月后英镑即期汇率上升到 1 英镑 = 1.5060 美元，则进口商可以按预先确定的远期汇率交割，付出 45.03 万美元买入 30 万英镑，用以支付货款，由此可避免 1500 美元的损失。出口商也可通过远期交易避免出口中的外汇风险。

（二）金融远期交易的特点

金融远期合约是非标准化的合约，由双方谈判达成协议，主要在场外交易，通常不需交纳保证金。金融远期合约的交易成本较高，缺乏流动性，存在一定违约风险。但金融远期交易也有其优点：①非标准化远期合约具有灵活性，客户可以"定制"各种远期合约以满足其特殊要求；②远期合约具有更广泛的适用性，并非所有的金融工具都有与之对应的期货交易，即使存在相关的期货合约，标准化的期货合约与现货之间也可能不完全匹配。此外，套期保值者需要的保值期限与期货到期日也可能不匹配，期货合约期限一般较短，而远期交易可以根据实际需要安排合约期限。

二、金融期货市场

金融期货合约（Financial Future Contract），是交易双方约定在未来某日期按约定价格和数量交割某种金融资产（或者以某种指数作为交易标的）的标准化协议。期货交易过程可概括为开仓、持仓、平仓或到期实际交割。

 小知识

世界主要期货市场

国际上最大的期货市场是美国芝加哥期货交易所。芝加哥期货交易所成立于1848年，是世界上最古老的期货和期权交易所，也是世界上最具代表性的农产品交易所。芝加哥期货交易所由83位谷物交易商发起组建，1865年用标准的期货合约取代了远期合同，并实行了保证金制度。2006年10月17日美国芝加哥商业交易所（CME）和芝加哥期货交易所（CBOT）宣布已经就合并事宜达成最终协议，两家交易所合并成全球最大的衍生品交易所——芝加哥交易所集团。随后又相继将纽约商业交易所（NYMEX）和纽约期货交易所（COMEX）、堪萨斯期货交易所并入麾下。芝加哥交易所集团总部设在芝加哥。合并后的交易所交易品种涉及利率、外汇、农业和工业品、能源以及诸如天气指数等其他衍生产品。

中国在20世纪90年代先后建立了三家期货交易所，分别是大连商品交易所、上海期货交易所和郑州商品交易所。上海期货交易所上市品种为铜、铝和天然橡胶，郑州商品交易所上市品种为小麦和绿豆，大连商品交易所上市品种为大豆。

中国金融期货交易所（China Financial Futures Exchange，CFFEX），是经国务院同意，证监会批准，由上海期货交易所、郑州商品交易所、大连商品交易所、上海证券交易所和深圳证券交易所共同发起设立的交易所,于 2006 年 9 月 8 日在上海成立。5 家股东分别出资 1 亿元人民币。上市品种由沪深 300 指数期货首发登场。中国金融期货交易所的成立,对于深化中国资本市场改革,完善资本市场体系,发挥资本市场功能,具有重要的战略意义。

(一)金融期货交易与金融远期交易的区别

金融期货合约与远期合约都是延期交割合同,但二者又存在诸多差异。

(1)期货市场是拍卖市场,期货合约在交易所内以公开竞价的方式进行集中交易,交易双方并不直接接触,而是各自与清算机构结算。远期合约则是在场外由双方谈判达成交易。

(2)期货合约是标准化协议,每份合约的标的数量、品质、期限、报价方式、交割方式、交割期等都由交易所统一规定,以便简化交易。远期合约的内容则是由交易双方协商确定。

(3)期货合约进行实际交割的比例很低。标准化的期货合约流动性强,交易成本低,大部分期货合约都在交割前通过对冲平仓(反向操作)了结。远期交易由于非标准化,交易成本高,且有一定违约风险,很少有二级市场,绝大多数会进行实际交割。

(4)期货合约的价格变动幅度一般受到交易所的限制,其价格具有连续性,在同一时点上,同类合约一般在同一价格上成交,而远期合约的价格变动不受限制。

(5)期货交易双方需要交纳保证金,期货合约逐日结算盈亏。由于有保证金作为担保,期货交易的违约率很低。远期交易大多无保证金要求,合约到期结算。

(二)金融期货市场的功能

1. 金融期货市场为现货市场提供了转移风险的渠道

通过期货交易,保值者可以将未来的交易价格固定下来,使未来价格变动的结果保持中性化,达到保值的目的。同时,期货市场将风险从规避风险的保值者那里转移给愿意承担风险的投机者,从而将市场价格变动导致的风险从实际经营活动中分离出来,促进经济发展。

2. 金融期货市场还具有"价格发现"的功能

期货市场是汇集众多买方和卖方的规范化的拍卖市场,通过公开、公正的竞争机制,能够真实地反映交易者对金融工具未来供求形势以及价格变化的综合判断和预期,为企业经营决策者和政府宏观调控提供参考信息。

(三)金融期货市场的构成与规则

1. 金融期货市场的构成

金融期货市场的交易者按其交易动机可分为套期保值者、投机者和套利者。

套期保值者(Hedger)在期货市场上买进或卖出与现货价值相当而交易方向相反的期货合约,以便冲抵现货价格波动的风险。其交易策略有多头套期保值(Long Hedge)、空头套期保值(Short Hedge)、交叉套期保值(Cross Hedge)。

投机者(Speculator)在预测价格变动趋势的基础上,主动承担价格波动的风险,以期能够低价买进高价卖出或是高价卖出低价买进,从买空卖空中获得利润。投机者对期货市场的作用是双重的:一方面,投机活动能起到润滑市场及造市的作用;另一方面,如果投机过度,以致投机者控制的交易量大大超过套期保值者转移风险所需的交易量,市场的正常功能将被损坏,甚至会导致市场崩溃。

套利者(Arbitrager)是利用不同到期日的期货合约、不同市场的期货合约、不同品种的期货合约以及现货与期货之间的价格差的变化获得收益。套利的操作方式多种多样,可大体上归纳为期现套利、跨期套利、跨市套利、跨品种套利。

金融期货交易所是金融期货集中交易的专门场所,其主要职责是:提供交易场地和相关设施、设计标准化的期货合约、制定统一的交易规则、调解交易纠纷、监督管理交易活动、收集交易信息并予以公布等。期货交易所大致有两种类型:一类是专业性金融期货交易所;另一类是综合性交易所,在传统的商品期货交易所或证券交易所内从事金融期货交易。

清算机构的职责主要是对交易所内每日达成的交易进行清算,在期货合约到期时督促和监督合约的交割,管理结算会员的保证金账户。清算机构可以是交易所的附属机构(或内设部门),或者是独立机构。

经纪公司是接受客户委托代理进行期货交易的机构,提供各种交易设施和专业人员,并收取一定的佣金。

2. 金融期货市场的主要规则

(1) 标准化的期货合约。期货合约的要素是标准、规范的,包括合约品种、交易时间、交易数量及单位、交割期限、违约罚款及保证金数额等,交易双方不能私下增减内容,必须遵照交易所的规则进行交易。

(2) 保证金制度。为了降低期货交易的风险,期货交易实行两个层面的保证金制度:①作为交易所结算会员的经纪公司要交纳清算保证金,存入清算机构,以确保交易所对会员的结算顺利进行;②期货合约的交易者需要交纳客户保证金。开仓时要按期货成交价格的一定比率交纳初始保证金,存入在经纪公司开立的专门账户,作为履约担保。每日交易结束后,期货经纪公司根据期货合约价格的市场行情变化计算客户的当日盈亏,并将其盈利加入保证金账户,或是将亏损从账户中扣除,即所谓的"盯市"(Marking to Market)。如果由于交易亏损致使交易者的保证金余额下降到交易所规定的维持保证金水平,交易者必须追加保证金,使之补足到初始保证金水平,如果由于交易盈利使保证金余额超过初始保证金水平,客户可提取超出部分的款项。

(3)期货价格制度。包括价格单位、每日价格的最小和最大浮动幅度、报价制度。

(4)交割期制度。每种金融期货合约都有规定的交割月份、交割日期和交易终结日。

(5)交易时间制度。各交易所都对交易时间有严格规定。

(6)持仓限制制度。为防止人为造市,交易所规定会员不能超过一定的持仓限额。

此外,还有佣金制度、清算制度等。

(四)金融期货的种类

1. 外汇期货

外汇期货(Foreign Exchange Future)也称货币期货,是约定在未来以确定的汇率交割某种外汇的标准化合约。外汇期货是最早出现的金融期货。目前交易活跃的主要是美元、英镑、日元、欧元等在国际上接受程度较高的可自由兑换货币。

外汇期货的套期保值原理和远期外汇交易类似,主要是通过空头和多头两种交易方式进行。若交易者将来会有一笔外汇收入,就卖出相同数额的同种外汇期货,即作空头套期保值,以消除因汇率变化可能带来的损失。多头交易与此相反。外汇期货投机则是买空卖空。买空交易是指投机者预期某种外币期货合约的价格将会上涨,于是先买进某一月份的该种外币期货合约,一旦预测成为现实,价格果然上涨,就可将先前买进的合约卖出,从中赚取价差收益。卖空交易的操作与此相反。外汇期货也可以用于套利。

2. 利率期货

利率期货(Interest Rate Future)是以付息债务类金融工具作为基础资产的期货交易。具有代表性的品种是短期国库券期货、中长期国债期货以及欧洲美元存款期货,此外还有各种商业票据期货、大额存单期货、市政债券期货等。

由于固定收益债务工具的价格变化与利率变化一般呈反向关系，保值者可以采取与其现货市场交易相反的方向，用买卖利率期货的方法来避免利率波动的风险。如果未来的证券购买者或贷款者担心利率将要下降，可进行多头套期保值交易，即买进利率期货，合约数量与准备投资或贷出的金额相当，当利率下降时，期货价格将上涨，这时再卖出相同数量的期货合约，以利率期货的收益弥补现货交易的损失。反之，未来的借款者或证券卖出者如果预期利率将上升，可进行空头套期保值交易。例如，某借款者准备在3个月后借入一笔欧洲美元，又担心3个月后LIBOR会上升，他可以卖出相应数量的欧洲美元存款期货，如果LIBOR在3个月后确实上升，虽然他在借款时要承担更高的利率，但在期货对冲交易中的利润可弥补这一损失。

套期保值者的目的是锁定利率，投机者则是通过利率波动赚取价差。当投机者预期利率将上升，就作空头，预期利率下降，则作多头。此外，交易者还可以利用利率期货进行跨期套利和跨市套利。

3. 股价指数期货

股票投资者面临着系统风险和非系统风险，虽然可以通过多样化的投资组合来分散个别股票价格变动的非系统风险，但无法消除股市全面波动的系统风险。于是，股价指数期货（Stock Index Future）应运而生。1982年，美国堪萨斯农产品交易所推出第一只股指期货——"价值线"综合指数期货。较为重要的股指期货有美国芝加哥商业交易所的标准普尔股指期货、纽约期货交易所的纽约证交所综合指数期货、芝加哥期货交易所的道琼斯指数期货、伦敦国际金融期权期货交易所的金融时报100种股价指数期货、新加坡交易所的日经指数期货、香港交易所的恒生指数期货等。

股价指数期货的主要特点是交易标的不是某种股票，而是以反映股市价格总体变动的股价指数作为基础变量。交易双方在交割时采用现金差额结算方式。股指期货合约的单位价格是股价指数乘以一个固定金额。例如，恒生指数期货合约的价格为恒生指数×50港元，S&P500指数期货合约的价格为S&P500指数×500美元。指数升降一个点，则合约价格就升降一定金额。股指期货合约是根据结算日指数与约定值的差异计算盈亏，并以现金结算。

 小知识

沪深300股指期货

2005年4月8日，由中证指数公司编制的沪深300指数正式发布。沪深300指数以2004年12月31日为基日，基日点位1000点，是在上海和深圳证券市场中选取 300 只 A 股作为样本，其中沪市有 179 只、深市 121 只，样本选择标准为规模大、流动性好的股票。沪深 300 指数样本覆盖了沪深市场六成左右的市值，具有良好的市场代表性。沪深 300 股指期货是以沪深 300 指数作为标的物的期货品种，于 2010 年 4 月 16 日由中国金融期货交易所推出。沪深 300 股指期货合约主要规定如表 3-1 所示。

表 3-1　沪深 300 股指期货合约主要规定

合约标的	沪深 300 指数
交易制度	日内交易双向交易制度（可买涨买跌，当日建仓即可平仓）
涨跌幅限制	±10%
杠杆比例	套期保值头寸：（1/20）倍资金杠杆比例 非套期保值头寸：（1/40）倍资金杠杆比例
合约乘数	每点 300 元
报价单位	指数点
交易单位	最少交易 0.05 合约数，最多交易 100 合约数
波动点数	0.2 点
计费方法	每一个指数点为 300 元
合约月份	当月、下月及随后两个季月
交易时间	上午：9:30—11:30，下午：13:00—15:00
最后交易日交易时间	上午：9:15—11:30，下午：13:00—15:00
结算时间	每个交易日下午 4 点针对客户账户进行结算，收取留仓费等费用
最低交易保证金比例	8%
交割制度	四项交易合约交割日期均为每周星期五现金交割
交易类型	实时成交和委托成交
可用资金	等于账户资金 50% – 占用资金 – 浮动盈亏的绝对值
强制平仓规则	当占用资金 + 浮动盈亏小于或者等于零时，系统自动平仓所有持仓单

4. 股票期货

股票期货（Stock Future）是以股票为交易标的的期货合约。交易双方约定于将来既定日期以约定价格买卖一定数量的股票。在实践操作中，股票期货均实行现金结算。1995 年，香港期货交易所开设了股票期货交易。交易所通常选取流通盘较大、交易活跃的股票作为期货合约的基础资产。

三、金融期权市场

（一）金融期权的含义

期权（Option），直译为选择权，由于这种选择权是在未来某一时间或某一时期内行使，故称为"期权"。在金融市场上，期权合约是指赋予期权的购买者在规定日期或规定期限内，按约定价格购买或出售一定数量的某种金融工具的权利的合约。在期权合约中，双方约定的价格称为执行价格（Exercise Price），或敲定价格（Striking Price），即协议价格。期权买方获得在合约的到期日或规定期限内任何时间购买和出售金融工具的权利，可以根据市场形势是否对自己有利决定行使这一权利或放弃权利。对期权卖方来说，当期权买方要求行使其权利时，卖方必须按协议价格履行合约。期权合约的卖方在将选择权赋予买方时，买方需要向卖方支付期权价格（Option Price），或称期权费（Option Premium），不管其是否行使权利，都不能收回期权费。因而，期权合约实际上买卖的是一种"买或卖的权利"。

（二）金融期权的种类

金融期权的种类极为丰富，创新品种层出不穷，可以根据交易者的特殊需要进行设计，还可以将不同的期权品种加以组合。这里主要介绍金融期权的基本类型。

1. 根据期权买方的权利分类

（1）看涨期权（Call Option）。期权买方拥有在约定期限内或到期日按协定价格买进某种金融工具的权利。当投资者预期某种金融工具市场价格将会上升时，可购买看涨期权，若该金融工具的价格升至一定水平以上，投资者即可获利。看涨期权分为有担保和无担保两种。如果期权卖方实际拥有期权合约规定的标的资产，并将其作为履约保证存放于经纪人处，他出售的就是有担保的看涨期权（Covered Call），如果期权卖方并不拥有标的资产，则他出售的是无担保的看涨期权（Naked Call）。有担保的看涨期权的卖方可能受到的损失是有限的，可以免交保证金，而无担保看涨期权的卖方可能受到的损失是无限的，需要缴纳保证金。

（2）看跌期权（Put Option）。期权买方拥有在规定期限内或到期日按约定价格卖出某种金融工具的权利。当投资者预期某种金融工具市场价格将会下降时，则可能购买看跌期权，若其价格降至一定水平以下，投资者可以获利。

2. 按行使期权的时限分类

（1）欧式期权（European Option）。期权持有者只能在到期日执行或放弃执行期权。

（2）美式期权（American Option）。期权持有者可以在到期日以及到期前的任何时间执行期权,或在到期时放弃行权。

上述期权品种的差异仅在于对买方行使期权的时间规定不同,并无地理位置上的意义。

(三)金融期权交易的基本原理

1. 金融期权的盈亏分布

(1)看涨期权的盈亏分布。首先,从看涨期权买方的角度来考察其盈亏分布。

例 3-2 假定某投资者预期 A 公司股票价格将上升,就购买了 100 股 A 公司股票的欧式看涨期权,协议价格为每股 40 元,合约期限为 2 个月,期权价格为每股 2.5 元。如果 A 公司股票市场价格在到期日低于 40 元,投资者将不会行使期权,在这种情况下,他的损失是已支付的 250 元期权费。如果 A 公司股价在到期日高于 40 元,投资者将行使期权。假定当时 A 公司股价为 42 元,投资者购买 100 股股票,并按市场价格出售这些股票,若不考虑佣金,每股可获利 2 元,总共获利 200 元,扣除 250 元的期权费,还亏损 50 元。若当时市价为 42.5 元,投资者刚好盈亏相抵。因而,协议价格加上期权价格就是该投资者的盈亏平衡点(Break-even Point)。若每股市价涨到盈亏平衡点以上,投资者就可获得净盈利。假若涨至每股 46 元,则投资者可获利 350 元。股价上升幅度越大,投资者获得的利润就越多。投资者在理论上没有盈利上限,其可能遭受的最大损失是期权费。

其次,从看涨期权的卖方的角度看,则正好相反。卖方可能获得的最大盈利为 250 元的期权费,而理论上的亏损额则没有上限(假定卖方出售的是无担保的看涨期权)。因此可以看出,期权买卖双方的盈亏分布方向相反,且完全对称。如图 3-2 所示。

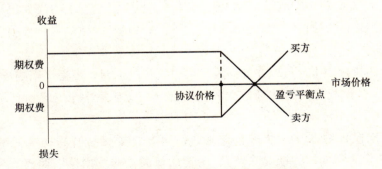

图 3-2 看涨期权交易双方的盈亏分布图

（2）看跌期权的盈亏分布

看跌期权买方的盈亏平衡点是协议价格减去期权价格。这里仍以欧式看跌期权为例，若合约到期日标的物市场价格下降至盈亏平衡点以下，期权买方即可获得利润，如果标的物市价降为零，则买方可能获得的盈利也就达到最大限度。若标的物市场价格在到期日高于协议价格，期权买方将不会行使期权，其亏损额为期权费，若标的物价格低于协议价格但高于盈亏平衡点，买方仍然会行使期权，以减少亏损。期权卖方的盈亏分布与期权买方相反。

2. 金融期权的交易目的与交易策略

人们可以利用金融期权进行套期保值。不过，与金融期货的套期保值不同的是，期权买方并非要将未来价格锁定在某一既定的水平上，而是根据市场价格的变化做出对自己有利的选择，既能避免价格发生不利变动造成的损失，又可以不放弃从价格发生有利变动中获得盈利的机会。金融期权套期保值的基本策略主要分为多头套期保值和空头套期保值。前者分为买进看涨期权和买进看跌期权，后者分为卖出看涨期权和卖出看跌期权。此外，金融期权同样也可以用于投机和套利。

（四）金融期权交易与金融期货交易的区别

金融期权与金融期货也都属于延期交付合约，但两者存在诸多差异。

（1）期权交易双方的权利和义务不对等。期权买方拥有决定是否行使其买权或卖权的选择权，而期权合约的卖方则只有应买方要求履行合约的义务，没有选择的权利。期货合约双方的权利和义务是对等的。

（2）期权交易双方的风险和收益不对称。期权买方承担的风险仅限于损失期权费，而其盈利可能是无限的（如购买看涨期权），也可能是有限的（如购买看跌期权）。期权卖方可能获得的盈利是有限的，即其收取的期权费，而亏损风险可能是无限的（如卖出无担保的看涨期权），也可能是有限的（如出售看跌期权或有担保的看涨期权）。期货交易双方的盈亏风险是一致的，一方获利就是另一方亏损。

（3）期权合约不仅可以在交易所内集中交易，也拥有相当规模的场外市场，在场外交易的期权合约是非标准化的。期货合约交易集中于交易所，均采用标准化合约。

（4）期权合约在交易所进行交易时，卖方要按交易所的规定交纳保证金（出售有担保看涨期权的情况除外），由于期权买方的亏损仅以期权费为限，因而无须交纳保证金。在期货交易中，双方都必须交纳保证金。

四、金融互换市场

（一）金融互换的含义与产生

金融互换（Financial Swap）是指双方或多方根据事先达成的条件在未来交换现金流的协议，可视为一系列远期合约的组合。互换双方彼此互利互惠，因而一般是"正和游戏"（Positive-Sum Game），而远期、期货、期权都属于"零和游戏"（Zero-Sum Game）。

互换交易的雏形是平行贷款和背对背贷款。平行贷款（Parallel Loan）是指位于不同国家的两家母公司分别向对方设在本国的子公司提供以本国货币计值的贷款，其目的是为了逃避外汇管制。不过，平行贷款是由两个彼此相互独立的贷款合约构成，如果一方违约，另一方仍然要履行合约。为了避免平行贷款存在的违约风险问题，产生了背对背贷款（Back-to-Back Loan），又译对开贷款，两家母公司直接相互提供贷款，两笔贷款只订立一项协议，若一方违约使另一方遭受损失，对方有权在其贷款中抵消自己的义务，以作为补偿。不过，平行贷款和背对背贷款虽与互换有相似之处，但二者都是表内业务，而互换是表外业务。

（二）金融互换的种类

金融互换种类繁多，这里着重介绍两种基本类型。

1. 货币互换

货币互换（Currency Swap）是指交易双方交换计息方式相同但币种不同的资产或负债。互换双方不仅要相互支付利息，而且也要相互交换本金。货币互换是最早出现的互换交易。1981年，世界银行与IBM公司进行了第一笔货币互换业务。

货币互换可以降低互换双方的融资成本，还可以用于控制汇率风险。以世界银行与IBM公司的互换为例，当时IBM公司需要美元资金，但由于市场规模的限制，只能从瑞士法郎市场和德国马克市场筹集资金，再将所筹资金兑换成美元。而世界银行凭其信用等级可以筹到低成本的美元资金，但它需要的是瑞士法郎和德国马克资金，同样为市场规模所限，世界银行也难以直接筹得所需资金。在所罗门兄弟公司的安排下，双方进行了互换。通过互换，世界银行以相对较低的成本获得了所需的瑞士法郎和德国马克资金，IBM公司也获得了相对廉价的美元资金，而且还避免了汇率风险。在现实中，若双方在不同货币的融资市场上具有比较优势，那么双方可以在各自具有优势的市场上筹资，然后再行交换，获得自己实际所需要的货币资金，则双方都可以降低融资成本。

2. 利率互换

利率互换（Interest Rate Swap）是指双方将各自持有的以同种货币表示、具有相同期限、以不同方式计息的资产或负债相互调换。利率互换主要有两种情况：一是固定利率与浮动利率的互换，称为息票互换（Coupon Swap）；二是两种以不同参考利率为基准的浮动利率的互换，称为基础互换（Basis Swap）。利率互换双方的标的资产或负债的数量、币种相同，因而没有交换本金的必要，只交换利息。最早的利率互换产生于1982年。

利率互换的基本功能首先是降低融资成本。假定A公司与B公司信用等级不同，A公司由于拥有较高的信用等级，在固定利率市场和浮动利率市场上与B公司相比都具有绝对优势。但是，B公司在浮动利率市场上具有比较优势，A公司在固定利率市场上具有比较优势，双方可利用各自的比较优势为对方借入资金。A公司借入固定利率贷款，B公司借入浮动利率贷款，可以使双方总的筹资成本降低。双方就分割成本降低所带来的利益达成协议，并交换定期支付利息的现金流。

利率互换的另一功能是控制金融机构的利率风险敞口。若某家银行持有利率敏感性正缺口，为避免利率下降的风险，可以将一部分浮动利率资产调换成固定利率资产，或将固定利率负债调换成浮动利率负债。相反，若缺口为负，为回避利率上升的风险，也可以通过互换来减少利率风险暴露。

除了货币互换、利率互换外，金融互换还包括交叉货币利率互换、股票互换等品种，20世纪90年代问世的信用违约互换（Credit Default Swap，CDS）为信用风险的套期保值提供了新型工具。

 小知识

中国金融衍生工具市场的发展

我国金融衍生品交易试点始自外汇期货。早在1984年，中国银行即开始接受客户委托从事境外外汇衍生交易。1988年，国家外汇管理局发布《金融机构代客户办理即期和远期外汇买卖管理规定》。1992年，上海外汇调剂中心开办境内外汇期货交易，深圳外汇经纪中心也被批准办理外汇期货业务。1993年，海南证券交易中心开办股指期货，因投机性强被中止。1992年，国债期货在上交所挂牌，其后深交所和各地证券交易中心也推出国债期货。到1995年，国债期货已有60多个品种。

在当时通货膨胀的宏观经济背景下，物价走势以及国债利息补贴和保值贴补政策存在不确定性,为炒作国债期货提供了空间,国债期货交易迅速升温,过度投机导致的违规事件屡禁不止,尤其是 1995 年 2 月 23 日,"327"品种的违规操作造成严重后果。尽管证监会与财政部颁布《国债期货管理暂行办法》,严格交易条件,然而 5 月 11 日再度发生"319"品种恶性违规事件。5 月 17 日,证监会暂停国债期货试点。由于汇率生成机制未完全市场化,且外汇现货交易限制严格,外汇期货交易清淡,加之存在违规交易,外汇期货交易也于 1996 年停办。金融衍生市场试运行失败的深层原因是基础金融市场运行机制具有内在缺陷,金融资产价格机制扭曲,导致衍生市场功能错位。

20 世纪 90 年代后期,随着中国利率、汇率市场化和企业股权结构改革深化,金融衍生产品交易逐渐解冻。1997 年,中国银行开办远期结售汇业务。2000 年中国人民银行放开大额外币存款利率,商业银行推出与汇率和市场利率挂钩的结构性存款。

2004 年,国务院发布《关于推进资本市场改革开放和稳定发展的若干意见》,提出稳步发展期货市场和开发金融衍生产品的要求,标志着我国发展金融衍生市场的系统工程重新启动。中国银行业监督管理委员会颁布的《金融机构衍生产品交易业务管理暂行办法》于同年正式实施,首次对金融衍生品场外交易予以全面规范。此后,金融机构衍生品交易不断创新,除远期外汇买卖、外汇期权外,新型利率衍生品也相继面世。2006 年,中国人民银行批准在银行间同业拆借中心开展人民币利率互换交易试点,并于 2007 年公布《远期利率协议业务管理规定》,银行间市场分别达成首笔基于 Shibor 的利率互换交易和人民币远期利率协议。

与此同时,场内衍生品市场也正式组建。2006 年,中国金融期货交易所在上海成立。2007 年,国务院颁布《期货交易管理条例》。2010 年,沪深 300 股指期货成为首只上市的金融期货品种。2015 年,上证 50、中证 500 股指期货合约挂牌交易。国债期货也重新回归,5 年期、10 年期、2 年期国债期货合约在 2013 年、2015 年和 2018 年相继上市。2015 年,中金所推出首只场内期权产品"上证 50ETF 期权"。随着市场规则和监管体系的完善,中国金融衍生工具市场将步入健康发展期。

【要点回顾】

1. 金融市场是金融交易的场所或机制的总和。金融市场的参与主体、交易对象和价格是金融市场的基本构成要素。金融市场的交易对象或交易标的物是金融工具。价格机制是金融市场运行的基础。

2. 聚集并配置资金是金融市场最基本的功能；金融市场还具有在经济主体之间合理配置风险的功能；金融市场对经济运行过程中的各种信息具有综合反映功能。

3. 货币市场为经济主体调剂短期资金余缺提供了重要的交易平台。货币市场的子市场包括：同业拆借市场、票据市场、国库券市场、回购协议市场、大额可转让定期存单市场。货币市场基金是一种投资于货币市场工具的基金，是货币市场重要的机构交易者。

4. 资本市场主要包括股票市场和债券市场。股票市场包括股票发行市场和股票流通市场。债券市场包括债券发行市场和债券流通市场。

5. 金融衍生工具的价值依赖于基础资产的价格或其他基础变量。基本的衍生工具是远期、期货、期权和互换合约。

【复习题】

1. （多选题）中央银行可以实施公开市场操作的货币子市场是（   ）。
   A. 同业拆借市场   B. 回购市场
   C. 票据贴现市场   D. 大额可转让定期存单市场

2. （单选题）在出售证券时与购买者约定到期买回证券的方式称（   ）。
   A. 证券发行   B. 证券承销   C. 期货交易   D. 回购协议

3. （单选题）不以盈利为目的，还是整个金融期货市场的核心的是（   ）。
   A. 交易所   B. 结算单位   C. 经纪商   D. 交易者

第四章

证券投资

> 【本章要点】
>
> 1. 了解证券投资的特征；
> 2. 掌握证券投资收益的计算；
> 3. 掌握证券投资风险的计算；
> 4. 了解股票的发行与流通；
> 5. 熟悉股票的价格与价值；
> 6. 掌握股票估值；
> 7. 了解债券评级；
> 8. 掌握债券估值；
> 9. 了解基金的发行与流通；
> 10. 掌握基金估值；
> 11. 了解量化投资的含义；
> 12. 熟悉量化投资策略；
> 13. 熟悉量化投资方法。

第一节 证券投资概述

一、证券投资的特征

证券投资是指投资者（自然人或法人）购买股票、债券、证券投资基金等有价证券以及这些有价证券的衍生品，以获取红利、利息和资本利得等的投资行为和投资过程。证券投资的对象是各类有价证券，股票、债券、证券投资基金、票据、提单、保单、存单和信托受益凭证等都属于证券范畴。证券投资的本质是证券投资者牺牲当前消费以获取投资收益，从而实现资本保值增值。随着证券市场的不断完善与发展，证券投资已成为现代社会最重要的投资方式之一。

证券投资活动具有以下五个基本特征。

（一）收益性

证券投资的收益性是指投资者通过持有或低买高卖有价证券获得一定数额的收益，是投资者作为股东、债权人或自由转让有价证券权利的体现。投资者持有有价证券也就拥有该资产增值收益的权利，也可以通过转让给其他投资者获取资本利得。通常，证券投资收益要高于银行存款利息收入，但获取投资收益时会面临较大的不确定性。

（二）风险性

证券投资的风险性是指投资者在证券投资过程中面临着投资收益不达预期甚至遭受本金损失的可能性。一般而言，证券投资的风险与期望收益成正比，即证券投资的期望收益越高，其面临的风险越大，反之则反是。证券投资收益的风险来源非常广泛，政治、经济、社会、科技和投资者心理等因素都会影响到投资收益的稳定性。一般意义上，证券投资的风险可分为两类：一是证券发行人因经营不善或道德问题而引致的违约风险，即证券发行人不能及时或不能按照约定金额给付投资收益；二是证券市场价格因市场利率上升而下跌引致的市场风险。在证券投资过程中，风险是难以回避的，投资者应该尽可能地将风险控制在可承受范围内，这需要投资者综合运用各种金融工具管理投资风险。

（三）流动性

证券投资的流动性是指投资者能够及时地变现持有的有价证券，同时不遭受很大的价格损失。证券投资的期限一般较长，尤其是股票，没有到期日。出于流动性和资产组合管理需要，投资者一般不会永久性持有某一种证券。较好的流动性可以让证券持有人在需要现金时将有价证券快速变现，同时，还可以帮助投资者调整资产组合以规避风险。流动性可通过持有证券至到期兑付、贴现以及转让等方式来实现。不同投资和不同证券的流动性也是不同的，如果一项投资或一种证券的流动性很差，即使其预期收益率很高，它也很难吸引投资者深度参与。

（四）时间性

证券投资是一个过程。从投前调研、证券投资分析、证券品种选择、筹集投资基金、证券买入、证券持有的风险管理到证券卖出或收益到期兑付，需要耗费较长时间。这个时间的长短取决于投资者自身偏好和不同证券资产的特性。

在证券投资过程中,投资收益和投资风险与时间长短高度相关。一般而言,证券投资收益随时间变长而增加,证券投资风险随时间变长而增大,证券投资的风险报酬比例随时间变长而上升。

(五)社会性

证券投资的社会性主要体现为证券投资主体的广泛性。与其他投资方式相比,证券投资流动性好,对投资者的限制性条件(例如最低投资金额、学历、性别和职业等)最少,持有少量闲置资金的普通社会大众都有机会参与。此外,证券市场服务网点众多,网络服务方便快捷,这使得证券投资具有十分广泛的群众基础。我国证券市场虽然只有不到30年的历史,已开户的投资者数量就已达到1.6亿。证券市场已成为我国金融市场规模最大、参与人数最多、影响非常大的生产要素市场。

二、证券投资收益

证券投资收益是指投资者从买入到卖出期间获得的所有货币收入。广义上,证券投资收益还包括证券持有人行使股东或债权人权利所获得的非货币收入,例如,投资者买入股票成为股东后可以参加股东大会参与公司重大经营决策;投资者持有债券后可以参与公司重大债务融资决策。证券投资收益是衡量投资绩效的最重要指标,它有事前和事后之分:在事前,它是投资者对证券未来收益的预期值;在事后,它是投资者持有证券一段时间后所获得的实际收益。理性理论假定投资者事前形成的投资收益即为事后实际持有收益。本书所述证券投资收益指的是事后实际持有收益。

证券投资收益的度量是通过计算证券投资收益率来实现的。证券投资收益率由持有期的证券红利(股息)和资本利得之和除以初始投资得到。假定某证券的初始价格为 P_0,在 t 时刻的价格为 P_t,在投资期间内的红利收入为 I_t,则该证券持有期收益率的一般计算公式为

$$r = \frac{I_t + P_t - P_0}{P_0} \times 100\% \qquad (4-1)$$

依据参照时间段的不同,收益率可以分为日收益率、月收益率和年收益率等。

(一)股票投资收益

衡量股票投资收益的重要指标有股利收益率和持有期收益率两种。在某些情况下,持有期回收率和拆股后持有期收益率等也具有重要的实际意义。

1. 股利收益率

股利收益率是指股份公司以现金形式派发的股息与股票买入价格的比率。

该指标既可以用于计算已实现的股利收益率，也可以用来预测未来可能的股利收益率。在短期，股票买入价格与市场价格差异很小，股利收益率表示已实现的股利收益率。在长期，股票买入价格与市场价格差异很大。如果投资者打算长期持有股票，则股利收益率对投资者制定投资决策有一定程度的帮助。其计算公式如下：

$$r_d = \frac{D}{P_0} \times 100\% \qquad (4-2)$$

其中，D 表示年现金股息，P_0 表示股票买入价格。

2. 持有期收益率

持有期收益率是指投资者在持有股票期间的股息收入与买卖价差之和与股票买入价格的比率。持有期收益率是投资者最关心的指标，如果将其与银行存款等金融资产的收益率进行比较，则需注意参照时间段的可比性，即将持有期收益率转化成年化收益率。其计算公式如下：

$$r = \frac{D + P_t - P_0}{P_0} \times 100\% \qquad (4-3)$$

其中，D 表示年现金股息，P_t 表示股票卖出价格，P_0 表示股票买入价格。

例 4-1 某投资者以 20 元一股的价格买入某公司股票，持有一年分得现金股息 1.80 元，则股利收益率是多少？若投资者在分得现金股息两个月后将股票以 23.20 元的市价出售，求持有期收益率。

根据题意可知，股利收益率为

$$r_d = \frac{D}{P_0} \times 100\% = \frac{1.80}{20} \times 100\% = 9\%$$

持有期收益率为

$$r = \frac{D + P_t - P_0}{P_0} \times 100\% = \frac{1.80 + (23.20 - 20)}{20} = 25\%$$

3. 持有期回收率

持有期回收率是指投资者持有股票期间的现金股息收入和股票卖出价之和与买入价的比率。如果投资者买入股票后由于股价下跌或操作不当，会出现股票卖出价低于买入价，甚至持有期收益率为负的情况。此时，持有期回收率可作为持有期收益率的补充指标，计算资本金的回收比率，反映投资回收情况。其计算公式如下：

$$Y = \frac{D + P_t}{P_0} \times 100\% \qquad (4-4)$$

其中，D 表示年现金股息，P_t 表示股票卖出价格，P_0 表示股票买入价格。显然，持有期回收率 = 1 + 持有期收益率。

如果例 4-1 中，投资者最终以 15.80 元的价格亏损出售股票，则持有期收益率为 -12%，持有期回收率为 88%。

4. 拆股后持有期收益率

投资者买入股票后，若股份公司进行拆股、送股或配股时，股票的市场价格和投资者的持股数量必然会受到影响。因此，有必要在拆股后进行调整，以计算调整后的持有期收益率。

$$\text{拆股后持有期收益率} = \frac{\text{调整后资本利得或损失} + \text{调整后的现金股息}}{\text{调整后的买入价格}} \times 100\% \tag{4-5}$$

如果例 4-1 中，股份公司以 1:2 的比例拆股。拆股决定公布后，股票价格上涨至 22 元，拆股后股价为 11 元。若投资者此时以市价出售，则需对持有期收益率进行调整。

$$\text{拆股后持有期收益率} = \frac{(11 - 10) + 0.90}{10} \times 100\% = 19\%$$

（二）债券投资收益

衡量债券投资的重要指标有票面收益率、当期收益率、持有期收益率和到期收益率等多种。这些收益率分别反映投资者在不同买入价格和持有年限下的不同收益水平。由于债券种类繁多，下面主要介绍附息债券和贴现债券收益率的计算。

1. 附息债券收益率的计算

（1）票面收益率。票面收益率又称为息票率，是印制在债券票面上的固定利率，即年利息收入与债券面额的比率。如果投资者将按面额发行的债券持有至期满，则所获得的投资收益率与票面收益率是一致的。其计算公式如下：

$$Y_n = \frac{C}{V} \times 100\% \tag{4-6}$$

其中，Y_n 表示 n 期票面收益率，C 表示债券年利息，V 表示债券面额。

票面收益率仅适用于按债券面额买入并持有至到期的情形，没有考虑到买入价格与债券面额不一致、中途卖出债券等情形。

（2）当期收益率。当期收益率是指债券年利息收入与债券实际买入价格的比率。它将年利息收入与市场价格联系起来了，然而仅考虑了利息收入，忽略了债券投资者的其他收益来源。其计算公式如下：

$$Y_d = \frac{C}{P_0} \times 100\% \tag{4-7}$$

其中，Y_d 表示当期收益率，P_0 表示债券市场价格，C 表示债券年利息。

（3）持有期收益率。持有期收益率是指投资者买入债券后持有一段时间，在债券到期前将其出售而得到的年化收益率，它计算债券持有期间的利息收入和资本损益。其计算公式如下：

$$Y_h = \frac{C + (P_t - P_0)/n}{P_0} \times 100\% \tag{4-8}$$

其中，Y_h 表示持有期收益率，C 表示债券年利息，P_t 表示债券出售价格，P_0 表示债券买入价格，n 表示债券持有期限。

例 4-2 某债券面额为 1000 元，5 年期，息票率为 6%，现在以 950 的发行价格向全社会公开发行，则投资者在认购债券后到持有期满前获得的当期收益率为：

$$Y_d = \frac{C}{P_0} \times 100\% = \frac{1000 \times 6\%}{950} \times 100\% = 6.32\%$$

如果投资者认购后持有至第 3 年末以 995 元出售，则持有期收益率为：

$$Y_h = \frac{C + (P_t - P_0)/n}{P_0} \times 100\% = \frac{1000 \times 6\% + (995 - 950)/3}{950} \times 100\% = 7.71\%$$

（4）到期收益率。到期收益率是指投资者以市场价格买入债券后持有至到期可以获得的平均收益率。严格意义上，债券到期收益率对应于债券投资收益现值与买入价格相等的贴现率，计算公式如下：

$$P_0 = \sum_{i=1}^{n} \frac{C_i}{1 + YTM} + \frac{V}{1 + YTM} \tag{4-9}$$

其中，P_0 表示债券买入价格，n 表示债券到期期限，C_i 表示第 i 年利息收入，V 表示债券面额，YTM 表示到期收益率。在实际中，债券到期收益率存在更简单的近似计算方法，其计算公式如下：

$$YTM = \frac{C + (V - P_0)/n}{P_0} \times 100\% \tag{4-10}$$

将此公式用于例 4-2 中，该债券的到期收益率为

$$YTM = \frac{1000 \times 6\% + (1000 - 950)/5}{950} \times 100\% = 7.37\%$$

2. 贴现债券收益率的计算

贴现债券是指以低于面值发行，发行价与票面金额之差相当于预先支付的利息，债券到期后按面值偿付的债券。一般而言，贴现债券应用于短期债券发行，例如美国政府国库券。

（1）到期收益率。贴现债券的收益是债券面额与债券发行价格之间的差额。贴现债券发行时只公布面额和贴现率，并不公布发行价格。因此，要计算贴现债券到期收益率必须先计算其发行价格。由于贴现率通常用年率表示，为方便计算，习惯上贴现年率以 360 天计，在计算发行价格时还要将年贴现率换算成债券实际期限的贴现率。贴现价格的计算公式为

$$P_0 = V \times \left(1 - d \times \frac{n}{360}\right) \tag{4-11}$$

其中，P_0 表示债券发行价格，V 表示债券面额，d 表示年贴现率，n 表示债券到期期限（天数）。

得到发行价格后，就可以计算出到期收益率了。贴现债券的到期期限通常不足一年，而债券收益率又都以年率表示，因而要将不足一年的到期收益率换算成年化到期收益率。值得注意的是，为了方便与其他债券比较，年化到期收益率以 365 天计。贴现债券到期收益率的计算公式如下：

$$YTM = \frac{V - P_0}{P_0} \times \frac{365}{n} \times 100\% \tag{4-12}$$

其中，YTM 表示到期收益率，P_0 表示债券发行价格，V 表示债券面额，n 表示债券到期期限（天数）。

（2）持有期收益率。持有期收益率是指投资者在贴现债券未到期之前将其出售获得的收益率。此时，投资者必须先计算出贴现债券的卖价，再计算持有期收益率。贴现债券的卖价与贴现债券的发行价计算公式相似，只是 d 为贴现债券在二级市场出售时的年贴现率，n 为债券的剩余天数。其计算公式如下：

$$Y_h = \frac{P_t - P_0}{P_0} \times \frac{365}{n} \times 100\% \tag{4-13}$$

其中，Y_h 表示持有期收益率，P_t 表示债券出售价格，P_0 表示债券发行价格，n 表示债券持有期限（天数）。

例 4-3 某贴现债券面值 1000 元，期限 90 天，以 6% 的贴现率公开发行。求其发行价格与到期收益率。如果投资者在 30 天后，以面值 5% 的折扣在市场上卖出，求其持有期收益率。

发行价格： $P_0 = 1000 \times \left(1 - 6\% \times \frac{90}{360}\right) = 985$ 元

到期收益率： $YTM = \frac{1000 - 985}{985} \times \frac{365}{90} \times 100\% = 6.18\%$

卖出价格： $P_t = 1000 \times \left(1 - 5\% \times \frac{60}{360}\right) = 991.67$ 元

持有期收益率为：$Y_h = \dfrac{991.67 - 985}{985} \times \dfrac{365}{30} \times 100\% = 8.23\%$

（三）投资组合收益

在投资实践中，投资者通常购买多种金融资产，组成投资组合以分散风险，而不是仅购买一种股票或债券。此时，投资组合的收益率是各种金融资产收益率的加权平均，权重为各种金融资产的价值占投资组合价值的比重，其数学描述如下：

假定投资组合包含 m 种证券，每种证券已实现收益率分别为 r_1, r_2, $\cdots$, r_m，各证券的权重分别为 x_1, x_2, $\cdots$, x_m，且 $\sum_{i=1}^{m} x_i = 1$, $x_i \geq 0$，则投资组合 P 的收益率为

$$r_p = x_1 r_1 + x_2 r_2 + \cdots + x_m r_m = \sum_{i=1}^{m} x_i r_i \tag{4-14}$$

三、证券投资风险

在证券投资活动中，投资者投入一定数额本金的目的是得到预期收益。从时间上看，当前投入的本金是确定的，而未来取得的收益是不确定的，这种未来收益的不确定性就被定义为风险，风险也被视作未来收益对投资者预期收益的偏离。在证券持有期间，很多因素都会导致预期收益减少甚至本金损失，而且持有时间越长，未来收益对预期收益的偏离可能越大。因此，风险贯穿整个证券投资过程。

（一）风险的种类及其特征

从风险控制和风险管理的角度考虑，证券投资风险总是可以归为两类：一类是系统性风险，也称不可规避风险；另一类是非系统性风险，也称紊乱风险。

1. 系统性风险

系统性风险是指对所有证券资产的收益都会产生影响的因素带来的不确定性。系统性风险与市场的整体运动相关联，通常表现为某个领域、某个金融市场或某个行业的整体变化。它涉及面非常广，往往来源于宏观因素对市场产生的整体影响。在现实生活中，这些影响因素涵盖社会、经济、政治和文化等领域。由于系统性风险源自企业外部，企业无法规避和控制。系统性风险无法通过多样化投资来分散，它又被称为不可分散风险。

2. 非系统性风险

非系统性风险是指总风险中除系统性风险之外剩余的那部分偶发性风险，

是个别证券自身因素造成的收益不确定性。非系统性风险只与某个具体证券相关联,与整个市场不存在系统的、全面的联系,它仅对个别或少数证券的收益产生影响。由于只是单个企业的独有风险,投资者可以构建分散化的投资组合来规避其风险。因此,非系统性风险又被称为可分散风险。

(二)风险的度量

通过量化和准确度量证券投资风险,投资者可以将不同证券或证券组合的风险与收益进行比较权衡,进而做出符合自身风险偏好的理性投资决策。证券投资风险可由未来收益率与预期收益率的偏差程度来反映,在数学上,这种偏差程度由收益率的方差或标准差度量。换言之,度量某种证券风险的一般尺度是其未来收益概率分布的方差或标准差。方差和标准差的计算公式分别如下:

$$\sigma^2(r) = \sum_{i=1}^{n} p_i [r_i - E(r)]^2$$

$$\sigma(r) = \sqrt{\sum_{i=1}^{n} p_i [r_i - E(r)]^2} \tag{4-15}$$

例 4-4 假定证券 A 收益率的概率分布如表 4-1 所示。

表 4-1 证券 A 收益率的概率分布

收益率(%)	-2	-1	1	3
概率	0.2	0.3	0.1	0.4

证券 A 的期望收益率为:

$$E(r) = 0.20 \times (-2) + 0.3 \times (-1) + 0.1 \times 1 + 0.4 \times 3 = 0.6$$

证券 A 收益率分布的方差为

$$\sigma^2(r) = 0.20 \times (-2-0.6)^2 + 0.3 \times (-1-0.6)^2 + 0.1 \times (1-0.6)^2 + 0.4 \times (3-0.6)^2$$
$$= 4.44$$

证券 A 收益率分布的标准差为

$$\sigma(r) = \sqrt{4.44} = 2.11$$

第二节 股票投资

一、股票的发行与流通

股票是最为活跃、影响最广的证券投资工具之一。股票是股份有限公司公开发行的所有权凭证,是股份有限公司为筹集资金而发行给各股东作为持股凭证并借以取得股息和红利的一种有价证券。股票一经发行,购买股票的投资者即成为公司股东,股票实质上代表了股东对股份有限公司的所有权,股东凭借股票可以获得公司的股息和红利,可以参加股东大会并行使自己的权力,同时也需要承担相应的责任。股东的权益在利润和资产分配上具体表现为公司权益的剩余索取权。在公司破产的情况下,股东通常将一无所获,但只承担有限责任。同时,股东有权投票决定公司的重大经营决策,如经理的选择、重大资产项目的确定、兼并与反兼并等决策。

(一)股票的发行

股票发行是新股票出售的过程。

股票发行的目的比较复杂,主要有①为设立股份有限公司而发行股票,满足企业经营需要。新股份有限公司的设立需要通过发行股票来筹集资本,以达到预期的资本规模,为新公司开展经营活动提供必要的资金条件。股份有限公司的设立形式有两种:一种是发起设立,即公司发起人认购全部股票;第二种是募集设立,即发起人认购所发行股票的一部分,其他部分则面向社会公众公开发行以募集资金。②现有股份有限公司为改善经营而发行新股。股份有限公司为了扩大经营规模或范围、提高公司的竞争力而投资新项目时,会通过发行股票来筹集资金,这也被称为增资发行。③改善公司资本结构。当股份有限公司负债率过高时,可以通过发行股票增加公司资本,从而有效地降低公司负债比率,从而达到改善公司资本结构的目的。

股票的发行有两种形式:首次公开发行和增发新股。首次公开发行是指通过募集方式公开发行股票或者已经设立的公司首次发行股票。股份有限公司也可为增资申请公开发行股票。

(二)股票的流通

股票的流通是指股票所有权在不同投资者手中流转易手,即股票投资者通过经纪人可以在证券交易所买卖股票。股票的流通需要经过开户、委托、竞价成交、清算与交割、过户等交易程序,股票交易的具体程序如下。

1. 开户

在我国,开户有两种:一种是开设证券交易专用账户;一种是开设资金账户。①证券账户。目前国内证券账户大致有股票账户、债券账户和基金账户三类。股票账户是指投资者在证券交易所开设的具有买卖股票功能的专用账户,股票账户由证券交易所登记发放,不同证券交易所的股票账户不能通用。一般来说,股票账户可以从事证券交易所开办的大部分交易活动,除交易股票外,还可以交易在证券交易所挂牌的债券和基金等。②资金账户。资金账户可以分为现金账户与保证金账户两类。现金账户是为用现货交易方式进行证券投资的客户开立的账户，投资者必须在清算日以现款结清买入证券的全部价款，而出售证券时又必须在委托指令发出时冻结即将出售的证券，待确定成交后划入全部券款。现金账户的投资者必须在交易前存入足额资金。保证金账户是为用保证金交易方式进行证券投资的客户开设的账户，目前我国的期货交易、股票融资融券交易和期权交易均实行保证金制度。

2. 委托

投资者开户后，就可通过证券经纪商进行证券交易。委托是指投资者将证券交易的具体指令告知证券经纪商，证券经纪商受理后代为进场申报、参加竞价成交的指令传递过程。

3. 竞价成交

①竞价。在证券交易所内，证券买卖双方通过公开竞价方式进行交易。这种公开竞价的过程完全透明，在时间优先、价格优先的原则下，任何一家证券经纪商的客户委托都须经过这种方式申报，经证券经纪商代表其客户公开出价，直到出现合理的价格，否则竞价过程继续进行。目前证券交易所常用的竞价方式有"集中申报，连续竞价"和"集合竞价"两种。②证券成交规则和成交方式。证券买卖的双方通过证券经纪商的场内交易员分别出价，若买卖双方的价位和数量合适，交易即可达成，这个过程称为成交。证券买卖的基本规则是价格优先和时间优先。价格优先意味着较高的买入申报价比较低的买入申报价具有优先权，而较低的卖出申报价比较高的卖出申报价具有优先权。时间优先是指在具体申报过程中，相同委托价格申报在先的排列在前，申报在后的排列在后。

4. 清算与交割

清算是指证券买卖双方结清价款的过程，交割是指买卖双方交付实际成交证券的过程。

5. 过户

过户是指买入记名股票的投资者到证券发行机构或其指定的代理机构办理变更股东名册记载事项的过程。我国发行的股票都是记名股票。

二、股票的价格与价值

（一）股票的价格

股票价格是指单位数量的股票所对应的货币数量，体现了一定数量的股票与一定数量的货币之间的对应关系。股票价格有发行价格、理论价格和市场价格三种形式。

1. 股票的发行价格

股票的发行价格是指股份有限公司在发行股票时的销售价格。股票的发行价格主要有面值发行、溢价发行和折价发行三种情形。面值发行是指按照股票票面上标明的金额发行；溢价发行是指按照超过股票票面金额一定幅度的价格发行；折价发行是指按照股票票面金额一定折扣的价格发行。一般情况下，同一种股票只能有一种发行价格。

2. 股票的市场价格

股票的市场价格是股票在股票流通市场上进行交易时的价格。股票市场价格的最大特点就是价格的不可预测性。股票的市场价格又可分为：开盘价格、收盘价格、最高价格、最低价格、平均价格和最新价格等。股票的市场价格在交易过程中会受到诸多不确定因素的影响，这些因素主要有公司经营业绩、市盈率以及成长潜力等。

3. 股票的理论价格

股票的理论价格又称为股票的内在价值，是指投资者可以从股票上获得的全部现金回报的现值。股票的现金回报包括股利和最终售出股票所获得的收益，股利和最终售出股票所获收益之和的现值即为股票的内在价值。

（二）股票的价值

股票价格会反映股票价值，从长期看股票价值决定股票价格。股票作为一种虚拟资本，其价值主要分为以下四种形式。

1. 股票的票面价值

股票的票面价值也称为面值，是指股票票面上标明的金额。股票的票面价值仅在初次发行时具有一定的意义，如果股票以面值发行，则票面价值的总和为公司的资本金总额。然而，随着时间的推移，公司的资产会发生变化，股票市场价格也会逐渐背离其面值，股票的票面价值也逐渐失去了原来的意义。

2. 股票的账面价值

股票的账面价值又称为股票净值，是股票投资者经常要用到的指标，其计算公式为

$$股票的账面价值 = \frac{公司的资产净值 - 优先股总面值}{普通股股数} \quad (4-16)$$

3. 股票的清算价值

股票的清算价值是指在股份有限公司清算时每一股股票所代表的实际价值。

4. 股票的市场价值

股票的市场价值即股票的市值,是指股票在股票市场进行交易的过程中所具有的价值。股票的市场价值受市场各种因素的影响而经常波动。

三、股票估值

(一)股利贴现模型

投资者进行股票投资是为了节制现时消费,投资于股票以换取在未来进行更大量消费的机会,所以股票现时价格可以由一系列未来现金流的现值来决定。股票具有永久性,因此其预期现金流就是预期在未来时期支付的股利,这种股票价值估计模型也称为股利贴现模型(Dividend Discount Model,DDM),其数学表达如下:

$$V = \frac{D_1}{1+k} + \frac{D_2}{(1+k)^2} + \frac{D_3}{(1+k)^3} + \cdots + \frac{D_t}{(1+k)^t} = \sum_{t=1}^{\infty} \frac{D_t}{(1+k)^t} \tag{4-17}$$

其中,V 表示企业内在价值,D_1、D_2 等表示各期股利,k 为投资该股票的必要收益率,即投资者投资于该股票所能接受的最低收益率。

关于股利贴现模型还有许多拓展形式,主要集中在股利增长率的讨论上,即将每期股利表示为

$$D_t = D_{t-1}(1+g_t) \tag{4-18}$$

g_t 表示股利增长率。不同形式的股利贴现模型体现了对股利增长率的不同假设。

1. 零增长模型

零增长股利贴现模型假设股利增长率为 0,即未来股利保持不变,即 $g_t = 0$ 或 $D_0 = D_1 = D_2 = \cdots = D_t$。股利贴现模型可以表示为

$$V = \sum_{t=1}^{\infty} \frac{D_0}{(1+k)^t} = \frac{D_0}{k} \tag{4-19}$$

2. 不变增长模型

对于大多数公司而言,公司盈余和股利并不是一成不变的,而投资者买入一只股票是期望股利支付金额不断增长的,如果预计每年的股利以一个常数增长率增长,将会得到不变增长模型。在不变增长的假设下,各期股利可以表

示为

$$D_t = D_{t-1}(1+g) = D_0(1+g)^t \qquad (4\text{-}20)$$

股利贴现模型可以表示为

$$V = \sum_{t=1}^{\infty} \frac{D_0(1+g)^t}{(1+k)^t} = \frac{D_0(1+g)}{k-g} = \frac{D_1}{k-g} \qquad (4\text{-}21)$$

（二）市盈率模型

尽管股利贴现模型具有其合理性和灵敏性，但投资者更希望使用一个简单的方法来对普通股定价，即市盈率模型。市盈率模型是指用每股股价与每股收益（税后利润）的比率来评价股票价值，也称为市盈率评价法。用公式表示为

$$市盈率 = \frac{股票价格}{每股税后利润} \qquad (4\text{-}22)$$

每股价格为

$$股票价格 = 每股税后利润 \times 市盈率$$

首先，预估出公司的每股盈余和正常市盈率，其次，将两者相乘即可以得到股票的合理价格。当股票市场价格低于合理价格时，股票被低估，投资者可以买入股票。当股票市场价格高于合理价格时，股票被高估，投资者可以卖出股票。关于每股盈余和市盈率的测算方法有很多，不同的方法可能会导致不同的预估结果，进而得到不同的预估股价。

第三节 债券投资

一、债券的信用评级

（一）债券信用评级的概念

债券信用评级是指信用评级机构通过一定的程序对发行债券的主体进行综合的考察分析，从而确定债券信用等级的一种制度。债券评级是对债券的偿付可靠性程度进行评定，因此一切具有偿付不确定性的债券都是债券信用评级的对象。

债券信用评级对债券发行人、投资者和证券管理机构都有重要的意义。

1. 债券信用评级对债券发行人的意义

对债券发行人而言，信用级别高的债券不仅可以得到发行利率优惠，降低

筹资成本，还可以在较短时间内发行数额较大或期限较长的债券。而对于未公布信用级别和信用级别较低的债券，由于其偿付风险较大，不易被投资者所接受，因此不得不以较高的利率或较低的价格发行。

2. 债券信用评级对债券投资者的意义

对投资者而言，债券的信用级别是进行投资决策的重要参考指标。在证券市场中，不同的市场参与者所掌握的信息是不对称的。债券发行人更加了解该债券的相关情况，而投资者知之甚少。由于不了解债券的质量，投资者的投资风险较高。因此，对公开发行的债券由公认的评级机构进行信用评级，并将结果公布于众，可以为投资者提供明确直观的参考指标。

3. 债券信用评级对证券管理机构的意义

对证券管理机构而言，债券的信用评级也有一定的参考价值。随着证券市场的迅速发展，申请发行和上市交易的债券种类和数量都不断地增加。证券管理机构为了加强对债券的管理，也需要一种客观公正的评价指标来反映债券质量，以便于证券的审批和管理。一些发达国家证券市场的债券在公开发行前需要申报有关机构的审批，上报的批文按规定必须要有评级机构的评级报告。

（二）债券信用评级的原则

评级机构在评级过程中主要考虑以下原则。

（1）债券发行人的偿债能力。发行人的偿债能力包括发行者的预期盈利、负债比例以及能否按期还本付息等。

（2）债券发行人的资信状况。发行人的资信状况包括发行者在金融市场上的声誉、历次偿债情况以及今后是否能够如期偿还债务等。

（3）投资者承担的风险水平。主要是分析发行人破产的可能性，同时预计发行人一旦破产或者发生其他意外的情况下，债权人所能得到的法律保护和投资补偿程度。

（三）债券信用评级标准

各家评级机构对债券级别的划分并无统一的标准。以美国标准普尔公司对长期债券的评级为例，分为4个层次10个级别。A～AAA级表示发行人偿债能力强，信誉较高，投资人承担损失的风险较小。BBB级表示发行人具有适当的偿债能力，但偿债能力有可能因经济环境恶化而减弱，投资者需要承担一定的风险。CC～BB级表示发行人偿债能力在平均水平以下，投资者需要承担较大的风险。C级表示发行人违约的可能性很高，投资风险极大。D级表示发行人未能按期偿还债务,已实质性违约。一般而言,BBB 级以上称为投资级债券,该级别以下则被称为投机级债券。如表 4-2 所示。

表 4-2 债券评级

标准普尔	穆迪	定义
AAA	Aaa	最优质量和最高等级,偿付利息和本金的能力极强;投资风险最小
AA	Aa	高质量。偿付利息和本金的能力很强,略微低于 AAA/Aaa 级
A	A	偿付利息和本金的能力强。具有许多有利的投资机会,是中上级债券。对外界形势和经济情况的不利变化更敏感一些
BBB	Baa	中级债务。安全程度中等。有足够的能力偿付利息和本金。对偿付利息和本金可能缺乏长期的可靠性和安全性
BB	Ba	偿付利息和本金的能力中等。具有投机性成分,未来不能得到良好的保证。不利的商业、经济和金融形势可能导致偿债能力不足
B	B	缺乏理想的投资特征。长期偿付利息和本金的确定性较小。不利的形势可能削弱偿债能力
CCC	Caa	等级较差。偿付的脆弱性明显,依赖有利的商业、经济和金融形势,适时获得偿付利息和本金的能力
CC	Ca	代表投机程度很高的债务。债券常常违约,并有其他明显的缺点
C	C	最低等级的债券。达到投资级标注的前景极差。可能已经面临破产申请但还继续偿债的情况
CI		对不用支付利息的收入债券的一种保留评级
D		偿付违约,无力清偿债务
NR		没有要求公开评级

二、债券估值

债券估值是决定债券公平价格(Fair value)的过程。债券的公平价格是它将来预期现金流的现值。因此,债券公平价格是债券的预期现金流经过合适的折现率折现以后的现值。

(一)零息债券的定价模型

零息债券是指持有期内不支付利息而到期一次性偿还本金的债券。因此,零息债券只在到期时产生唯一的现金流。其理论价格的计算公式如下:

$$PV = \frac{FV}{(1+r)^T} \tag{4-23}$$

式中 PV——债券的理论价格；

FV——债券的面值；

r——贴现率；

T——债券距离到期日的时间。

例 4-5 假设面值为 1000 元，期限为 2 年的债券，如果投资者的期望年收益率为 8%，则该债券的理论价格为多少？

$$PV = \frac{1000}{(1+8\%)^2} = 857.34 \text{（元）}$$

（二）息票债券的定价模型

息票债券又称付息债券，是指在持有期内会有利息支付，到期时偿还本金并支付最后一次利息的债券。因此，息票债券的现金流由两部分组成：一部分是在持有期内所得利息；另一部分是到期时所得本金。其理论价格计算公式如下：

$$PV = \sum_{t=1}^{T} \frac{C_t}{(1+r)^t} + \frac{FV}{(1+r)^T} \quad (4-24)$$

式中 PV——债券的理论价格；

FV——债券的面值；

C_t——债券的利息；

r——贴现率；

T——债券距离到期日的时间。

例 4-6 假设面值为 1000 元，票面利率为 6%，期限为 3 年的债券，每年付息一次，三年后偿还本金。如果投资者的期望年收益率为 9%，则该债券的理论价格为多少？

$$PV = \frac{1000 \times 6\%}{1+9\%} + \frac{1000 \times 6\%}{(1+9\%)^2} + \frac{1000 \times 6\%}{(1+9\%)^3} + \frac{1000}{(1+9\%)^3} = 924.06 \text{（元）}$$

（三）永续债券的定价模型

永续债券是指没有到期日，无限期定期支付利息的债券。因此，永续债券的现金流由持有期内所得利息组成。其理论价格的计算公式如下：

$$PV = \frac{C_t}{r} \quad (4-25)$$

式中 PV——债券的理论价格；

C_t——债券的利息；

r——贴现率。

例 4-7 假设面值为 1000 元，票面利率为 5% 的永续债券，每年付息一次，如果投资者的期望年收益率为 10%，则该债券的理论价格为多少？

$$PV = \frac{1000 \times 5\%}{10\%} = 500 \text{（元）}$$

第四节 基金投资

一、基金的发行与流通

基金是一种利益共享、风险共担的集合证券投资方式。基金是指通过发行基金单位，集中投资者的资金，由基金托管人托管、基金管理人管理和运用，从事股票、债券等金融工具投资，并将投资收益按基金投资者的投资比例进行分配的一种间接投资方式。

（一）基金的发行

基金发行市场是指基金管理公司向投资者销售基金份额或收益凭证、募集基金资产的市场。通过发行基金募集资金是投资基金得以设立和运用的重要环节。基金的发行方式通常有两种：一种是基金管理公司自行发行（直接销售方式），基金的直接销售方式是指基金直接面向投资者销售。在这种销售方式中，基金按净资产价值出售，出价和报价相同，即所谓的不收费基金。二是通过承销机构代发行（包销方式），基金的包销方式是指基金的大部分份额是通过经纪人（基金的承销人）包销的。在我国，大部分基金的销售方式是包销。

基金发行按照发行对象及发行范围的不同可分为公募发行和私募发行。我国《证券投资基金管理暂行办法》规定，封闭式基金只能采取公募发行的方式。公募发行是指以公开的形式向不特定的社会公众发行基金份额。发行的对象包括个人投资者和机构投资者，即合格投资者均可认购基金。公募发行可以采取包销、代销和自销三种形式，其中包销和代销需要证券经纪商和基金销售商等中介机构来完成。私募发行是指基金发起人面向少数特定的投资者发行基金份额，基金发起人承担募集基金的全部工作。发行的对象一般是资金实力较雄厚的机构和个人。由于发行的对象特定，私募发行的费用较低且耗时短。

（二）基金的流通

1. 封闭式基金的交易

封闭式基金成立后，基金管理人和基金托管人可以向证监会及证券交易所提出基金上市申请。投资者持沪、深证券交易所的证券账户卡或专门的基金账户卡到证券公司进行买卖，基金买卖以"手"为单位，1000 个基金单位为一手，进行基金交易时，只需缴纳交易佣金，不需要缴纳印花税。封闭式基金的交易与普通股票交易相似，基金的买卖价格在一定程度上由市场供需状况所决定，并不必然反映基金的净资产价格，基金的交易价格可以高于也可以低于其单位资产净值。因此，封闭式基金相对开放式基金而言，投机性更大。封闭式基金一般是在证券交易所申请挂牌上市的，由于封闭式基金的封闭性，即买入的封闭式基金是不能卖回给基金发起人的，投资者若想出手基金，只能通过证券经纪商，再通过证券交易所进行撮合转让给其他投资者。同样的，买入封闭式基金只能通过证券交易所从其他投资者手中买入。

2. 开放式基金的交易

开放式基金的交易不通过证券交易所，只能在指定机构的柜台上进行交易。投资基金申购、赎回的价格按照基金公布的资产净值进行计算。我国规定开放式基金必须保证每周至少向投资者公布一次基金资产净值、申购和赎回价格。

（1）开放式基金的申购。申购是指投资人申请购买已经成立的开放式基金的行为，基金的申购以书面的形式或经认可的其他方式进行。

（2）开放式基金的赎回。赎回是指在基金存续期间，已经持有基金单位的投资者要求基金管理人购回其持有的基金单位的行为，基金的赎回以书面方式或经认可的其他方式进行。

（3）赎回的拒绝。当发生以下情形时，基金管理人可以拒绝接受基金投资者的赎回申请：一是不可抗力；二是证券交易所交易时间非正常停市导致基金管理人无法计算当日基金资产净值；三是其他在基金契约、基金招募说明书中已载明并且获批准的特殊情形。发生上述情形之一的，基金管理人应当在事件发生当日立即向证监会备案。已接受的赎回申请，基金管理人应当足额兑付；如暂时不能足额兑付，可按单个账户占申请总量的比例来分配给赎回申请人，其余部分可按照基金契约及基金招募说明书载明的规定，在后续开放日予以兑付。

二、基金估值

（一）基金资产估值的原则

一般而言，基金资产的估值有如下原则。

（1）对存在活跃市场的投资品种，如估值日有市价的，应采用市价来确定公允价值；估值日无市价，但上一个交易日后经济环境未发生重大变化且证券发行机构未发生影响证券价格的重大事件的，应采用上一个交易日的交易市价来确定公允价值。

（2）对存在活跃市场的投资品种，若估值日无市价，且上一个交易日后经济环境发生了重大变化或证券发行机构发生了影响证券价格的重大事件，使潜在估值调整对前一估值日的基金资产净值的影响在 0.25% 以上的，应参考类似投资品种的现行市价及重大变化等因素，调整上一个交易日的交易市价，确定公允价值。

（3）当投资品种不再存在活跃市场，且其潜在估值调整对前一估值日的基金资产净值的影响在 0.25% 以上的，应采用市场参与者普遍认同的，且被以往市场实际交易价格验证的具有可靠性的估值技术来确定投资品种的公允价值。

（二）基金资产净值的计算

基金资产净值，即在某一时点上，某一投资基金按照公允价值计算的基金资产实际代表的价值，是基金单位价格的内在价值。而基金单位资产净值是基金组织经营业绩的重要体现，也是基金市场价格变化的基础。

基金单位资产净值即指每一基金单位所代表的基金资产净值，其基本计算方法为：

$$基金单位资产净值 = \frac{基金资产总额 - 基金负债总额}{基金单位总数} \quad (4-26)$$

基金资产总额是指基金拥有的所有资产按照公允价值计算的资产总额，是基金所持有的各类有价证券、银行存款本息、基金的应收款项和其他投资所形成的价值总和。基金负债总额是指基金运作及融资时所产生的负债。

基金资产净值是根据基金组合中所有金融资产的价值计算出来的，因此根据所使用的资产价格的不同，基金单位资产净值的计算结果也不同。具体而言，基金单位资产净值的计算方法有两种。

1. 已知价计算法

已知价又称为历史价，是指上一个交易日的收盘价。已知价计算法是指基金管理人根据上一个交易日的收盘价来计算基金所拥有的金融资产，包括股票、债券、期货合约、认股权证等的总值，再加上现金资产，然后除以已售出基金单位的总额，得出每个基金单位的资产净值。

2. 未知价计算法

未知价又称为期货价，是指根据当日证券市场上各种金融资产收盘价计算的基金单位资产净值。在实行这种计算方法时，投资者并不知道其买卖的基金价格是多少，要在第二天才知道单位基金的价格。

第五节 量化投资

一、量化投资的含义

量化投资是将投资理念及策略通过具体的指标和参数代入到设计的模型中，运用模型在历史交易数据中进行回测检验和未来预测，实现数量化证券标的估值的方法。量化投资方法在我国证券交易市场的应用较晚，但在华尔街的数十年量化交易应用中，量化投资的算法交易取得了明显优于传统交易策略的超额收益。随着国内投资标的扩容和交易量的激增，再加上互联网的发展，量化投资交易逐渐在我国兴起。随着人工智能和金融科技的快速发展，量化投资技术几乎涵盖了整个证券投资过程，包括量化选股、量化择时、期货套利、统计套利、算法交易、资产配置和风险控制等。

（一）量化投资的基本理念

量化投资通常使用数理统计模型，依据过去的数据来判断未来证券价格的走势。它是一种比较机械的，不需要人来判断和过多干预的投资方法。

量化投资是采用计算机技术和数理统计模型去实现投资理念和投资策略的过程。与传统的基本面分析法和技术分析法不同的是，量化投资主要依靠数据和模型来寻找投资标的和投资策略。

量化投资多基于基本面因素，同时考虑市场因素和技术因素等。量化投资是一种主动投资策略，主动型投资的理论基础是市场是非有效或弱有效的，基金经理可以通过对个股、行业和市场的驱动因素进行分析研究，建立最优投资组合，进而获取超额收益。

量化投资不是凭个人感觉来管理资产，而是将适当的投资思想、投资经验甚至直觉反映在模型中，借助计算机帮助人脑处理大量信息，并总结归纳市场规律，建立可重复使用并持续优化的投资策略，最终指导我们的投资决策过程。量化投资模型必须经历持续的跟踪检验、优化和实证等过程。量化投资是一个持续改进的过程，最重要的就是投资者投资思想的不断进化。

（二）量化投资的特点

量化投资最大的特点就是定量化和精细化，"一切用数据说话"是量化投资的基石。具体而言，量化投资的特点包括历史依赖性、纪律性、系统性、及时性和准确性以及精细的风险控制。

1. 历史依赖性

历史依赖性是指量化投资是通过对历史数据的挖掘回测来寻找规律,但这种规律必须符合经济理论或经验直觉,具备较强的逻辑支撑,这与数据挖掘存在较大差异。

2. 纪律性

纪律性是指量化投资过程中制定规则后电脑自动执行交易指令,回避人的主观情绪干扰。纪律性要求投资者依靠模型和相信模型,每一次决策之前,首先要运行模型,根据模型运行结果进行决策,而不是凭感觉进行决策。要严格执行量化投资模型给出的投资建议,而不是随着投资者情绪的变化而随意更改。

3. 系统性

系统性体现在"三多",即多层次、多角度和多数据。①多层次,包括大类资产配置、行业选择和精选个股三个层次;②多角度,量化投资需要使用宏观经济周期、市场结构、估值、成长、盈利质量、分析师盈利预测和市场情绪等多个角度;③多数据,即海量数据处理能力。人脑的信息处理能力是有限的,在一个很大的资本市场中,强大的信息处理能力能够捕捉到更多的投资机会和拓展更大的投资机会。

4. 及时性和准确性

及时性是指及时快速地跟踪市场变化,不断发现能够提供超额收益的新统计模型,寻找新的交易机会。准确性是指准确客观地评价交易机会,克服主观情绪偏差,妥善运用套利思想。

5. 精细的风险控制

量化投资构建的投资组合通常高度分散化,统计模型可以对投资组合的风险进行识别和分解,在风险分解的基础上实现对风险的精细控制。这是量化投资不同于传统主动投资的最主要特点之一,遗憾的是它常被投资者所忽视。

二、量化投资策略

在证券投资活动中,量化投资策略多种多样,下文主要介绍量化选股、量化择时、股指期货套利、商品期货套利、统计套利、期权套利和算法交易七种策略。

(一)量化选股

量化选股是指采用某种数量方法判断某只证券是否值得买入的行为。如果该证券满足了该方法的条件,则放入股票池;如果不满足该方法的条件,则从股票池中剔除。量化选股的方法有很多种，常用的有公司估值法、趋势法和资金法三种。

（二）量化择时

随着计算机技术、混沌和分形理论的发展，人们开始将股票市场的行为纳入非线性动力学的研究范畴。已有很多研究发现，我国股市的指数收益中，存在经典线性相关之外的非线性相关，进而拒绝了随机游走假设。这表明股价的波动不是完全随机的，在复杂表面的背后隐藏着某种确定性机制，股价走势具备一定程度的可预测性。

（三）股指期货套利

股指期货套利是指利用股指期货市场存在的不合理价格，同时参与股指期货与股票现货市场交易，或者同时进行不同期限、不同类别股指期货合约的交易，以赚取价差的行为。股指期货套利可分为期现套利和跨期套利两种。股指期货套利的研究主要包括现货构建、套利定价、保证金管理、冲击成本和成分股调整等内容。

（四）商品期货套利

商品期货套利的原理在于：相关商品在不同地点、不同时间都对应着一个合理的价差；由于商品价格常处于波动之中，价差经常出现不合理的情形；不合理的价差在长期必然会回归合理。

（五）统计套利

统计套利是指利用证券价格的历史统计规律进行套利。它是一种风险套利，风险在于这种历史统计规律可能在未来一段时间内失效。统计套利可分为两类：一类是利用股票收益率序列建模，目标是组合的贝塔值等于零的前提下实现阿尔法收益，也称为贝塔中性策略；另一类是利用股票价格序列的协整关系建模，也称为协整策略。

（六）期权套利

期权套利是指同时买进和卖出相同基础资产，但不同敲定价格或不同到期月份的看涨或看跌期权合约，以在日后对冲交易头寸或履约时获利的交易策略。期权套利的交易策略和方式非常多，包括水平套利、垂直套利、转换套利、反向转换套利、跨式套利和蝶式套利等。

（七）算法交易

算法交易又称为程序化交易，它指的是使用计算机程序发出交易指令。在交易过程中，计算机程序可以决定的范围包括交易时间、交易价格，甚至最后需要成交的证券数量。根据各个算法交易中算法主动程度的不同，可以把算法交易分为被动型算法交易、主动型算法交易和综合型算法交易三种。

三、量化投资方法

量化投资涉及很多数学与计算机方面的知识，总体而言，主要有人工智能、数据挖掘、小波分析、支持向量机和分形理论五种。

（一）人工智能

人工智能是研究使用计算机来模拟人的某些思维过程和智能行为的学科，主要是利用计算机实现智能的原理，制造类似人脑智能的计算机，使得计算机能实现更高层次的应用。金融投资是一项复杂的、综合了各种知识与技术的学科，它对智能的要求非常高。因此，人工智能的很多技术可用于量化投资分析中，包括机器学习、神经网络、专家系统和遗传算法等。

（二）数据挖掘

数据挖掘是从大量的、不完全的、有噪声的、模糊的和随机的数据中提取隐含在其中、人们事先不知道但又具有很大潜在价值的信息与知识的过程。与数据挖掘相近的同义词有数据融合、数据分析和决策支持等。在量化投资中，数据挖掘的主要技术包括关联分析、分类/预测和聚类分析等。

（三）小波分析

小波分析在量化投资中的作用主要是波形处理。任何证券价格的走势都可以看作一种波形，其中包含了很多噪声信号。利用小波分析，可以进行波形的去噪、重构、诊断和识别等，进而实现对未来证券价格走势的预判。

（四）支持向量机

支持向量机方法是通过一个非线性映射，把样本空间映射到一个高维乃至无穷维的特征空间中，使得原来样本空间的非线性可分问题转化为特征空间中的线性可分问题。支持向量机方法特别适用于证券价格走势分类与预测问题的处理，这使得它在量化投资中具有非常重要的地位。

（五）分形理论

分形理论的主要内容有以下三点：一是分形整体与局部形态相似，人们可以通过认识部分来认识整体，通过认识有限来认识无限；二是分形理论揭示了介于整体与部分、有序与无序、复杂与简单之间的新形态和新秩序；三是分形理论从某个特定层面揭示了世界普遍联系和统一的图景。基于此，分形理论在量化投资中得到了广泛应用，主要是金融时间序列的分解和重构，并在此基础上进行序列预测。

【要点回顾】

1. 证券投资活动具有收益性、风险性、流动性、时间性和社会性五个基本特征。

2. 衡量股票投资收益的重要指标有股利收益率和持有期收益率两种。衡量债券投资的重要指标有票面收益率、当期收益率、持有期收益率和到期收益率等多种。投资组合的收益率是各种金融资产收益率的加权平均，权重为各种金融资产的价值占投资组合价值的比重。

3. 证券投资风险总是可以分为系统性风险和非系统性风险两大类，主要来源是市场风险、通胀风险、政策风险和欺诈风险。

4. 股票发行是新股票出售的过程。股票发行需符合法律法规。股票的流通是指股票所有权在不同投资者手中流转易手，股票的流通需要经过开户、委托、竞价成交、清算与交割、过户等交易程序。常见的股票估值模型有股利贴现模型和市盈率模型。

5. 债券信用评级是指信用评级机构通过一定的程序对发行债券的主体进行综合考察分析，从而确定债券信用等级的一种制度。零息债券、息票债券和永续债券都有相应的定价模型。

6. 基金发行市场是指基金管理公司向投资者销售基金份额或收益凭证、募集基金资产的市场。封闭式基金和开放式基金的流通，都有特定的交易程序要求。基金资产净值有已知价计算法和未知价计算法两种计算方法。

7. 量化投资是将投资理念及策略通过具体的指标和参数代入到设计的模型中，运用模型在历史交易数据中进行回测检验和未来预测，实现数量化证券标的估值的方法。量化投资具有历史依赖性、纪律性、系统性、及时性和准确性以及精细的风险控制等特点。量化投资主要有量化选股、量化择时、股指期货套利、商品期货套利、统计套利、期权套利和算法交易七种策略。量化投资主要涉及人工智能、数据挖掘、小波分析、支持向量机和分形理论五种方法。

【复习题】

1. （单选题）某投资者有资金10万元，准备投资于为期3年的金融工具。若投资年利率为8%，请分别用单利和复利的方法计算其投资的终值（　　）。

A. 单利 12.4 万元，复利 12.6 万元
B. 单利 11.4 万元，复利 13.2 万元
C. 单利 16.5 万元，复利 17.8 万元
D. 单利 14.1 万元，复利 15.2 万元

2. （单选题）下列对股票特征的表述哪一项是错误的（　　）。

A. 高风险性　　　　　　　　B. 可流通性
C. 潜在高收益性　　　　　　D. 返还性

3. （多选题）量化投资具有以下哪些特点（　　）。

A. 历史依赖性　　B. 纪律性　　C. 系统性　　D. 准确性

第五章
金融中介

【本章要点】

1. 了解金融中介产生的过程和原因，了解金融中介的基本功能和类型；
2. 了解商业银行的资金来源、资金运用、表外业务和其他业务；
3. 熟悉商业银行的经营原则；
4. 了解保险的含义、功能和种类；
5. 熟悉保险经营。

金融中介是资金盈余者与短缺者之间进行资金融通的中介机构，它的本质是实现间接融资，其核心的特征可描述为，通过发行间接契约来完成资金融通。若较为完整的概括，所谓金融中介和间接融资是指这样一类金融机构和融资行为，它们的特征是以发行间接融资契约（如存款契约）的方式获取资金来源，再以发行间接投资契约（如贷款契约）或购买直接证券的方式把资金转移给最终需求者，从而实现对社会资金进行跨期、跨域的优化配置。完整的金融体系包括以金融中介为形态的间接融资系统和以金融市场为形态的直接融资系统，它们两个体系相互补充，促进了资金在经济中的优化配置，提高了社会经济的运行效率。

第一节 金融中介概述

一、金融中介的基本功能

如前所述，金融体系由金融市场和金融中介构成，它们在市场经济运行中起着极其重要的作用，就像人体中保障血液通畅流通的"血管"。银行业为代表的金融中介，以其间接融资的方式配置资金，与金融市场的直接融资方式相互补充，保障市场经济的正常运转。金融中介与金融市场的核心功能是一样的，都是优化配置社会资金，以保障国民经济正常、有序和高效的运行。然而，在这个前提下，金融中介与金融市场相比有自己的特点和优势。相对金融市场的直接融资，以银行为代表的金融中介有以下最基本的功能。

（一）作为信用中介，通过跨期和跨域转移的方式优化配置资源

在社会中，无论家庭或厂商，所有经济单位按资金需求状态可以划分为平衡单位、盈余单位和赤字单位。由于各种原因，经济单位对资金消费效用的评价是不一致的，有的看重未来消费，有的看重当期消费。如果每种类型的经济单位都只能根据自己的资金现状进行消费或投资，社会效率将极为低下。由于间接契约的特点，金融中介通过对资金跨期和跨域的转移，在帮助金融消费者提高消费效用的同时，提高了社会总体经济的运行效率和消费总效用，实现了资金的优化配置。

早期的银行以纯货币经营为主，如货币汇兑、出纳、簿记、货币保管等。在市场经济的信用关系高度发展起来后，货币经营业务只是银行业务的一部分。在吸收存款与发放贷款成为主营业务后，银行成了有效引导资金从盈余单位流向赤字单位的中介，从而使银行的性质发生了根本变化。因此，信用中介是银行最基本的功能。

（二）创造信用货币，扩张信用

早期的商业交易以金属货币为流通手段和支付手段，现代银行则创造出信用工具，执行货币支付手段和流通手段职能。银行最初创造的信用工具是银行券，在中央银行独揽货币发行权后，纸币由中央银行发行。其后，银行创造的支票又逐步成为现代经济社会最主要支付工具，20世纪早中期，欧美经济发达的国家的经济交易约80%以支票为支付工具。当今世界，以银行卡为代表的"电子货币"等新型信用支付手段的地位日益重要。

银行吸收的存款，在按照金融管理当局的规定缴纳法定准备金（Required Reserve），并根据日常经验留足一线准备金（Primary Reserve，在中国称备付金）后，银行就可以运用超额准备金（Excess Reserve）进行贷款或投资，形成存款的增加和信用的扩张。此项过程在银行系统内的延伸不但扩展了放款，也创造了存款货币、扩张了信用。因商业银行独享"依法吸收活期存款"的权利，使创造存款信用货币成为银行业独有的基本功能。在始于20世纪70年代，于80年代达到高峰的西方国家金融创新浪潮中，除了商业银行继续依法享有活期存

款业务权外，储蓄机构和其他金融中介也纷纷通过创新推出类似支票存款的信用工具。在金融自由化后，这些存款性金融机构大都以不同形式开办了有息支票存款业务，这或多或少地使其具有了创造存款和信用的能力，从而使整个金融中介系统创造存款货币的范围扩大、能力提高。当然，这也使各国中央银行对货币供应量计量和调控的能力受到挑战。

（三）信息生产和风险管理

信息生产和风险管理是金融中介的最基本和最重要的功能之一。在现代金融环境下，这项功能的重要性日益凸现。

金融中介从事的大部分业务，在本质上都可以归结为信息生产。在市场经济交易中，"信息不对称"（Asymmetric Information）普遍存在，导致经济主体投融资过程中的"逆向选择"（Adverse Selection）和"道德风险"（Moral Hazard）现象突出，市场运行不畅。以银行为代表的金融中介是规模巨大的机构，具有典型规模经济和范围经济特征，在长期实践和发展中，它们拥有了处理"信息不对称"的丰富经验和强大能力，如对风险的甄别能力、转换能力、管理能力，以及衍生金融工具研发能力，使得银行在风险控制和管理上比金融市场的投资者更有优势。纵观金融中介业务发展的历史，我们可以清晰地发现，风险管理实际上是金融中介的基本功能和原生功能。17世纪银行业为商人进行的票据贴现和保险公司为海运提供的海上保险，实质上提供的就是风险管理业务。金融中介传统业务中的信用风险、流动性风险，以及现代环境下多种业务的利率风险、汇率风险等市场风险以及操作风险，一直是由各类金融中介机构承担并管理。

（四）提供广泛的金融服务

随着各国金融市场的不断完善和飞速发展，金融全球化、放松金融管制，互联网金融的涌现以及社会需求的多样化，使得厂商和家庭都对金融中介提出了更多更高的服务需求，如企业现金管理、私人银行业务、个性化理财、国内外金融产品投资、风险管理、资金委托管理、信息服务、金融衍生品交易和金融咨询服务等。这些变化一方面迫使金融中介大幅度地提高金融服务的技术含量；另一方面，以商业银行为代表的金融中介机构在提升了自己竞争能力的同时，也极大地拓宽了自身的金融服务范围，完成了从传统中介向现代混业经营金融机构的转型。

二、金融中介的类型

（一）存款性金融机构

存款性金融机构（Depository Financial Institutions）有许多类型，但就其共同

特点而言，是指其资金来源主要通过吸收存款的金融机构。

1. 商业银行

从传统意义上讲，商业银行（Commercial Bank）是依法接受活期存款，主要为工商企业和其他客户提供贷款，并从事广泛金融业务的机构。最初使用"商业银行"这个名词，是由于这类银行主要承做短期"自偿性"贷款，即基于商业行为自动偿还的贷款，其贷款期限一般不超过一年，放款对象限于贸易商，目的是对国内和国际贸易中货物周转和货物销售的短期库存提供资金。19世纪末，随着资本主义工业化的高速发展，厂商资金需求面不断扩大，商业银行开始对工业企业提供生产性短期贷款。随着市场经济的不断发展和深化，商业银行的金融业务也不断拓宽，资金实力日益雄厚。20世纪80年代，随着西方各国对金融管制的放松，商业银行又纷纷开办证券业务、投资银行业务和财务咨询业务、保险业务，以及各类衍生金融工具的开发和交易、租赁和信托业务等。21世纪，各国（包括中国）的金融深度混业和利率市场化，使得商业银行已将资产与负债之间打通，许多理财产品更是将金融市场联通，金融中介与金融市场的业务边界日益模糊。因此，商业银行已属于一种"超级市场"型的金融机构。

2. 储蓄—住房贷款机构

储蓄—住房贷款机构（Thrift Institutions）是指将储蓄存款作为最为主要资金来源，其资金运用主要是发放住房等不动产贷款的专业性金融机构。储蓄机构在各国的名称不一样，英国主要是信托储蓄银行和房屋互助协会，美国称储蓄放款协会和互助储蓄银行，在法国、意大利、德国则称储蓄银行。在许多国家，储蓄—住房贷款机构的资金来源几乎全部是居民的储蓄存款，政府监管部门限定储蓄机构的资金运用范围，大部分是用来发放房地产贷款，中长期国债券和其他证券投资只是作为其资产组合的补充构成。储蓄机构发放住宅贷款的期限可长达15年到30年，因此，储蓄机构的负债与资产之间在期限上是严重不匹配的，"借短贷长"的情况非常突出。

3. 信用合作组织

信用合作组织（Credit Unions）也称信用协会或信用社。传统上，信用合作组织是由某些具有共同利益的人组织起来的具有互助性质的会员组织，其资金来源长期以来主要是会员存款，也可以有一定数量的非会员存款。信用合作组织的资金运用主要是对会员提供短期贷款、消费信贷、票据贴现，从事证券投资等，其余的资金则用于同业拆放或转存款。

中国的信用合作社过去分为城市信用合作社和农村信用合作社。从20世纪

90 年代开始，中国将绝大多数城市信用合作社合并改组为城市商业银行，将农村信用合作社改组为农村商业银行。

（二）契约性金融机构

契约性金融机构（Contracting Financial Institutions）的特征是其资金来源于某些社会组织或公众的契约性缴款。由于这类机构资金来源的周转率相对较低，因此其资产业务以长期投资为主。契约性金融机构主要有以下几类。

1. 人寿保险公司

人寿保险公司（Life Insurance Companies）是为人们因意外事故或死亡而造成经济损失提供保险的金融机构。人寿保险公司的主要资金来源是按一定标准收取的保险费，如果规定的事故发生，保险公司必须按契约支付保险金。由于人寿保险具有保险金支付的可预测性，保险费实际上是一种稳定的资金来源，所以其资产业务大部分是长期限的，主要用于购买公司债券、股票、发放长期抵押贷款等。人寿保险公司的利润来自资金运用与资金来源之间的利差（价差收益），以及保险费收入与保险金实际偿付之间的差额所产生的收益（费用差收益）。

2. 财产和灾害保险公司

财产和灾害保险公司（Property and Casualty Insurance Companies）是对法人单位和家庭提供财产意外损失保险的金融机构。财产保险的覆盖范围极广，包括火灾等自然灾害险、运输险、汽车险、责任赔偿险、防窃险、过失诉讼险、伤害险等。财产保险的保险费率是根据事故发生的概率和损失程度来计算的。由于财产保险投保对象的事故发生可能性很不确定，随机性很强，不可能像人寿保险那样精确计算，所以财产保险费率的确定通常要受到某些制约。

3. 养老基金

养老基金（Pension Funds）也是典型契约性金融中介的一种形式。养老基金是企业为向退休职工支付固定生活费而设置的基金。养老基金的存在形式既可以是一个基金账户，也可以是一个经济实体。

（三）其他经营性金融机构

1. 财务公司

财务公司（Finance Companies）是一种比较特殊的金融机构，它们往往附属于一家大型企业或公司，用自己的金融服务来帮助母公司进行内部资金管理和拓展业务。财务公司的资金来源主要是内部资金和在金融市场上发行商业票据（Commercial Papers），资金的运用主要是向购买其母公司产品的消费者发放消费贷款，或提供相关金融服务，以金融手段对母公司主营业务的市场拓展给予支持。随着公司理财理念的普及，财务公司还普遍对母公司集团的总体资金进行现金管理，协助内部各子公司资金的有偿划拨和转移，从而实现内部资金的合理计划和协调。这些业务有效地促进了公司资本结构的合理化，降低了集团资金总成本。中国的大型工业企业一般都建立了财务公司，除了提升内部现金管理水平，还承担了外部融资的功能。

2. 投资银行

投资银行（Investment Bank）是专门从事代理发行长期融资证券，为证券的流通转让提供经纪人服务，并作为企业资产重组或并购的财务顾问的金融机构，在许多国家也被称为证券公司。准确地讲，投资银行不是严格意义上的金融中介，它是在金融市场上为直接融资提供服务的金融机构。由于这些机构熟悉长期资金的市场供求动态、投资者的偏好以及证券发行公司的财务和资信状况，有多年来形成的证券营销网络，能较好地为长期资金供需者提供服务，促进了资金合理配置和资本形成。

投资银行或证券公司主要以发行自己的股票和长期债券的方式形成资金来源，它们的主要收益来自代理发行证券和"制造"证券的服务费、经纪业务佣金、财务咨询顾问服务费等收入，也有部分来自自有资金投资的资本利得。

（四）政策性金融机构

为了加强国家对经济的干预能力，保证国民经济发展的相对平衡，由政府出面建立了政策性金融机构，它们大多具有官方和半官方的性质。

政策性金融机构根据本国具体情况设立，类型较多，一般来讲在三个方面比较突出：①支持国家重点产业发展和新兴产业开发的金融机构；②支持农业发展的金融机构；③支持对外经贸发展的金融机构。这些政府金融机构与一般金融机构不同，其主要特点是：①大都是国家资本，业务上由政府相应部门领导；②一般不接受存款，也不从事商业贷款；③业务范围与国家产业政策密切配合。

中国为保障对国家战略性产业、创新型产业的金融支持和经济转型，弥补商业银行在追求经济效应中可能带来"市场失灵"的负效应，1994年经国务院批准，国家开发银行、中国进出口银行和中国农业发展银行三家政策性银行先后组建。

（五）互联网金融机构

互联网金融（ITFIN）就是互联网技术和金融功能的有机结合，依托大数据和云计算在开放的互联网平台上形成的功能化金融业态及其服务体系，包括基于网络平台的金融市场体系、金融服务体系、金融组织体系、金融产品体系以及互联网金融监管体系等，并具有普惠金融、平台金融、信息金融和碎片金融等相异于传统金融的金融模式。1995年10月全球第一家纯网上银行——第一安全银行（Security First Bank）在美国诞生。

当前互联网＋金融格局，由传统金融机构和非金融机构组成。传统金融机构主要为传统金融业务的互联网创新；非金融机构则主要是指利用互联网技术进行金融运作的电商企业、P2P模式的网络借贷平台、众筹模式的网络投资平台、挖财类（模式）的手机理财APP（理财宝类），以及第三方支付平台等。

 小知识

中国的金融机构体系

经过30多年的改革开放，中国的金融机构体系已由过去长期实行的"大一统"银行体制逐步发展成为多元化的金融机构体系。目前中国的金融机构体系由两大部分组成：一是存款类金融机构；二是非存款类金融机构，并以存款类金融机构为主体。

一、银行业

（一）商业银行

1. 大型商业银行

包括中国工商银行、中国农业银行、中国银行、中国建设银行、交通银行、中国邮政储蓄银行。前四家银行是由原国家专业银行转化而来，为国有独资商业银行，并于2003年起陆续进行了股份制改造。交通银行始建于1908年，1986年国务院批准重新组建，为中国第一家全国性的国有股份制商业银行。2007年，中国邮政储蓄银行由原邮政储蓄系统分立出来成立。

2. 股份制商业银行

包括中信银行、光大银行、华夏银行、广东发展银行、深圳发展银行、招商银行、上海浦东发展银行、兴业银行、民生银行、恒丰银行、浙商银行、渤海银行等。这类银行自1987年以后陆续组建。

3. 城市商业银行

1995年在原城市信用社基础上，由城市企业、居民和地方财政投资入股形成的地方性股份制商业银行。这类银行主要功能是为地方经济和中小企业服务。

4. 其他商业银行

一是农村商业银行，二是民营银行，三是村镇银行，四是外资商业银行。

（二）政策性银行

1994年，为实现政策性金融与商业性金融相分离，推进专业银行的商业化改革，建立了国家开发银行、中国进出口银行、中国农业发展银行三家政策性银行，将各专业银行原有政策性业务与经营性业务分离。

二、证券基金业

改革开放以来，与金融市场的发展同步，我国的证券业得到了快速的发展，建立了种类多样的证券业金融机构，统一接受中国证券监督管理委员会的监管。截至2018年，我国有2家证券交易所、111家证券公司、91家公募基金管理公司，还有大量的银行间债券市场信用评级机构、证券投资咨询机构、有证券从业资格的会计师事务所、资产评估机构、托管银行、基金销售机构、基金销售支付结算机构，这些机构主要为证券业的发展提供中介服务。此外，还有其他具有金融功能的交易所，如上海黄金交易所、中国金融期货交易所、上海期货交易所、大连商品交易所和郑州商品交易所。

三、保险业

近年来，保险业的发展速度很快。截至2018年，全国有保险集团和控股公司10家，财产保险公司61家，人身险公司67家，专业再保险公司7家，保险资产管理公司10家。与此同时保险专业中介机构的发展也非常迅猛。

四、信托业

信托投资公司是一种以受托人的身份，代人理财的金融机构，与银行信贷、保险并称为现代金融业的三大支柱。截至2018年，全国68家信托投资公司管理的信托资产规模总计超过18万亿元。

五、其他金融行业

我国的金融机构还包括：①金融资产管理公司。中国的金融资产管理公司具有典型的政策性金融机构特征，是专门为接受和处理国有金融机构不良资产而建立的。目前，我国有华融、长城、东方、信达四家全国性金融资产管理公司和若干地方性金融资产管理公司。②金融租赁公司。金融租赁公司是指经中国银行业监督管理委员会批准，以经营融资租赁业务为主的非银行金融机构，通过融资租赁服务积极支持高端装备制造、节能环保、新能源等国家战略性新兴产业及三农、小微企业等重点领域和薄弱环节。③财务公司。目前，我国财务公司机构数量超过 200 家，涵盖了能源电力、航天航空、石油化工、钢铁冶金、机械制造、汽车、电子电器等关系国计民生的基础产业和各个重要领域的 20 多个行业。④小额贷款公司。小额贷款公司是由自然人、企业法人与其他社会组织投资设立，以服务三农为宗旨，不吸收公众存款，只能在本县（市、区）行政区域内从事小额贷款业务和小企业发展、财务、管理等咨询业务的有限责任公司或股份有限公司。⑤汽车金融公司。指经中国银行业监督管理委员会批准设立的为中国境内的汽车购买者及销售者提供金融服务的非银行金融机构。⑥消费金融公司。指不吸收公众存款，以小额、分散为原则，为中国境内居民个人提供以消费为目的的贷款的非银行金融机构，包括个人耐用消费品贷款及一般用途个人消费贷款等。⑦互联网金融机构，包括第三方支付、P2P、众筹、网络小贷等具体形式。

第二节 商业银行

商业银行是最典型的金融中介。要弄清各类金融机构的经营及其特点，可以将商业银行的业务和资金营运的基本状况视为金融中介机构业务运作的代表。

一、商业银行的资金来源

商业银行是经营货币资金的金融企业。与其他工商企业一样，银行需要自有资本，这是银行创办和维持正常经营的前提，存款和借款等负债构成银行主要的资金来源。

（一）商业银行的资本

1. 银行资本的构成

商业银行的资本主要指发起人为了所投资银行的正常营运而自行投入的、以权益类项目为主的资金，它与一般工商企业的资本构成上基本相似，但也有一些差异。目前商业银行的资本构成主要有：股权资本、资本公积、留存收益、损失准备金、附属资本。附属资本也称债务资本（Debt Capital）。

2. 银行资本的功能

概括而言，银行资本主要有以下四大功能。

（1）保护性功能。保护性功能是银行资本最基本的功能。按照银行业的行业规则，当发生损失时，银行首先应该用自有资本对损失进行抵补，起到"缓冲垫"的作用，以保护存款者的利益。银行的损失可分为三大类：预期损失、非预期损失和异常损失。预期损失是一家银行在现有环境、条件和管理水平下，从事其金融业务所发生的平均损失（银行是风险行业）；非预期损失是超过预期内水平（平均损失）所发生的损失，它是根据银行损失发生的概率、损失的波动性以及风险暴露，通过既定置信度而得出的一个统计概念上的值；异常损失是指由于各种非人力可抗拒的意外事件所导致的巨额损失，这种损失不可能由银行资本抵补，最终只能依赖金融监管当局所构建"社会安全网"。世界各国的金融管理当局一般都规定，银行资本仅适用于抵补银行的预期损失和非预期损失。

（2）经营性功能。与任何工商企业一样，银行的正常经营需要起码的固定资产和流动资金方面的投入。

（3）风险管理功能。这与各国银行实施巴塞尔协议有密切的关系。2004年6月正式通过的《巴塞尔新资本协议》，将银行资本与风险值紧密挂钩，强化了资本与风险连接的敏感性。换言之，在资本比率要求固定的条件下，要想降低银行资本，就得提高风险的管理水平和资产组合能力。

（4）宏观审慎管理功能。金融监管当局通过建立法定资本充足率标准，相当于确定了一个法定资本乘数（资本比率的倒数），它可以起到限制银行任意扩张其资产规模，促使银行稳健经营的目的。在2010年巴塞尔协议Ⅲ中还规定了0-2.5%的资本缓冲调整安排，金融相关管理部门可以根据对经济周期的判断，运用资本缓冲放大和缩小银行贷款杠率，其作用类似于法定存款准备金比率的调整。

（二）商业银行的存款

存款合约是银行发行的负债工具。在金融业激烈的竞争中，存款作为主要的资金来源具有很重要的地位。商业银行的存款类型有：

1. 交易性存款

交易性存款（Transaction Deposits）也称支票存款（Checking Deposits），是客户可以对其账户签发支票，并主要利用它来进行经常性支付的存款。随着银行业务的创新，交易存款有四种形式：

（1）活期存款（Demand Deposits）。它是商业银行传统上最典型的交易存款，其特点是不付利息，不规定期限，存户可以随时提款，银行有义务对客户签发的支票见票即付，支票经背书后可以转让。

（2）可转让支付命令账户（Negotiable Order of Withdrawal Accounts，NOW a/c）。该账户于1970年诞生于美国马萨诸塞州的一家互助储蓄银行，1973年美国国会批准在若干州使用,1980 年美国新银行法允许全国储蓄机构和商业银行开办 NOW 账户。该账户的特点是,存款者可以利用有息储蓄存款账户签发可转让支付命令书,使之变成了交易性存款。但这种账户只适用于个人和非营利性组织。1982 年美国一些银行又创立了超级 NOW 账户,它具有更方便签发支票和享受货币市场浮动利率的好处。

(3) 自动转账服务账户(Automatic Transfer Service Account,ATS a/c)。该账户设有两个账户,一个是含利息的储蓄存款户,另一个是无息的支票存款户。在开户时,由存户预先授权银行,存户可利用其支票账户进行支付,而支票账户的存款余额不足时,由银行自动地从该存户的储蓄存款账户中把相应金额转入支票账户。这种账户使得客户既可利用支票账户的便利,又可以获得一定利息收入,带有一定的理财性质,很受欢迎。

(4) 货币市场存款账户(Money Market Deposit Accounts,MMDAs)。前面几类交易存款利率受到较严格的限制,在市场利率不断上升的情况下,这无疑会降低银行吸收支票存款的吸引力。为了提高银行在资金市场上的竞争力,西方国家放松了利率管制,允许部分交易账户的利率可以按货币市场利率调整。

2. 储蓄存款

储蓄存款(Savings Deposits)是公众为了将来的消费,将当期暂时不用的收入积蓄起来的存款。在 20 世纪 90 年代以前,银行储蓄存款多采用存折的方式,即银行发给存户一本储蓄存折,作为日后存取的凭证。随着科技的发展,银行为了争取客户,纷纷将储蓄存款改为存折和借记卡相结合,甚至单纯借记卡的形式,客户既可以使用存折,也可以使用借记卡,在银行安装的"自动出纳机"(Automatic Teller Machine-ATM)上 24 小时存款和提款。21 世纪后,它发展到存户运用借记卡、手机、电脑进行存取款、转账和进行消费支付。一般而言,储蓄存款账户计利付息。储蓄存款分为活期和定期存款两大类。

3. 定期存款

定期存款(Time Deposits)是规定了期限,期满前一般不能提款的有息存款(若提前提款将自动丧失应得利息)。定期存款多采用定期存款单的形式。定期存款的流动性较低,故其利率较高,以补偿客户的流动性损失。为了吸引客户,商业银行提供了各种期限的定期存款,从 30 天到若干年不等。通常,私人持有的储蓄定期存款单面额较小,而企业、机构和团体持有的定期存款单面额较大。

传统的定期存款单是不能转让的,近几十年来,随着银行经营环境的巨大变化,定期存款有了许多改进。

（1）可转让大额定期存款单（Negotiable Certificates of Deposit，CDs）。CDs 是银行为机构投资者设计的具有可转让性质的大额定期存款证，其单位面额较大，在美国为 10 万美元以上，日本为 5 亿日元以上。1961 年 2 月，美国花旗银行首创可转让大额存款单，同年，美国一家重要的政府证券经纪商——纽约贴现公司——为大额存单开辟了次级市场，这就使大额存单同时具有了高利率和高流动性的特点，成为货币市场上投资者喜爱的投资对象。这种金融工具产生后很快就在美国和其他西方国家流行起来，并且不断有所改进，突出的改进表现在：第一，期限缩短。美国最初对 CDs 规定的最短期限为 6 个月，现为 3 个月；第二，面额缩小。1979 年 5 月日本开办 CDs 业务时，最低面额为 5 亿日元，1985 年后改为 1 亿日元；第三，利率有多种形式。根据客户的需要，主要有固定利率和浮动利率两大类。固定利率是在契约期内实行固定的约定利率。浮动利率则是根据约定时间随挂钩的基准利率调整。如日本的 CDs 利率由发行银行与购买者之间按市场利率相互磋商确定，美国银行的 CDs 利率，6 个月期的每月调整一次，1 年期的每 3 个月调整一次，通常比普通定期存款利率高 1.5%－3%。可转让定期存款单的出现也给商业银行经营管理带来巨大变化，致使银行资金配置管理思想从资产管理转向负债管理。

（2）货币市场利率联动存款单（Money Market Certificates of Deposit，MMCs）。该存款属于定期存款，利率随市场利率调整，但 MMCs 与 CDs 不一样，它不具有可转让性，而且面额较小，主要是为家庭设计的。

（三）商业银行的借款

各类借入款属于商业银行的主动性负债，其地位越来越重要。银行对外借款渠道主要有以下几个方面。

1. 向中央银行借款

中央银行是商业银行的最后贷款人，社会资金流动性的维护者。当社会上资金紧张时，商业银行可以向中央银行借款，以维持自身资金周转。中央银行向商业银行提供的贷款一般是短期性的，可概括为三类：①短期调节贷款。它主要满足商业银行日常提存和经济环境变化产生的资金需求。②季节性贷款。指中央银行为帮助银行应付存贷款规模的季节性波动而提供的贷款。③紧急信贷。它是商业银行遇到偶然的不可预测的事件时，中央银行所提供的贷款。

中央银行对商业银行所提供的各类信贷多采用再抵押和再贴现的方式，纯粹的信用贷款比较少见。可作为贷款抵押品的有政府证券、机构证券、承兑汇票、外汇票据等。再贴现是指中央银行以买进商业银行已贴现票据的方式向商业银行提供资金。再贴现的票据与作为再贷款抵押担保的票据种类一样，但在质量合格性审查方面更严格一些。

2. 银行同业间拆借

银行同业间拆借（Inter-Bank Lending）是一国银行间或金融机构之间发生的短期借贷行为。最初，同业拆借仅用于商业银行调节自己在中央银行准备金存款账户上的头寸。随着资金转移技术的进步和银行经营环境的变化，同业拆借市场目前实际上成为商业银行，特别是大银行稳定的筹措资金的场所。

银行同业拆借的期限较短，最长不超过一年，但以3个月以内的为多。一般来讲，大商业银行和中心城市银行多为资金拆入行，而小银行和边远地区银行，以及长期业务居多的金融机构，多为资金的拆出行。现在，同业拆借一般利用通信网络系统进行，其交易通过在中央银行借记和贷记双方账户来完成。银行同业拆借在各国的称谓和做法不尽一致，美国称之为联邦基金买卖，其交易额一般在100万美元以上，实行无担保制度，中国的同业拆借也是无担保、批发性利率，而日本的同业拆借则实行有抵押品的担保原则，国债和优良票据是主要的抵押物。

3. 回购协议

回购协议是指资金需求者在通过出售金融证券（以国债为主）购入资金时，同时签订在将来一个约定的日期按事先确定的价格买回这些金融证券的协议。在这种融资方式下，金融证券实际起到了担保作用。商业银行普遍采用回购协议借入资金的原因主要有：第一，回购协议可以充分利用金融市场，成为银行调节准备金的灵活工具；第二，有些国家不要求对政府证券担保的回购协议资金持有法定存款准备金，从而可以大大降低融资成本；第三，这种融资方式的期限灵活，比较安全，其期限短则1天，长可至几个月，而且有证券作为抵押。

4. 欧洲货币市场借款

在国内银根紧缩的情况下，大商业银行还可以从国际金融市场上借到欧洲货币。欧洲货币是指在境外被交易的以本国货币计价的金融资产，它们大多数是存入境外外国银行或本国银行驻外分支机构的本国货币存款。欧洲美元市场是最大的欧洲货币市场。欧洲货币存款期限很短，对利率十分敏感，在国际金融市场上追逐高利率、寻求套利投机的机会，形成巨大的"热钱"或"游资"（Hot Money）。

5. 其他借款方式

银行还可通过发行商业票据、金融债券等方式借入资金。商业银行一般通过控股公司发行商业票据用于自身短期周转。在新巴塞尔协议中,还规定商业银行可以将自己发行的长期债券作为附属资本。

二、商业银行的资金运用

商业银行在以资本和负债的方式形成资金来源以后,只有将它们运用出去,并取得收益,方能抵补经营开支并获取利润。但由于商业银行资金来源的特殊性(以短期负债为主),银行的资金运用要将盈利性和流动性有机结合。商业银行的资金运用主要有流动资产、贷款和证券投资。

(一)流动资产

商业银行在资金运用方面必须保留一部分流动资产以维持银行的流动性。流动资产(Liquid Assets)是由现金和那些可以迅速转变为现金的金融资产组成的。各国银行对流动资产划分的具体标准有差异,但一般有以下两个项目。

1. 现金项目

现金项目(Cash Items)包括商业银行的库存现金、在中央银行的准备金存款以及存放同业的活期存款。现金资产在银行资金配置中的主要作用是维护流动性。商业银行现金项目的这三类构成中,库存现金最能及时满足银行流动性需要。在中央银行账户上的超额准备金,商业银行可以随时用于各种用途如支付、结算、资金划拨、贷款等。存放同业资金是指银行由于业务需要,而存放在代理行的资金。

2. 短期证券

商业银行持有的短期证券主要指那些期限为一年以内的、具有高度可销性的证券,包括国库券、政府机构短期证券、金融机构短期证券、市政短期证券、高品质商业票据和银行承兑汇票等。这些证券收益率并不高,但变现能力很强,银行持有它们的目的主要是为了流动性需要。需指出的是,短期证券在资产负债表上一般没有单独列出,而是被包括在证券投资项目中。

(二)贷款业务

贷款(Loan)在传统上一直是商业银行资金运用的核心业务,贷款占总资产的比重和贷款利息收入占经营收入的比重,与其他业务相比都是最高的。贷款的潜在风险和潜在盈利在金融资产组合中是最高的。所以,寻求盈利与风险的最优权衡关系一直是贷款业务拓展和风险管理中考虑的核心。

1. 商业银行贷款的要素和重要约定

(1)贷款偿还期(Time to Maturity)。这是指贷款发放后直到其偿还的期限。

短期贷款指偿还期在一年之内的贷款，它们多用于公司流动资金补充。中期贷款偿还期多为5—8年，长期贷款期限在10年以上，其投向主要在不动产领域。

（2）担保和无担保（Secured and Unsecured）。这里所称的担保是广义的，它包括抵押、质押和信用保证。抵押贷款比较普遍，以什么实物作为抵押品取决于贷款项目。传统上，流动资金贷款和季节性工商贷款的抵押品多为企业应收账款和存货单据，不动产贷款的抵押物多为土地和房屋的产权，而证券交易贷款则以股票和债券为抵押品。借款人若信用级别很高，银行也可以提供无抵押品和无担保的贷款，也称信用放款。这种情况主要发生在那些与银行之间有着密切的业务关系，且信誉较好的客户。长期以来，银行对它们的财务和经营状况以及市场已经十分熟悉。

（3）贷款承诺（Loan Commitment）。它规定银行有责任在一定期间内，按所承诺的利率和贷款额度，随时满足借款人的要求。由于银行要对已承诺的贷款额度进行流动性准备，所以，不管客户在承诺期内是否用足了所要求的借款额度，客户都要对合约规定的全部额度支付贷款承诺费。在竞争激烈的环境下，有些银行仅对大客户贷款承诺合约的未发生部分要求支付承诺费。

（4）循环信贷（Revolving Credit）。它允许借款人在合约期内按事先确定的利率反复使用限额内的资金，同时它还允许借款人可以在合约期内任何时候偿还贷款。这种规定赋予了借款人理财的空间，对借款人很有吸引力，然而循环信贷内含期权性质，却使银行增加了利率风险。

（5）定价方法（Pricing Methods）。贷款定价首先是基于客户或贷款项目违约的风险溢价，风险越高，风险溢价越高，贷款利率自然也高。第二个考虑的要素是期限。期限越长，贷款利率也越高。当然，影响贷款利率的因素还有很多，包括资金的时间价值、保证方式等。商业银行的贷款利率较低，且往往采取固定利率计息。在利率市场化的国家，银行对长期大额贷款多使用浮动利率定价法，或者给予客户较大的定价方式选择权。21世纪以来，银行对贷款定价采用的方法日趋模型化，模型中考虑的风险变量不断增加。在现实中，贷款定价并不完全总是取决于银行一方，客户的实力也起关键作用。

2. 商业银行贷款的类型

按照贷款对象，可以划分商业银行的贷款类型。

（1）工商贷款。工商贷款（Commercial and Industrial Loans）一直是商业银行的主要贷款业务，其适用对象很广泛，从工商企业生产和周转中的短期存货资金需求、季节性流动资金需求直至设备投资和建筑投资中的长期资金需求，都可能涉及。在西方发达国家，由于贷款市场竞争激烈，对于工商企业大客户，银行往往提供贷款承诺、循环贷款等优惠条件。

（2）不动产贷款。不动产贷款（Real Estate Loans）是对土地开发、居民住宅、公寓、厂房建筑、大型设施购置等项目所提供的贷款。对于银行来讲，这类贷款收益较高，定价主要依据对客户信用等级的评分。住房抵押贷款期限较长，风险较大，为了安全起见，商业银行都采取抵押贷款的形式，但按揭比率根据各国央行窗口指导或银行内部信贷指南的风险偏好有所差异。

（3）消费者贷款。消费者贷款（Consumer Loans）是向个人或家庭提供的、以满足他们对商品购买和各类消费支出的贷款。消费者贷款项目繁多，主要有住房修缮贷款、汽车贷款、助学金贷款和其他生活支出贷款，以及信用卡透支等。在消费者贷款中，短期贷款为一次性偿还，而长期贷款多为分期还款。例如，消费者在购买汽车时，往往只需向经纪商支付所购商品价格的20%~30%的现款，其余资金向银行贷款解决，还款期限可长达20~30年，并采取分期偿还的方式。消费者贷款的定价依据银行对客户的信用评分，在形式上多采取固定利率定价。

（4）证券购买和周转贷款。证券购买和周转贷款（Loans to Purchase and Carry Securities）是商业银行对证券自营商、经纪人、投资银行和证券公司等发放的短期贷款。专门从事证券业务的金融机构，在证券交易中往往会出现短期资金需求而求助于商业银行。证券交易贷款的风险很大，因此商业银行要求这类贷款必须有证券作为其抵押品。为了避免损失，金融监管当局要求银行在发放证券贷款时都必须有垫头（保证金）比率控制，即发放贷款的额度要低于所抵押证券的市值，以其差额作为保证金。

（5）贴现。贴现（Discounting）是指银行按未到期票据的终值，预先扣除自贴现日起至期日止的利息，买进该票据的行为。银行贴现票据到期与一般贷款到期后，在还款的处理上有两个最大的区别：第一，银行贴现归还款项的不是取得银行资金的客户，而是被贴现票据的债务人；第二，一般贷款的利息是该笔贷款到期后由借款人支付，而贴现则是银行把利息预先扣除，贴现率是扣除部分与所买进票据价款之比，它实质上是一种贷款利率。银行贴现的票据主要有承兑汇票、高质量商业票据和其他短期证券。

（6）国际信贷。不少大商业银行是国际性银行，除了本国业务外，还对国际贸易进行资金融通，对外国企业、银行、政府机构提供贷款，其中最为重要的是进出口融资，它有以下几种主要形式：出口押汇、打包放款、卖方信贷和买方信贷及辛迪加贷款（Syndicate Loans）。

(三) 投资业务

商业银行的投资（Investment）一般指银行对各类收益证券的购买。投资是商业银行一项重要的资金运用业务，也是收入的主要来源之一。

1. 商业银行投资的目的和功能

与商业银行经营总目标——股东财富最大化——相一致，银行投资的基本目的是在一定风险水平下使银行资产组合收益最大化。围绕这个基本目标，商业银行投资具有以下几个功能。

（1）形成资产组合多样化，以分散风险。与贷款相比，银行所投资证券的选择面广，既容易运用组合投资理念对各类证券本身进行组合，也可以使银行全部资金达到优化组合、分散风险的目的。

（2）为银行的资金配置管理提供了一种逆周期经济调节的手段。当经济周期处在高涨期、社会上对贷款需求扩大时，银行可以卖出证券，扩大贷款，增加盈利。而经济周期处在衰退期、社会上对贷款需求疲软时，银行可买入证券，减少风险贷款，从而有助于稳定银行收入。

（3）降低保持流动性的成本。尽管现金资产具有高度流动性，但属于无息或低息资产，持有过多现金资产的机会成本太高。可销性很强的短期证券是商业银行理想的流动性准备，它们既有利息收入，又可随时出售，以满足银行的头寸需求。在银行流动性管理安排中，市场可销性很强的短期证券被称之为"二线准备"（Secondary Reserve）。

2. 商业银行投资的证券种类

在1929~1933年资本主义世界经济大危机以前，西方国家对商业银行证券投资的对象没有什么限制。经济大危机后，许多分析家认为，这场由金融业危机引发的全面经济危机，与银行业当时被允许从事股票投资有关。为了保证金融秩序，西方国家纷纷立法对银行业务严格限制，其中最有影响的是1933年美国的银行法或称"1933年美国格拉斯—斯蒂格尔法"，它将商业银行业务与投资银行业务严格分离，不允许商业银行从事公司股票的发行和投资业务，在银行业与证券业之间形成"隔火墙"。始于20世纪60年代，并于80年代达到顶峰的金融创新，使西方商业银行证券投资的种类和期限都大大增加，美国、西欧、甚至日本纷纷修改银行法，承认了这一现实。尽管各国立法扩大了银行投资的范围，但是目前商业银行投资的证券主要是国库券、中长期国债、政府机构债券、市政债券和高等级公司债券等，商业银行直接从事股票投资仍被大多数国家银行法所不允。中国商业银行法规定，商业银行不允许直接持有企业的股权，所以中国的商业银行在证券上主要投资于长短期国债、中央银行票据、金融机构债券以及大型企业发行的短期融资券等。

三、表外业务和其他业务

表外业务（Off-Balance Sheet Activities，OBS）是银行从事的，按会计准则不计入资产负债表内或不直接形成资产或负债，但能改变银行损益状况的业务。

商业银行除了经营负债、贷款和投资等业务外，还利用自己信誉、机构设置、技术手段等方面的综合优势，开办了一些其他业务，特别是表外业务。在金融业竞争激烈、银行存贷款利差不断缩小的今天，这些业务显得十分重要，成为银行利润的重要来源。具体业务包括以下六个。

（一）结算业务

结算业务是银行应客户要求为其经济往来所引起的货币收付关系进行了结和清算。现代支付制度以支票为基础，但买卖双方可能不在同一家银行开有支票存款账户，这样，当客户对某家银行开出支票，命令它对另一家银行的账户支付时，银行之间就必须进行账户清算。银行清算的方式依地域范围而不同。同城清算主要是通过票据清算所进行支票清算，各家银行的代表每天在约定的时间集中交换票据一次或两次，各银行彼此间抵销债权债务后，仅有应收应付净差额部分才用现金支付或由中央银行转账。异地清算较为复杂，对支票的清算主要采取委托代理行托收的方式，即银行之间互相设有支票存款账户，它们被称为"代理行清算余额"（Correspondent Balance）。

（二）担保类业务

担保类业务即银行根据交易中一方的申请，为申请人向交易的另一方出具履约保证，承诺当申请人不能履约时，由银行按照约定履行债务或承担责任的行为。银行对外提供担保是以自身资信为被保证人履行合约义务承担保证责任，担保业务虽不占用银行的资金，但形成银行的或有负债，银行为此要收取一定费用。银行开办的担保类业务主要有保函、信用证、备用信用证、票据承兑等形式，服务面十分宽广，适用于资金借贷、商品买卖、货物运输、工程承包、加工承揽等多种经济和交易活动。

（三）信托业务

信托业务是银行作为受托人，为了委托人的利益，代为管理、营运或处理托管财产的业务。银行受托管理的财产十分广泛，包括资金、遗产、公益金、有价证券、动产、不动产等。委托财产并非银行的资产，银行在其业务中仅收取手续费和佣金。

（四）租赁业务

租赁业务是由银行垫付资金，购买商品后再出租给承租人，并以租金的形式收回资金的业务。银行的租赁主要分两大类：一是融资性租赁，即客户需添购或更新大型设备、仪器，但一时资金不足，于是由银行出资购买这些设备，客户使用它们并按时交纳租金，银行通过租金逐步收回资金。由于租期大致相当于设备折旧期，租赁期满时，租金总额已经相当于设备价款、贷款利息和管理费之和，所以承租人此时以象征性的付款便可获得租赁设备的所有权。二是经营性租赁，即银行作为出租人购买设备、飞机、船只、电子计算机等大型设备，然后在一段较短期间内向承租人提供使用权，并收取租金。租赁期满后，银行收回租赁设备，并再寻出租对象。这种方式通常适用那些技术更新较快而使用次数不多的大型设施和仪器等。

（五）保管箱业务

保管箱业务是银行利用自身安全可靠的商誉和条件，设置各种规格的保险专柜，供客户租用以保管贵重物品的业务。

（六）信息咨询和代客理财服务

大型商业银行的分支机构网络遍及全国甚至全世界，在信息获取方面具有得天独厚的条件。银行还通过持有无数客户的大量账户，对资金流中所反映的信息进行分析，对市场商情变化有着灵敏的嗅觉，再加上商业银行先进的电脑设备和齐备的人才，使得银行成为一个名副其实的信息库。现代市场经济是信息社会，社会对市场信息、商业情报的需求以及对市场趋势分析的需求十分广泛。银行长期以来充分利用自己广泛的信息资源，为客户提供各类信息咨询服务，在混业经营后银行更是利用自己业务规模和多品种业务的优势，大规模开展代客理财服务。这些都给商业银行带来了可观的非利息收入，成为利润的重要来源。

四、商业银行的经营原则

基于商业银行的特殊性，在商业银行经营管理中，需要追求流动性、安全性、盈利性的动态平衡。

（一）流动性

由于商业银行经营对象的特殊性，银行经营原则首先必须强调资金配置的流动性。银行不寻常的负债结构，使它们不可能将大量资金投放于高收益资产。与其他类型企业相比，商业银行负债中有相当大部分是即期支付的交易类存款和期限较短的储蓄存款,如果不能及时满足客户提款要求,很容易对银行信誉造成严重损害。同时,商业银行之间贷款竞争也很激烈,如果一家商业银行不能随时满足一家经营良好的工商企业的借款要求,它就可能永远丧失这个客户。因此,商业银行必须保持资金配置的流动性。

(二)安全性

安全性是指银行在经营中要尽可能避免资产遭受风险损失。传统商业银行的主要业务——贷款——具有较高的风险,因此,商业银行特别注意按期收回资产本息的可靠性和自身缓冲资产损失的能力。商业银行的安全性原则是通过在资产业务中实施严格的风险管理和控制自有资本充足率来实现的。

(三)盈利性

与任何股份制企业一样,商业银行需要尽可能扩大它赚取利润的能力才能满足股东的要求。银行盈利能力的大小,不仅会直接影响股东红利的分配和银行股票市场价格的变动,而且对银行的实力、发展乃至信誉,都有着明显的影响。

然而,这三项原则之间经常相互冲突,银行需要寻求流动性、安全性和盈利性之间的最佳组合。

第三节 保险公司

一、保险概述

(一)保险的定义

保险是集合具有同类风险的众多单位或个人,以合理计算分担金的形式,实现对少数成员因约定风险事故所致经济损失或由此而引起的经济需要进行补偿或给付的行为。

从法律的角度上说,保险是一种合同行为。合同双方当事人自愿订立保险合同,投保人承担向保险人缴纳保险费的义务,保险人对于合同约定的可能发生的事故所造成的财产损失承担赔偿责任,或者当被保险人死亡、伤残、疾病或者达到合同约定的年龄、期限时,承担给付保险金的责任。

 小知识

保险的起源与发展

虽然我国保险思想萌芽相当久远,早期有过一些类似保险的制度探索,但由于我国以农业为主要产业的封建社会历时太久，商品经济发展迟缓，所以这些传统的保险思想与措施并没有演进成为现代商业保险与社会保险制度，乃至我国的商业保险制度到19世纪中叶才从西方"舶来"。下面介绍现代商业保险中几个主要险种的起源及其发展。

一、海上保险

一般认为，海上保险在各类保险中起源最早。现代海上保险是由古代巴比伦和腓尼基的海上抵押借款思想逐渐演化而来的。14世纪以后，现代海上保险的做法已在意大利的商人中间开始流行。在已经发现的海上保险单中，以1384年在意大利佛罗伦萨的保险单为最早。从这张协议上可发现，它已具有现代保单的基本内容，有明确的保险标的和明确的保险责任，如"海难事故，其中包括船舶破损、搁浅、火灾或沉没造成的损失或伤害事故"。

16世纪，英国商人从外国商人手里夺取了海外贸易权，积极发展贸易及保险业务。16世纪下半叶，经英国女王特许在伦敦皇家交易所内建立了保险商会，专门办理保险单的登记事宜。17世纪初，英国已是一个航海相当发达的国家，伦敦成为世界航业及国际贸易的中心，海上保险得到进一步的规范和发展。

二、火灾保险

真正的火灾保险制度，起源于德国和英国。1591年，德国酿造业发生一起大火。灾后，为了筹集重建酿造厂所需资金和保证不动产的信用而成立了"火灾保险合作社"。1676年，为了充实火灾保险的资金力量，由46家火灾保险合作社联合成立了公营的"火灾保险局"，火灾保险便在德国得到确立和发展。1666年9月2日，伦敦城被大火整整烧了五天五夜，市内448亩地域中有373亩成为瓦砾，占伦敦面积的83.26%，财产损失1200多万英镑，20多万人流离失所，无家可归。灾后的幸存者非常渴望能有一种可靠的保障，来对火灾所造成的损失提供补偿。在这种状况下，牙医巴蓬1667年独资设立营业处，办理住宅火险。1680年，他又同另外三人集资4万英镑，成立火灾保险营业所，1705年更名为菲尼克斯即凤凰火灾保险公司。

18世纪末到19世纪中期，英、法、德等国相继完成了工业革命，物质财富大量集中，使人们对火灾保险的需求也更为迫切。这一时期火灾保险发展异常迅速。19世纪后期，随着帝国主义的对外扩张，火灾保险传到了发展中国家和地区。

三、人身保险

15世纪后期，欧洲的奴隶贩子把运往美洲的非洲奴隶当作货物进行投保，后来船上的船员也可投保，如遇到意外伤害，由保险人给予经济补偿。这些是人身保险的早期形式。17世纪中叶，意大利实行"佟蒂法"，规定每人缴纳总额为140万法郎的资金，保险期满后，规定每年支付10%，并按年龄把认购人分成若干群体，年龄高些的，分息就多些。"佟蒂法"的特点就是把利息付给该群体的生存者，如该群体成员全部死亡，则停止给付。

著名的天文学家哈雷在1693年以西里西亚的勃来斯洛市的市民死亡统计为基础，编制了第一张生命表，精确表示每个年龄的死亡率，提供了寿险计算的依据。辛普森和陶德森等人根据哈雷的生命表计算出公平保费，从而促进了人身保险的发展。1762年成立的伦敦公平保险社是真正根据保险技术基础而设立的人身保险组织。精算技术的进步促进了现代人寿保险业的发展。

四、责任保险

责任保险最早出现在英国。1855年，英国开办了铁路承运人责任保险，对于在铁路运输中的货物毁损，承运人要承担赔偿责任，于是这种责任风险通过购买保险合同转嫁给保险公司。以后又陆续出现了雇主责任保险、会计师责任保险和医生职业责任保险等。20世纪以来，大部分西方发达国家对各种公共责任实行了强制保险。有些国家对企业生产的各种产品实行严格的责任管理制度，企业的产品无论是否有缺陷，只要造成他人人身伤亡或财产损失，都要承担经济赔偿责任，这进一步促进了责任保险的发展。

（二）保险的性质

在社会经济活动中，有一些经济活动和保险有类似之处。通过比较保险与这些经济活动的区别，可以帮助我们认识保险的特点和性质。

1. 保险与赌博

赌博是一种射幸活动，其输赢均与事件的随机性相联系。在保险中，尽管投保人所缴纳的保险费与保险人所承担的责任对等，但与被保险人所得到的赔偿（就个别而言）并不保持等价交换关系。许多被保险人多年缴付保险费而没有得到一点赔偿，而有的被保险人刚缴付保险费就可能得到比其保费数额高得多的赔偿。这种射幸性也完全依赖于偶然事件发生与否，似乎与赌博一样。然而，保险与赌博有着本质的区别，表现在三个方面：第一，就目的而言，保险以发扬社会互助共济精神、谋求社会安定、利己利人为目的，而赌博则是以欺诈贪婪之心凭侥幸图谋暴利，损人利己。第二，就风险性质而言，保险面对的一般是纯粹风险（即损失发生或者不发生的风险），而赌博面对的仅仅是投机风险。第三，就结果而言，保险是变不确定（保险事故发生的偶然性）为确定（若有损失则获得赔偿或给付，使财产等保险标的恢复到损前的状态），转嫁了风险，而赌博则相反，是变确定（原有赌本）为不确定（赢或输），制造和增加了风险。

2. 保险与救济

保险与救济（或慈善事业）都是补偿灾害事故损失的经济活动（或手段），它们的目的都是使社会生活恢复正常保持稳定。但保险与救济不同，主要体现在：第一，保险是一种社会互助行为，许多面临类似风险的人联合起来分担其中少数遭受灾害事故者的损失，从事保险活动的组织机构是经济实体（就商业保险而言）；而救济或慈善事业只是一种救助行为，捐资者与被救助者可能遭受的风险没有关系，救济的组织机构是政府部门或捐资者建立的慈善团体。第二，保险是一种合同行为，是有偿的，而且保险双方当事人处于权利和义务对等的地位；救济是一种单方面的无偿赠予，双方当事人无一定权利和义务的约束，无对等可言。第三，保险基金是以一定的数理计算为依据的，保险人对于被保险人在保险责任范围内的损失保证给予及时的赔偿；而救济事业的基金是由政府财政或民间捐资人自愿出资建立的，没有任何规定和约束，它也不一定对所有受难者都施行救济，救济的数额也以救助人的意愿和救助基金的规模为限。

3. 保险与储蓄

保险与储蓄都是以现在的资金节余为将来做准备，体现了未雨绸缪的思想，而且一些人寿保险的险种本身就带有长期储蓄性质。但两者存在显著不同，表现在几个方面：第一，从单个被保险人来看，被保险人缴付的保险费与其享受的赔款或给付并不对等，甚至很多情况下只缴保费而无赔款或给付，而对储蓄而言，提款金额总是等于本金加利息，两者保持对等关系；第二，保险事故发生后，只要符合保险赔偿和给付条件，被保险人或受益人都可以及时领取赔款和保险金；而储蓄不同，储户提款不以灾害事故的发生为前提；第三，保险是互助共济行为，分摊金的计算有特殊的数理依据，而储蓄只是一种自助行为，一般无须特殊的数理计算。

（三）保险的职能

保险的职能是由保险的本质决定的，并随着社会生产的发展、保险制度的不断完善而增加。一般说来，现代保险具有经济补偿职能、防灾防损职能、融资职能和社会管理职能。

1. 经济补偿职能

经济补偿职能是保险的基本职能。在保险活动中，保险人作为组织者和经营者，集合众多遭受同样风险威胁的被保险人，建立保险基金，用以对某些被保险人因约定保险事故造成的损失给予经济补偿或给付保险金，从而实现保险独特的社会功能。

2. 防灾防损职能

保险通过其业务经营活动也可以发挥防灾防损的社会职能。防灾防损是保险经营的重要手段，保险人通过防灾防损活动，可以降低损失可能性和损失金额，进而可以降低投保人缴纳的保险费，提升公司承保经营绩效等。防灾防损职能的发挥可以减少社会财富的无谓损失，具有重要的社会经济价值。

3. 融资职能

保险人收取的保险费一般不会马上用于赔付或给付，因而保险基金存在时间差。对人身保险中的长期业务而言，该时间差可达几年甚至数十年。这就使得保险人能够把暂时闲置的保险基金，以直接或间接的方式投入社会再生产过程，从而扩大社会再生产的规模，这就是保险的融资职能。

4. 社会管理职能

保险的社会管理职能反映一国保险业融入该国社会经济生活的程度。不同于国家对经济社会的直接干预，它是通过保险内在特性的发挥，与市场、行政等多种资源的整合创新，推动社会经济体系的协调运转，保障社会的平稳和交易的顺利完成。保险的社会管理职能是在保险业逐步发展成熟并在社会发展中的地位不断提高之后衍生出来的一项新功能。

二、保险的种类

当代保险业的迅速发展使保险领域不断扩大，新的险种层出不穷。根据不同的要求，从不同的角度，保险可以有不同的分类方法。最常见的保险分类是根据保险标的进行的分类。根据保险标的不同，保险可以分为人身保险和财产保险两大类。

（一）人身保险

人身保险是以人的身体或生命作为保险标的，在保险有效期限内，当被保险人死亡、伤残、疾病或者达到保险合同约定的年龄或期限时，保险人依照约定给付保险金的一种保险。

按照保障责任的差异，人身保险又可以分为人寿保险、人身意外伤害保险和健康保险。

1. 人寿保险

人寿保险，简称寿险，是以被保险人的生命为保险标的，并以被保险人在保险期满时仍生存或在保险期间内死亡为条件，给付约定保险金的一种保险。例如，终身寿险、年金保险、子女教育保险、婚嫁金保险等都属于这类保险。

2. 人身意外伤害保险

人身意外伤害保险是以人的身体或生命作为保险标的，当被保险人在保险有效期内因遭遇意外事故致使身体蒙受伤害而残疾或死亡时，由保险人按约定给付保险金的一种保险。常见的有团体人身意外伤害保险、中小学生团体平安险和航空旅客意外伤害保险等险种。

3. 健康保险

健康保险是以人的身体或生命作为保险标的，当被保险人在保险期间因疾病、分娩所致发生医疗费用，以及因疾病造成死亡或残疾时，由保险人按约定补偿医疗费用或给付保险金的一种保险。常见的有重大疾病保险、住院医疗保险和生育保险等险种。

（二）财产保险

财产保险是以财产及其相关利益作为保险标的，在保险期间，保险人对于因保险合同约定的保险事故发生所造成的保险标的的损失承担经济赔偿责任的一类保险。它又可以分为财产损失保险、责任保险和信用保证保险。

1. 财产损失保险

财产损失保险是以各类物质财产作为保险标的，在保险期间，因保险事故发生致使保险标的遭受损失，由保险人承担经济赔偿责任的一种保险。如我国各家财产保险公司目前普遍开办的企业财产保险、家庭财产保险、机动车辆保险、农业保险等就属于这类保险。

2. 责任保险

责任保险，是一种以被保险人的民事损害赔偿责任作为保险标的，由于被保险人的过失、疏忽等行为，给他人造成了经济损失，根据法律或者契约规定应由被保险人对受害人承担的经济赔偿责任，由保险人负责赔偿的一种保险。例如，汽车肇事造成他人人身伤害或者财产损毁，车主按照相关法律、法规，应该对受害者承担经济赔偿责任，一经投保相应的责任保险，即可将民事损害赔偿责任转嫁给保险人承担。常见险种主要有产品责任保险、职业责任保险、机动车辆第三者责任保险等。

3. 信用保证保险

信用保证保险是一种以信用行为作为保险标的的保险。保险人对信用关系的一方因对方未履行义务或不法行为（如盗窃、诈骗等）而遭受的损失，负经济赔偿责任。信用关系的双方（权利方和义务方）都可以投保。通常分为两种情况。

一种情况是被保险人（债务人）要求保险人对本人的信用提供担保，如果由于被保险人不履行合同义务，致使权利人受到经济损失，则应由保险人承担赔偿责任，即保证保险。典型的如住房贷款保证保险。

另一种情况是合同一方当事人（权利人）要求保险人对另一方当事人（债务人）的信用提供担保。当债务人（被保证人）在约定条件下不履行合同义务，致使权利人受到经济损失，则由保险人承担赔偿责任，即信用保险。典型的如出口信用保险。

三、保险经营

（一）保险经营的概念和特征

保险经营是指保险公司为实现各项职能所从事的业务活动的总称。保险经营的对象——风险，是一种特殊的商品，其价值和使用价值很难直接被消费者感知，其经营过程也与一般工商企业的经营不同，有其自身的特殊性。

1. 保险经营资产具有负债性

一般企业的经营资产自有资本比重较大，这是因为它们的经营受其自有资本的约束，所以必须拥有雄厚的资本作为经营后盾。保险企业的经营资产则主要来自投保人按照保险合同向保险企业交纳的保险费和保险储金，具体表现为从保险费中所提取的各种准备金，而这些准备金是保险企业对被保险人未来赔偿或给付责任的负债。

2. 保险经营活动具有特殊性

保险是以特定风险的存在为前提，以集合尽可能多的单位和个人风险为条件，以大数法则为数理基础，以经济补偿和给付为基本功能的经营活动。因此，保险企业所从事的经营活动不是一般的物质生产和商品交换活动，而是一种特殊的劳务活动。

3. 保险经营具有分散性和广泛性

一般企业的经营过程是对单一产品，单一系列产品或少数几种产品进行生产管理或销售的过程，其产品只涉及社会生产或社会生活的某一方面。即使企业破产倒闭，所带来的影响也只会涉及某一行业或某一领域。而保险经营则不同，保险企业所承保的风险范围之宽、经营种类之多、涉及的被保险人之广是其他企业无法比拟的。

（二）保险经营的原则

保险经营的原则是指保险企业从事保险经济活动的行为准则。在经营保险这一特殊商品的过程中，既要遵循一般企业经营的基本原则，又要遵循保险业经营的特殊原则。保险经营的特殊原则主要包括风险大量原则、风险选择原则和风险分散原则。

1. 风险大量原则

风险大量原则是保险经营的首要原则。风险大量原则是指保险人在可保风险的范围内，应根据自己的承保能力，争取承保尽可能多的风险和标的。这主要是因为保险经营是以大数法则为基础的，只有承保大量的风险和标的，才能使风险发生的实际情况更接近预先计算的风险损失概率，以确保保险经营的稳定性。此外，承保的标的越多，固定成本分摊越充分，营业费用则相对越少。

2. 风险选择原则

为了保证保险经营的稳定性，保险人在承保时需要对所承保的风险加以选择。风险选择原则要求保险人应充分认识、准确评价承保标的的风险类别、风险程度以及投保金额的恰当与否，从而决定是否接受承保。风险选择原则否定的是保险人无条件承保的盲目性，强调的是保险人对投保风险的主动性选择，控制自身的保险责任。

3. 风险分散原则

风险分散是指由多个保险人或被保险人共同分担某一风险责任。保险人在承保了大量的风险后，如果所承保的风险在某段期间或某个区域内过于集中，一旦发生较大的风险事故，可能导致保险企业偿付能力不足，从而损害被保险人的利益，也威胁着保险企业的生存发展。因此，保险人除了对风险进行有选择的承保外，还要遵循风险分散的原则，尽可能地将已承保的风险加以分散，以确保保险经营的稳定。

（三）保险费率的厘定

1. 保险费与保险费率

保险费是指投保人为获得经济保障而交纳给保险人的费用或保险人为承担

约定的保险赔付责任而向投保人收取的费用。保险费是保险人履行赔付义务的基础。保险费率又称为保险价格，是保险费与保险金额的比率，通常用每百元或每千元的保险金额应交的保险费来表示。一般来说，保险金额×保险费率=保险费。保险费率由纯费率和附加费率两部分构成。

（1）纯费率。它是保险费率的基本部分，纯费率计算出来的那部分保险费将用来建立赔偿基金。纯费率由保额损失率加上稳定系数组成。保额损失率是一定时期内保险赔款总额与总保险金额的比率，它是保险人根据概率论中的大数法则，在以往若干年度（一般为5年）的统计资料的基础上平衡年度间风险后整理计算出来的平均值。保额损失率反映了正常的、稳定的损失率，是制定纯费率的依据，依它计收的保险费可以保证正常损失的赔偿或给付。

（2）附加费率。它是保险企业经营保险业务的各项费用和适当的利润与纯保险收入总额的比率。各项费用主要包括办公费、水电费、宣传费、印刷费、防灾减损费、员工工资、手续费和营业税等各项管理费用和业务费用。

2. 非人寿保险费率的厘定

实务中确定非人寿保险费率的方法主要有观察法、分类法和增减法。

（1）观察法。观察法又称为判断法，是就某一被保风险单独厘定费率，费率在很大程度上取决于承保人的判断。当损失风险形式多样且多变，不能使用分类法，或者不能取得可信的损失统计资料时，就会采用这种方法。观察法并不是一种不科学的方法，相反，观察法所制定的费率最能反映个别风险的特性，具有灵活、精确的特点。

（2）分类法。分类法是依据某些重要的标准对危险进行分类，并据此将被保险人分成若干类别，把不同的保险标的根据危险性质归入相应群体，分别确定费率的方法。由于分类法所得费率反映的是每一群体的平均损失经验，因此，在决定分类时，应注意每类中所有各单位的风险性质是否相同，以及在一定的期限内其损失经验是否一致，以保证费率的精确度。

（3）增减法。增减法是指在同一分类中对投保人给以变动的费率。它是在分类法确定的基本费率的基础上，再依据实际情况予以细分所测定的费率。与分类费率相比，在增减法下厘定的费率有可能高于或低于分类法所确定的费率。

3. 人寿保险费率的厘定

人寿保险费率与非人寿保险费率一样，由纯费率和附加费率构成。在确定纯费率时必须遵循收支平衡的原则，即保险人收取的纯保费加上利息等于今后应给付的保险金或年金。

生命表是科学厘定保险费率的基础。生命表又称死亡表，是根据以往一定时期内各种年龄的死亡统计资料编制的由每个年龄死亡率所组成的汇总表。它可以分为国民生命表和经验生命表两种。前者是根据全体国民或者以特定地区的人口的死亡统计数据编制的生命表，主要来源于人口普查的统计资料。后者是根据人寿保险、社会保险以往的死亡记录（经验）所编制的生命表。保险公司使用的是经验生命表。

（四）控制保险责任

承保控制是指保险人在承保时，依据自身的承保能力控制保险责任，尽量防止和避免道德风险和心理风险发生。

（1）控制逆选择。保险中常会出现逆选择的现象，即高风险的被保险人可能伪装成低风险者来进行投保，期望以较低的保费得到保险保障。为了维护保险人的利益，必须对逆选择进行控制。保险人控制逆选择的方法是对不符合承保条件者不予承保，或者有条件地承保。例如，投保人以自己易遭受火灾的房屋投保财产保险时，保险人应在仔细审核的基础上提高保险费率承保。又如，投保人患有超过正常危险的疾病，保险人就会不同意他投保定期死亡保险的要求，而劝他改为投保生死两全保险。这样一来，保险人既接受了投保，又在一定程度上抑制了投保的逆选择。

（2）控制责任范围。一般来说，对于常规风险，保险人通常按照基本条款予以承保，而对于一些具有特殊风险的保险标的，保险人需要与投保人充分协商保险条件、免赔数额、责任免除和附加条款等内容后特约承保。

（3）控制人为风险。人为风险包括道德风险和心理风险。从承保的观点来看，保险人控制道德风险发生的有效方法就是将保险金额控制在适当额度内。因此，保险人在承保时要注意投保金额是否适当，尽量避免超额承保。保险人在承保时对心理风险的控制常采用限额承保和规定免赔额（率）的手段，以激发被保险人克服心理风险因素，加强对保险标的安全维护。

（五）保险理赔

保险理赔是指保险人在保险标的发生风险事故后对被保险人提出的索赔请求进行处理的行为。被保险人发生的经济损失有的是保险风险引起的，有的则是非保险风险引起的，即使被保险人的损失是由于保险风险引起的，因多种因素和条件的制约，保险人也不可能给予全部偿付。所以，保险理赔涉及保险合同双方的权利与义务的实现，是保险经营中的一项重要内容。

（六）保险投资

保险投资是指保险企业在经营过程中，将积聚的各种保险资金加以运用，使其保值增值的活动。由于寿险业务的资金来源结构与财险业务的不同，以及由于各种投资方式的风险、收益、安全性不同，政府的法律规定不同等，寿险公司与财险公司的投资结构也有所差异。

从国际经验来看，保险投资工具主要包括债券（包括国债、金融债券和企业债券）、基金、股票、贷款、房地产等几大类，保险公司根据资金来源特性、自身风险偏好等进行投资组合。

【要点回顾】

1. 金融中介是资金盈余者与短缺者之间进行资金融通的中介机构，它的本质是间接融资，其核心的特征是通过发行间接契约来完成资金融通。

2. 金融中介的基本功能有：通过跨期和跨域转移的方式优化配置资源；创造信用货币，扩张信用；信息生产和风险管理；提供广泛的金融服务。

3. 金融机构主要有五大类：存款性金融机构、契约性金融机构、投资性金融机构、其他经营性金融机构、官方和半官方的政策性金融机构。

4. 自有资本是商业银行营运的基础，各类存款在银行资金来源中比重最大。贷款在银行资金运用中占有重要的地位，它是银行利润的主要来源。股东财富最大化是银行的经营总目标。商业银行的经营原则是追求流动性、安全性和盈利性的最佳组合。

5. 保险是集合具有同类风险的众多单位或个人，以合理计算分担金的形式，实现对少数成员因约定风险事故所致经济损失或由此而引起的需要进行补偿或给付的行为。保险可以分为人身保险和财产保险两大类。

【复习题】

1. （多选题）金融中介是资金盈余者与短缺者之间进行资金融通的中介机构，它是通过发行间接契约来完成资金融通。金融中介功能包括（　　）。

  A. 信用创造   B. 基金管理

  C. 资源配置   D. 信息生产和风险管理

2. （多选题）商业银行经营管理的主要原则有（　　）。

  A. 盈利性   B. 安全性

C. 自主性 D. 流动性
3. (多选题) 根据保险标的不同,保险可分为( )。
A. 人寿保险 B. 人身保险
C. 财产保险 D. 财产损失保险

第六章 中央银行

【本章要点】

1. 了解中央银行的产生及其普及完善；
2. 熟悉中央银行的性质和职能；
3. 了解中央银行的类型；
4. 了解中央银行与政府关系的内涵；
5. 了解保持中央银行独立性的原因。

中央银行是现代经济社会中最为重要的宏观经济管理和调控部门之一。当今世界各国，除极少数特殊情况外，大多数国家和经济体都建立了独立的中央银行制度，负责制定并实施货币信用政策、统一管理金融活动、代理国库并代表政府协调对外金融关系。中央银行制度是顺应现代经济金融发展的客观要求而产生，其产生和发展演变与其在现代经济金融中的作用紧密相关。

第一节 中央银行的产生和发展演变

中央银行制度是经济和社会发展到一定阶段的产物，并伴随着市场经济的深化而不断清晰和成熟，它经历了一般银行、大银行、发行银行和中央银行的历史轨迹。

一、中央银行的产生

（一）中央银行产生的历史过程

瑞典的国家银行（The State Bank of Sweden）是历史上最先具有国家银行名

称的银行，它是 1656 年由私人创建的发行银行券的银行。1668 年，由瑞典政府出资，将其改组为瑞典的国家银行，对国会负责。该行成立之初并非就是中央银行，并不具备现代中央银行的各种功能，直到 1897 年才独占货币发行权，开始履行中央银行的职责。

真正最早全面发挥现代中央银行职能的是英国的英格兰银行（Bank of England），它最初是私人合股形式的商业银行，后来逐步演变为中央银行。1694 年 7 月 27 日英国国会制定法案核准英格兰银行的成立。英格兰银行成立初期主要是股东为政府筹措经费，并因此获得代理国库、以政府债券作为抵押发行货币的权利。这些特权的拥有，一方面使英格兰银行在从事一般商业银行业务的同时，初步具有了中央银行的性质，执行中央银行的部分职能。另一方面也使英格兰银行的竞争能力大大超过其他商业银行，使之信誉和地位日益突出。英格兰银行与政府间具有密切关系，这为其日后演变成中央银行奠定了重要的基础。1833 年，英国国会通过法案，规定英格兰银行的纸币为全国唯一的法偿货币。1844 年，英国国会通过《比尔条例》，一方面限制其他商业银行发行纸币的数量，规定不再产生新的货币发行银行，结束了英国有 200 多家银行发行银行券的局面；另一方面又扩大英格兰银行货币发行权的范围，使英格兰银行具有了国家发行银行的性质，这是其成为中央银行的决定性的一步。根据《比尔条例》规定，英格兰银行内部分设银行部和发行部，发行银行券的业务与一般银行存、贷款业务分开，从而从中央银行的组织模式上和货币发行上为英格兰银行行使中央银行的职能奠定了基础。19 世纪中叶以后，英格兰银行凭其日益提高的地位承担商业银行间债权债务关系的划拨冲销、票据交换的最后清偿等业务，在经济繁荣之时接受商业银行的票据再贴现，而在经济危机的打击中则充当商业银行的"最后贷款人"，由此而取得了商业银行的信任，并最终确立了"银行的银行"的地位。英格兰银行虽比瑞典国家银行晚成立 40 年，但却被称为近代中央银行的鼻祖，对世界中央银行制度的形成有着深远的影响。

美国中央银行的建立不仅起步晚，而且经过了一个漫长的摸索过程。美国 1791 年由政府批准成立了具有中央银行性质的第一国民银行，其主要任务是：代理国库、独立货币发行，调节各州银行贷款等，且其经营年限核定为 20 年。由于第一国民银行集中的财权太多，各州银行抱怨它影响州银行的发展，加之遭到共和党的反对，该行于 1811 年经营期满后宣告解散。1816 年，为了治理当时流通中出现的黄金白银奇缺，纸币严重贬值，大量的州银行破产倒闭的混乱局面，美国联邦政府又成立了第二国民银行，执行中央银行职能。但由于第二国民银行无法真正集中货币的发行权和代理国库权，只是充当了政府财政机构的大出纳,而失去了中央银行的作用,于 1836 年经营期满后未获展期而改为一家州银行。在几起几落的波折中,经过长期的摸索,以及国民对中央银行意识的觉醒,美国努力寻找适应本国政体和社会需要的中央银行制度。1913 年美国国会通过《联邦储备法》正式建立了美式中央银行制度,即美国联邦储备体系(以下简称美联储)。美联储最大的特点在于统一发行联邦储备券,并把会员银行的存款准备分别集中于 12 家联邦储备银行,协同履行中央银行的职能。

鉴于英格兰银行的成功经验及英国作为早期资本主义国家在全球经济发展中的领先地位,19 世纪和 20 世纪初期,部分资本主义经济与金融比较发达的国家纷纷仿效英国政府,成立了自己的中央银行。如法国的法兰西银行(1800 年)、西班牙的西班牙银行(1829 年)、日本的日本银行(1882 年)等。

(二)中央银行产生过程中的特点

1. 最初的中央银行是政府的银行和发行的银行,后来逐渐发展成为银行的银行

中央银行的建立首先是基于政府的需要,如为政府筹措经费、支持政府战争或代表政府统一管理金融活动、发行货币等。中央银行制度基本成形之后,中央银行才真正成为银行的银行。

2. 最初的中央银行带有商业银行性质

最初的中央银行一般都兼营一部分商业银行业务,或本身就是从较大的商业银行发展而来的,如英格兰银行、法兰西银行等。

3. 初期的中央银行非国有

最初的中央银行一般都是私人股份银行或私人和政府合股的银行,并不是完全由国家出资设立的。

二、中央银行制度的普及和完善

(一)中央银行制度的普及

中央银行制度在世界范围内的普及和推广,除了适应世界各国经济金融发展的客观需要之外,第一次世界大战后各国促进经济和金融秩序尽快恢复的意愿强有力地推动了中央银行制度的普及和推广。

第一次世界大战战前和战中,为满足军备竞赛和战争需要的庞大军费开支,许多国家纷纷设立中央银行或强化对中央银行的控制,通过财政赤字货币化来筹集资金,造成了严重的恶性通货膨胀,从根本上威胁到了银行券的稳定性,从而影响到整个经济的稳定。为了消除通货膨胀,尽快恢复因战争破坏的经济

和金融秩序，许多国家开始意识到建立和完善中央银行制度的重要性。1920年，在比利时首都布鲁塞尔召开国际金融会议。会议明确了在现代经济环境下建立中央银行制度的必要性，强调了各国财政收支应保持平衡，以杜绝通货膨胀发生的可能；提出中央银行应按照稳定币值的要求发行货币，货币的发行应脱离各国政府的控制，执行稳健的金融政策；指出了稳定货币是中央银行的重要职能。1922年，瑞士日内瓦召开的国际经济会议再次重申和强调了布鲁塞尔会议决议的重要性，再次建议未设立中央银行的国家应尽快建立中央银行，以共同维持国际货币体系和经济的稳定。两次国际会议均确认了中央银行在现代经济金融稳定中的重要地位和作用，从而大大推动了各国中央银行制度的建立。

1921—1942年是中央银行制度快速普及和发展的阶段，世界各国改组或新建立的中央银行有43家，其中欧洲有16家，美洲有15家，亚洲有8家，非洲与大洋洲各2家。

（二）中央银行制度的完善

第二次世界大战后，随着以凯恩斯有效需求理论为代表的国家干预主义经济思想在发达国家的兴盛，各国开始强调对经济的干预作用，货币政策成为国家宏观调控的最为主要的政策工具。在此背景下，中央银行作为货币政策的制定者和执行者，其地位和作用不断得到巩固和提高，其职能也日益完善。为确保中央银行职能和作用的发挥，许多国家通过制定新的银行法来完善和强化中央银行制度。

1. 中央银行的国有化和一般货币发行向国家垄断发行转化

第二次世界大战后，许多国家在组织结构上对中央银行实施了国有化或国有控股，并通过颁布新的银行法明确了中央银行货币发行的垄断权。中央银行的国有化强化了政府对中央银行的控制，为集中货币发行提供了制度保障。银行券的发行逐渐由分散到集中，由商业银行的一般业务转化为中央银行的垄断业务，实现了中央银行由一般的发行银行向国家垄断的发行银行转化，调节货币发行量成为中央银行货币政策的重要内容。

2. 中央银行政府机构性质的确立和由一般代理政府国库款项收支向政府的银行转化

随着中央银行对货币发行权的垄断，纸币的发行实质上表现为政府意愿通过法律的强制得到实现。这时中央银行的行为已不再是一个金融机构的行为，而是作为国家在金融领域里的代理人，在货币政策的制定实施中，在对金融领域的管理中实现国家意志和利益。许多国家的银行法中还明确规定了中央银行作为政府机构的身份，实现了中央银行向政府银行的转化。

3. 中央银行向银行的银行转化及其自身的独立性

第二次世界大战后,各国中央银行逐渐放弃了商业银行业务,不再与工商企业或个人发生信用关系,这不仅突出了中央银行业务的独立性、垄断性、超然性,也有利于中央银行专门行使中央银行的职能。

4. 中央银行的货币政策由一般运用向综合配套运用转化

进入中央银行强化阶段后,随着中央银行在国家经济干预中地位和作用的加强和全球金融市场的发展,货币政策也得到进一步的完善和发展。其主要标志一方面体现在货币政策工具的完善和配套,除传统的三大货币政策工具(存款准备金、再贴现和公开市场业务政策)已经法令化、制度化以外,还产生了一些选择性的货币政策工具,从而大大增强了中央银行货币政策的针对性和弹性,也延伸了中央银行调控的领域;另一方面体现在货币政策目标体系的形成,即形成了以稳定货币、经济增长、充分就业、平衡国际收支和金融稳定为体系的多元货币政策目标体系。

5. 各国中央银行间的密切合作不断加强

随着国际经济及金融交往日益扩大,各国中央银行间的合作也不断加强,特别是国际清算银行、国际货币基金组织和世界银行等一系列国际性和区域性的国际金融组织的出现,开创了各国中央银行之间密切合作的新局面。

小知识

中国中央银行制度的建立与发展

一、中华人民共和国成立以前的中央银行

20世纪初期,中国的中央银行制度方见萌芽,在不同的历史时期,其具体表现形式各异。

(一)户部银行

1904年,为了统一币制,推行纸币,解决财政困难,由户部奏请清政府设立了户部银行。户部银行除办理一般银行业务外,还拥有铸造货币、代理国库、发行纸币等特权。因此户部银行是清政府的国家银行,也是中国最初的中央银行。户部银行于1908年更名为大清银行。

(二)国民革命政府时期的中央银行

国民革命政府时期的中央银行为1924年8月建立的广州中央银行。同年8月16日北伐军攻下武汉后,又在汉口成立了中央银行,将广州的中央银行改组为广东省银行。但两次成立的中央银行都是出于军事的需要,存在的时间很短,并未能发挥中央银行的职能。

（三）国民政府的中央银行

1928年至1942年间可谓是"四位一体"的中央银行制度，即中央银行、交通银行、中国银行、中国农民银行均可发行法偿货币。其间1939年，国民政府颁布国库法，中央银行依法取得代理国库的权力。1942年7月1日，国民政府公布了钞票统一发行办法，全国货币的发行集中于中央银行办理。这时，中央银行才真正独占货币发行权，成为名副其实的中央银行。

（四）中华苏维埃共和国的中央银行

1931年11月7日在江西瑞金召开的中华苏维埃第一次代表大会通过决议，决定成立中华苏维埃共和国国家银行，这是在中国共产党领导下的中央银行的雏形。

二、中华人民共和国成立后的中央银行——中国人民银行

1948年12月1日，中国人民银行在河北省石家庄市正式成立，并同时发行人民币。中国人民银行作为中央银行，在其发展过程中，可分为三个大的发展阶段。

（一）1948—1978年的"一身二任"的中国人民银行

中华人民共和国成立后，中国人民银行是在模仿当时苏联"大一统"银行体制的基础上建立起来的。中国人民银行集中央银行业务与商业银行业务于一身，成为全国高度垄断的独家大银行。这个时期的中央银行制度是适应中国以指令性计划为主的高度集中的经济体制的要求而建的。

（二）1979—1982年建立现代中央银行制度的准备阶段

中国实行改革开放政策之后，按照经济体制改革的总体要求，金融体制也进行了相应改革，各专业银行和其他金融机构相继恢复和建立。1979年以后，中国农业银行、中国银行等先后从人民银行中独立出来。这些举措为中国人民银行专门行使中央银行的职能作了重要的制度、组织等方面的准备。

（三）1983年以来中国人民银行独立行使中央银行职能的快速发展阶段

1983年国务院决定，中国人民银行专门行使中央银行职能，同时成立中国工商银行，由其承担原中国人民银行经办的工商信贷业务和储蓄业务。从此，中国人民银行结束了"一身二任"的历史，成为真正意义上的中央银行。1986年1月，国务院发布的《中华人民共和国银行管理暂行条例》明确规定，中国人民银行是国务院领导和管理全国金融事业的国家机关，是国家的中央银行。1995年3月18日，第八届全国人民代表大会第三次会议通过了《中华人民共和国中国人民银行法》，从法律上明确规定了中国人民银行作为中央银行的地位和职责，强化了中国人民银行独立行使货币政策的权力，并对中国的货币政策目标、货币政策操作体系的内容、中国人民银行对金融业的监督管理等做了明确

的规定。2003年,结合当时中国金融监管体制的改革,第十届全国人民代表大会常务委员会第六次会议通过了《关于修改〈中华人民共和国中国人民银行法〉的决定》。修改后的银行法进一步明确了新形势下中国人民银行的职责是制定和执行货币政策,防范和化解金融风险,维护金融稳定。

中国人民银行于2005年8月10日又设立了上海总部。央行上海总部的成立,是完善中央银行决策与操作体系、更好地发挥中央银行的宏观调控职能的一项重要制度安排,主要是围绕金融市场和金融中心的建设来加强中央银行的调节职能和服务职能。上海已成为各类金融机构在中国内地的主要集聚地,设有全国统一的银行间同业拆借市场、债券市场和外汇市场,拥有证券、商品期货和黄金三个交易所。设立中国人民银行上海总部有利于进一步完善中央银行的决策和操作体系,提高中央银行宏观调控的水平,有利于发挥贴近金融市场一线的优势,提高中央银行金融市场服务的效率,同时也有利于巩固目前上海作为国内重要金融中心的地位,并将为上海国际金融中心的建设注入新的活力。

第二节 中央银行的职能与组织形式

中央银行是一国最高的货币金融管理机构,它代表国家管理金融,制定和执行金融方针政策,在金融体系中居于主导地位。中央银行以其所拥有的经济力量,对金融领域乃至整个经济领域的活动进行管理,其无论从性质、职能还是组织结构上都有别于一般商业银行。

一、中央银行的性质

中央银行是国家赋予其制定和执行货币政策,对国民经济进行宏观调控,对金融机构乃至金融业进行监督管理的特殊的金融机构。中央银行作为"特殊的金融机构",既不同于一般的政府机关,也不同于其他银行和非银行金融机构。其基本特征表现在以下方面:①中央银行是一国金融体系的核心。中央银行经办金融业务的目的是更好地执行中央银行的职能,是具有排他性、唯一性的金融机构。②中央银行享有国家赋予的一系列特权。例如,垄断货币发行、代理国库、管理货币流通、集中存款准备金、管理国家黄金外汇储备、维护支付清算系统的正常运行等。③中央银行不以盈利为目的。这是因为中央银行对货币发行权的独家垄断,决定了任何商业银行在利润追逐中都无法与其相匹敌,而且中央银行以调节经济、调节金融为己任,稳定货币、促进经济发展是其宗旨,追逐盈利与货币政策的实施相冲突。④不与企业、居民发生业务关系,只与政府、银行及其他金融机构业务往来。⑤中央银行一般不在国外设立分支机构。中央银行作为一国政府在金融方面的代表，无权在他国境内干涉他国金融业务。国际法规定：他国的中央银行在派生驻地不能发行钞票，不得经营商业银行业务，不能与不同国家的商业银行发生任何联系，仅能有因为进出口贸易而发生的外汇联系。

二、中央银行的职能

中央银行的职能是中央银行基本特征的具体反映。中央银行的职能主要表现为它是发行的银行、政府的银行、银行的银行和管理金融的银行。

（一）发行的银行

所谓发行的银行，是指中央银行垄断货币发行权，成为全国唯一的法定货币发行机构。中央银行独占法定货币发行权是中央银行发挥其职能作用的基础。中央银行统一货币发行，使中央银行的负债成为支撑流通中各种货币的基础，从而能有效地控制商业银行的信用扩张能力。

中央银行集中与垄断货币发行权的必要性在于以下三个方面。

1. 统一货币发行与流通是货币正常有序流通的保证

在实行金本位的条件下，货币的发行权主要是指银行券的发行权。要保证银行券的信誉和货币金融的稳定，银行券必须能够随时兑换为金币，存款货币能够顺利地转化为银行券。为此，中央银行须以黄金储备作为支撑银行券发行与流通的信用基础，黄金储备数量成为银行券发行数量的制约因素。银行券的发行量与黄金储备量之间的规定比例成为银行券发行保证制度的最主要内容。在进入 20 世纪之后，金本位制解体，各国的货币流通均转化为不兑现的纸币流通。不兑现的纸币成为纯粹意义上的国家信用货币。在信用货币流通情况下，中央银行凭借国家授权以国家信用为基础而成为垄断货币发行的机构，中央银行按照经济发展的客观需要和货币流通及其管理的要求发行货币。

2. 统一货币发行是中央银行根据一定时期的经济发展情况调节货币供应量，保持币值稳定的需要

币值稳定是社会经济健康运行的基本条件，若存在多家货币发行银行，中央银行在调节货币供求总量时可能出现因难以协调各发行银行从而无法适时调节银根的状况。

3. 统一货币发行是中央银行实施货币政策的基础

统一货币发行使中央银行通过对发行货币量的控制来调节流通中的基础货币量，并以此调控商业银行创造信用的能力。独占货币发行权是中央银行实施

金融宏观调控的必要条件。

（二）政府的银行

所谓政府的银行，是指中央银行代表政府贯彻执行货币金融政策，代理国库收益以及为政府提供金融服务。作为政府的银行，它主要执行以下职责。

1. 代理国库

即中央银行代理经办政府的财政预算收支，执行国库的出纳职能。主要包括：办理政府预算收入的缴纳、划分和预算支出的拨付；向财政反映预算收支情况；协助财政收缴库款等。

2. 代理政府债券的发行，以缓解政府暂时性收支不平衡

世界各国政府均广泛利用发行政府债券的有偿形式以弥补开支不足。中央银行通常代理国家发行政府债券以及办理债券到期时的还本付息事宜。

3. 对国家给予信贷支持

中央银行在政府财政出现收不抵支的情况时，一般负有向政府提供信用，支持财政，以解决政府对资金的临时需要的义务。主要包括：直接向政府提供贷款，主要是短期放款；购买政府公债和国库券；向财政透支，协助推销政府公债等。

4. 为国家持有和经营管理国际储备

主要包括：对储备资金总量进行调控，使之与国内货币发行和国际贸易等所需的支付需要相适应；对储备资产结构特别是外汇资产结构进行调节；对储备资产进行经营和管理，负责储备资产的保值增值；保持国际收支平衡和汇率基本稳定。

5. 作为政府的金融代理人代办各种金融事务

如代理政府保存和管理国家黄金外汇储备或办理买卖黄金外汇业务；代表政府参加国际金融组织，处理国际金融事务和参加有关的国际金融活动。

6. 充当政府金融政策的顾问和参谋，为政府制定经济金融政策提供信息。

（三）银行的银行

中央银行作为银行的银行，是指中央银行向商业银行和其他金融机构提供金融服务。具体表现在以下方面。

1. 集中存款准备

集中存款准备目的在于保持商业银行系统的清偿能力，控制商业银行货币创造能力和信用规模。其必要性在于：为保障存款人的资金安全，以法律的形式规定商业银行和其他存款机构必须按存款的一定比例向中央银行交存存款准

备金，以保证商业银行和其他金融机构具备最低限度的支付能力；有助于中央银行控制商业银行的信用创造能力，从而控制货币供应量；强化中央银行的资金实力，存款准备金是中央银行的主要资金来源之一；为商业银行之间进行非现金清算创造条件。

2. 充当全国金融机构的票据清算中心

中央银行在集中商业银行存款准备金的基础上，主持全国的资金清算。商业性金融机构之间的支付，只需在中央银行的存款账户上进行转账、轧差，直接增减即可完成。这样既有利于节约资金的使用，减少清算费用，解决单个银行资金清算所面临的困难，又有利于中央银行通过清算系统，全面了解商业银行的资金流动和经营状况，加强监督和管理。

3. 最终的贷款人

当商业银行发生资金短缺，而在同业中难以拆借时，可向中央银行要求借款，中央银行则执行最后贷款人的职能。

（四）中央银行是实施宏观经济调控，全面协调金融运行和管理的银行

中央银行作为实施宏观经济调控、全面协调金融运行和管理的银行，是指中央银行与国家制定的经济政策一致，独立或相对独立地实施货币政策，以及制定和执行金融政策，全面协调和管理全国金融运行的银行。这一职能由以下三个功能所构成：制订和实施货币政策；制定和执行金融法规与银行业务基本规章；协调各金融监督机构管理商业性金融机构和金融市场的运行。

三、中央银行的类型

中央银行产生后，由于各国政治、经济、文化等存在着差异，形成了各种不同的中央银行的组织形式。

（一）单一中央银行制

单一中央银行制是指国家单独设立具有高度集权的中央银行机构，使之全面履行中央银行的职能，领导全部金融事业的制度。单一中央银行制又可分为一元中央银行制和二元中央银行制。

1. 一元式中央银行制

一元式中央银行制是指一国仅设立一家中央银行，负责行使中央银行的权利和履行中央银行的职责，一般采取总分行制的机构设置，逐级垂直隶属。该种体制是比较成熟的中央银行制度形式，以组织完善、机构健全、权力集中、

职能齐全、分支机构较多为特征。目前，世界上大多数国家采用这种组织体制。如英国、日本、法国、中国等国家的中央银行。

2. 二元式中央银行制

二元式中央银行制是指一国内设立中央和地方两级相对独立的中央银行机构，地方级中央银行在其辖区内有一定的独立性。中央级中央银行是最高权力和管理机构，负责制定金融决策和监督管理地方级中央银行；地方级中央银行在遵循统一金融政策的前提下，对货币政策的具体实施、金融监管和有关业务的具体操作有较大的独立性。这种体制一般和国家政治体制相对应，联邦体制国家多采用二元式中央银行制，如美国、德国等。

（二）复合中央银行制

复合中央银行制是指国家不专设中央银行机构，而是指定一家大银行在执行商业银行职能的同时，兼行中央银行职能的中央银行制度。这种制度以职能不明确、组织体系庞杂和分支机构泛滥为特征。复合中央银行制一般与中央银行初级发展阶段和国家实行计划经济体制相适应，存在于苏联和部分东欧国家，中国在1983年前也实行过这种制度。

（三）准中央银行制度

准中央银行制度是指在一个国家或地区还没有建立通常意义上的中央银行制度，只设置类似中央银行的机构，或由政府授权一个或几个商业银行行使部分中央银行职能的体系，或者建立了中央银行，但只是具有初级形式，不具备中央银行的基本职能。其特点是，一般只有发行货币、为政府服务、提供最后贷款援助和资金清算的职能，如新加坡、中国香港特别行政区属于前一种类型，马尔代夫等国的中央银行则属后一种情况。

（四）跨国中央银行制

跨国中央银行制是指两个以上主权独立的国家共同拥有的中央银行。其主要职能有：发行货币、为成员国政府服务、执行共同的货币政策及其有关成员国政府一致决定授权的事项，其特点是跨国界行使中央银行职能。一般地，它与一定的货币联盟相联系，如西非货币联盟六国——贝宁、科特迪瓦、尼日尔、塞内加尔、多哥和上沃尔特所属的西非国家和地区，中央银行就是他们共同的跨国中央银行，总行设在达喀尔。类似这种中央银行的还有中非货币联盟设立的中非国家中央银行、东加勒比海通货管理局等。欧洲中央银行成立于1998年，总部在法兰克福，它是欧洲货币联盟的建立及欧元发行的必然结果，也是世界上第一个管理超国家货币的中央银行。

 小知识

美国联邦储备系统

美国联邦储备系统（The Federal Reserve System），简称为美联储（Federal Reserve），负责履行美国的中央银行职责。这个系统是根据《联邦储备法》（Federal Reserve Act）于1913年12月23日成立的。美联储的核心管理机构是美国联邦储备委员会。

美国联邦储备系统的组织结构由三个主要组成部分构成：联邦储备委员会、联邦公开市场业务委员会和各联邦储备银行。其中，联邦储备委员会是最高决策机构，联邦公开市场业务委员会和各联邦储备银行是执行机构，美国联邦储备系统的组织结构如图6-1所示。在组织形式上，美联储采用的是联邦政府机构加非营利性机构的双重组织结构，从而避免了货币政策完全集中在联邦政府手里。美联储把12个联邦储备银行设立成非营利机构，而非政府机构的一个初衷就是希望制定货币政策时能同时考虑政府和私营部门的声音。虽然位于华盛顿的联邦储备局是美国联邦政府的一部分，但12家联邦储备银行不属于联邦政府机构，而是非营利性私营组织。但需要强调，联邦储备银行不同于一般的私营组织。联邦储备银行并不以营利为目的，而与联邦储备局一起承担美国中央银行的公共职能。

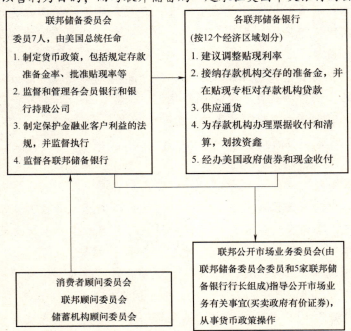

图6-1 美国联邦储备系统组织结构图

联邦储备委员会由 7 名理事组成，经参议院同意后由总统正式任命。每一理事任期 14 年，7 位理事任期错开，每两年有一位任期届满。委员会主席和副主席任期 4 年，由总统在委员会成员中挑选任命，在他们的总任期末届满前可以连选连任，理事任期满后不再任命。联邦公开市场业务委员会由 12 名委员组成，包括联邦储备委员会 7 人和 5 家联邦储备银行行长（其中一人为纽约联邦储备银行行长），其他的联邦储备银行行长每年轮流参加公开市场业务委员会。按照法律规定，公开市场业务委员会有权决定它本身的组织成员。但习惯上，联邦储备委员会主席担任公开市场委员会主席，并选举纽约联邦储备银行行长担任副主席。各联邦储备银行由按 12 个联邦储备区域设立的 12 家联邦储备银行组成。

 小知识

中国人民银行的职能及组织结构

一、中国人民银行的主要职能

2003 年修订的《中华人民共和国中国人民银行法》明确规定："中国人民银行在国务院领导下制定和实施货币政策，防范和化解风险，维护金融稳定"。中国人民银行作为中国的中央银行，其职能主要包括：发布与履行其职责有关的命令和规章；依法制定和执行货币政策；发行人民币，管理人民币流通；监督管理银行间同业拆借市场和银行间债券市场；实施外汇管理，监督管理银行间外汇市场；监督管理黄金市场；持有、管理、经营国家外汇储备、黄金储备；经理国库；维护支付、清算系统的正常运行；指导、部署金融业反洗钱工作，负责反洗钱的资金监测；负责金融业的统计、调查、分析和预测；作为国家的中央银行，从事有关的国际金融活动；国务院规定的其他职责。

二、中国人民银行的组织结构

（一）中国人民银行的决策机构

中国人民银行实行行长负责制。行长领导中国人民银行的工作，副行长协助行长工作。中国人民银行行长的人选，根据国务院总理的提名，由全国人民代表大会决定；全国人民代表大会闭会期间，由全国人民代表大会常务委员会决定，由中华人民共和国主席任免。中国人民银行副行长由国务院总理任免。根据《中国人民银行法》，中国人民银行设立货币政策委员会。货币政策委员会的职责、组织和工作程序由国务院规定，报全国人民代表大会常务委员会备案。货币政策委员会于 1997 年 7 月成立。根据 1997 年 4 月 5 日国务院发布的《中国人民银行货币政策委员会条例》，货币政策委员会是中国人民银行制定货币政的咨询议事机构,其职责是,在综合分析宏观经济形势的基础上,依据国家宏观调控目标,讨论货币政策的制定和调整、一定时期内的货币政策目标、货币政策工具的运用、有关货币政策的重要措施、货币政策与其他宏观经济政策的协调等涉及货币政策的重大事项,并提出建议。

(二) 中国人民银行的内部职能机构

中国人民银行总行设置司局级职能机构多个,在行长及副行长领导下,执行各自的具体职能。随着金融体制改革的深化和金融事业的发展,内部机构的设置也不断地进行调整。目前所设的机构主要有:办公厅、货币政策司、金融市场司、调查统计司、会计财务司、支付结算司、科技司、国际司、内审司、国库局、金融稳定局、反洗钱局、金融研究局等。

(三) 中国人民银行的分支机构

1998 年前,中国人民银行分支机构的设置由于受计划经济体制的制约,很长的时间里都是按行政区划设立,形成了省、地(市)、县三级分支机构的体制。1998 年,中国人民银行对一级分行的设置进行了调整,由原来按行政区划设置改为按经济区划设置,全国共设 9 家一级分行。如今,中国人民银行共下设上海总部、8 家一级分行、2 个管理部以及 20 家中心支行(原上海大区改为上海总部)。

第三节 中央银行与政府的关系

中央银行作为政府的银行,一方面为政府提供服务并一定程度上受制于政府;另一方面也应对政府保持相对的独立性,以更有效地发挥其职能。中央银行的独立性主要体现在其履行自身职责时法律赋予或实际拥有的权力、决策与行动的自主程度上。中央银行的独立性问题也具体反映在其与政府的关系上。

一、中央银行与政府关系的内涵

(一) 中央银行与政府有着共同的使命

中央银行作为国家制度的一个组成部分,与政府有着共同的使命,集中表现在中央银行的货币政策目标与政府的经济发展目标有着高度的一致性,货币政策目标的制定与实施在原则上应服从国家的经济发展目标。政府为实现经济发展目标制定了许多政策,包括产业政策、外贸政策、物价政策、货币政策、收入政策等,各项政策的相互协调是实现经济发展的保证。中央银行在制定货币政策时,必须服从国家发展经济的大政方针。各种政策之间的协调性决定了中央银行与政府负有共同的使命。

（二）政府对中央银行的控制与管理

中央银行是国家制度的组成部分,其职责是为国家利益服务。中央银行必须在行政上和法律上接受政府的控制与管理。这种控制与管理主要表现在：①政府拥有中央银行最高权力机构成员和领导人的提名权或任命权。政府通过掌握中央银行最高权力机构成员的任命权或提名权来直接影响中央银行的工作倾向。②法定的责任关系。目前,世界上大多数国家中央银行是向政府负责的,如英国、意大利、法国、中国等,但在美国、德国和日本等国,中央银行是向国会负责的。③政府派代表参与中央银行最高决策机构。政府代表的存在,不仅能够充分地阐释政府的政策,沟通中央银行与政府间的信息,而且在必要时,还能提醒中央银行注意当前政治形势对金融政策的迫切要求,避免中央银行因过分注意技术问题而忽略或误解某些政治的、社会的现象可能带来的不良后果。

（三）中央银行与财政部的关系

中央银行与财政部同属政府机构,但两者之间的行政关系在各国不尽相同。大致有三种情况：①中央银行从属于财政部,如英国、比利时等国的中央银行,这些国家的法律明确规定,财政部拥有对中央银行广泛的指示权；②中央银行归一个以财政部为首的决策机构领导,如法国、意大利等国的中央银行；③中央银行与财政部平行,直接接受政府领导,如中国人民银行；④中央银行独立于政府之外,直接向国会负责,如美国、德国、日本等国的中央银行。

二、中央银行的独立性

在中央银行与政府的关系中,最基本、最重要的问题之一就是中央银行的独立性,即中央银行在多大程度上受制于政府。

（一）中央银行的相对独立性

现代中央银行的独立性,不是指中央银行完全独立于政府之外,不受政府约束,或凌驾于政府之上,而是指中央银行在政府或国家权力机构的控制和影响下的独立性,即指中央银行在国家权力机构或政府的干预和指导下,根据一定时期内国家总体社会经济发展目标,独立制定和执行货币金融政策。

（二）中央银行保持相对独立性的原因

1. 避免经济发生政治周期性波动

西方国家的政府在大选之前,中央银行容易受到政治压力的干扰,使货币政策偏离原定目标，经济出现波动。在战争时期，政府有可能滥用货币发行权。如果中央银行具有很强的独立性，就可以避免这类政治动荡对货币政策的干扰。

2. 避免财政赤字货币化

所谓财政赤字货币化是指当政府出现巨额财政赤字时，中央银行被迫采用直接对政府贷款或透支的办法来弥补赤字，或通过调低市场利率，降低财政在金融市场上发行债券筹措资金的成本，其结果必然是赤字与通货膨胀之间的恶性循环。

3. 为了适应中央银行特殊业务地位的需要

中央银行既不是纯粹的行政机关，也不同于一般的国有化企业，它的业务具有很强的特殊性。中央银行是在开展业务的过程中执行调节信用、调节货币的职能。

（三）中央银行独立性的主要内容

中央银行的独立性主要表现在目标独立性和操作独立性两个方面。尽管各国在经济、政治、文化上存在一定的差异，但一般来说，中央银行的独立性都包括以下内容。

1. 建立独立的货币发行制度，维持货币币值的稳定

独立的货币发行制度包括货币发行权高度集中于中央银行，而不允许任何形式的多头发行；货币发行应坚持经济发行的原则，以保证货币发行量与实体经济的需要相适应。

2. 独立地制定或执行货币金融政策

中央银行在制定货币政策时，要充分考虑国家宏观经济政策的意图和目标要求，但在货币政策的执行过程中，必须保持独立性，不轻易受各级政府和部门的干预。如果中央银行的货币政策在制定和执行时与政府发生分歧，政府应充分尊重中央银行的经验和意见，尽可能采取相互尊重、平等对话的方式解决分歧。

3. 独立管理和控制整个金融体系

中央银行应在国家法律的授权和保障下，独立地行使对金融机构和金融市场的管理权、控制权和制裁权，完整地行使监督管理职能。

【要点回顾】

1. 中央银行的产生经历了一个漫长的过程，其主要标志是 1694 年英格兰银

行的建立和1913年美国联邦储备体系的建立。其中，英格兰银行在世界中央银行发展史上具有里程碑的作用。第二次世界大战后，中央银行制度得到了强化。

2. 中央银行是代表国家管理金融的政府机关，作为一个特殊的金融机构，其特殊性主要表现在它是一国金融管理的核心，不以营利为目的，对存款不支付利息，以政府、银行及其他金融机构为特定的业务对象，不在国外设立分支机构等方面。中央银行基本职能是：发行的银行、政府的银行、银行的银行、管理金融的银行。

3. 中央银行的组织形式因各国政治、经济、文化等方面存在的差异而划分为四种：单一型中央银行制、复合型中央银行制、准中央银行制和跨国中央银行制。

4. 中央银行的独立性是中央银行与政府关系的重要内容，中央银行的独立性只是相对的，而非凌驾于政府之上。中央银行保持相对独立性的目的是避免经济发生政治周期性波动，避免财政赤字货币化现象的产生，也是中央银行特殊业务性质及执行特定职能的需要。中央银行独立性的主要内容是：建立独立的货币发行制度，维持货币币值的稳定；独立地制定或执行货币金融政策；独立地管理和控制整个金融体系与金融市场。

【复习题】

1. （单选题）下列体现中央银行"银行的银行"的职能的是（　　）。
   A. 代理国库　　　　　　　　B. 对政府提供信贷
   C. 发行货币　　　　　　　　D. 集中保管商业银行的准备金
2. （单选题）中央银行制度的形成是以（　　）的建立为标志的。
   A. 美联储　　　　　　　　　B. 瑞典银行
   C. 英格兰银行　　　　　　　D. 户部银行
3. （多选题）中央银行的独立性体现在（　　）。
   A. 独立地制定或执行货币金融政策　B. 建立独立的货币发行制度
   C. 绝对独立，凌驾于政府之上　　　D. 独立管理和控制整个金融体系

第七章

货币政策

【本章要点】

1. 熟悉货币政策的最终目标、中介目标和操作目标，熟悉金融创新对货币政策中介目标的影响；
2. 熟悉中国人民银行货币政策中介目标的选择；
3. 熟悉一般性货币政策工具；
4. 了解选择性货币政策工具和其他货币政策工具；
5. 熟悉非常规货币政策工具；
6. 熟悉中国人民银行的货币政策工具；
7. 熟悉货币政策的传导路径；
8. 掌握货币政策的有效性的评价。

货币政策是中央银行为实现特定的经济目标而采取的各种控制和调节货币供给量、利率和信用条件的方针、措施的总和。从中央银行决策程序和政策工具操作的过程来看，构成货币政策基本要素的是货币政策目标和货币政策工具。货币政策目标包括最终目标、中介目标和操作目标；货币政策工具包括一般性货币政策工具、选择性货币政策工具和非常规货币政策工具等。一个完整的货币政策体系，不仅包括货币政策目标体系和货币政策工具体系，还包括货币政策的传导机制和货币政策效应等问题。

第一节 货币政策的目标

一、货币政策的最终目标

货币政策最终目标是一国货币当局（一般为中央银行）采取调节货币、利率和信用等金融变量在一段较长的时间内所要达到的目的,它基本上与一国宏观经济目标相一致。货币政策所要达到的最终目标一般来说有四个:稳定物价、充分就业、经济增长和平衡国际收支。

(一)稳定物价

稳定物价就是设法使一般物价水平在短期内不发生显著的波动,其实质是稳定币值。这里的物价水平是指一般物价水平。由于现实生活中各种因素的影响,价格机制的自动调节功能往往会被扭曲,这种相对价格体系的变动,在一定时期也会引起一般物价水平的变动。从各国的情况来看,衡量一般物价水平变动的指标通常有三个:国民生产总值平减指数、消费物价指数和批发物价指数。三种指标包含的商品和劳务的范围不同,反映的物价变化也都有一定的局限性,但长期来看它们在变动趋势上是一致的。由于消费物价指数 CPI 是按照月频公布的指标,而受季节性变动和短期外部冲击影响较大的食品和原油等消费品在其中所占权重较高,各国央行纷纷采用核心通货膨胀率,即扣除食品和原油等消费品的 CPI 作为通货膨胀重要参考指标,以避免中央银行在盯住物价时做出过于频繁的操作,甚至做出错误的判断。

一般而言,物价稳定是相对的。从历史经验来看,长期内物价水平呈上涨的趋势,但在某一特定时期,也会出现物价不断下降的情况。相比较而言,物价的持续下降(通货紧缩)对经济增长的不利影响要大于物价上涨。因此,大多数经济学家都认为,保持一定的物价上涨将有利于经济增长。但对于物价上涨的幅度则需视不同国家特定历史时期的情况而定。

(二)充分就业

所谓充分就业,就是要保持一个较高的、较稳定的社会就业水平。经济学意义上的充分就业,是指社会上所有的资源都被充分利用。但要测定各种经济资源的利用程度非常困难,故一般以劳动力的就业程度为标准,即以失业率指标来衡量劳动力的就业程度。充分就业通常是指凡有能力并自愿参加工作者,都能在较合理的条件下找到适当工作的社会状态。但因为还存在自愿失业(劳动力不愿意接受现行的工资水平而造成的失业),所以只要消除了非自愿性失业(劳动者愿意接受现行的工资条件和工作条件,仍然找不到工作),社会就实现了充分就业。通常认为实现充分就业的失业率为 3%~5%。

(三)经济增长

所谓经济增长,是指一国或一个地区内商品和劳务及生产能力的增长,也就是指国民生产总值的增长必须保持合理的、较高的速度。目前,各国衡量经济增长的指标主要有：国民生产总值增长率、国民收入增长率、人均国民生产总值和人均国民收入增长率。前两个指标主要反映经济增长的总规模和经济实力状况，后两个指标则反映经济增长带给一个国家或地区的富裕程度。中央银行的货币政策以经济增长为目标，指的是中央银行在接受既定目标的前提下，通过货币政策操作，对这一目标的实现加以影响。

（四）平衡国际收支

国际收支平衡是指一定时期内（通常指一年内），一国对其他国家或地区的全部货币收支持平。作为货币政策目标的平衡国际收支，就是中央银行采取各种措施，纠正国际收支差额，使之趋于平衡。在现实操作中，平衡国际收支是一个不容易确定的目标，从全世界来看，一些国家的盈余意味着另一些国家的赤字，每个国家都要在国际收支平衡表上实现盈余是绝对不可能的。经济学家普遍认为，国际收支平衡不是绝对和静态的平衡，而是一种相对和动态的平衡。

（五）货币政策最终目标之间的关系

尽管货币政策所明确的最终目标有四个，但对任何一个国家的中央银行来说，通常不能同时兼顾数个最终目标，货币政策目标间更多地表现为相互冲突。这些冲突主要表现为，稳定物价与充分就业的冲突，稳定物价与国际收支平衡的冲突，经济增长与国际收支平衡的冲突，稳定物价同经济增长之间的冲突，金融稳定与其他目标的冲突。

1. 稳定物价与充分就业的冲突

著名的菲利普斯曲线（Phillips Curve）对稳定物价与充分就业间的冲突作了最直观的描述。菲利普斯（Phillips，1958）根据1861~1957年英国货币工资变化率与失业的一种经验关系，假设工资通货膨胀与价格通货膨胀之间存在着密切的联系，得出了通货膨胀与失业之间存在着替换关系的结论。这样，货币政策在稳定物价与充分就业之间就陷入两者不能兼顾的境地。作为中央银行的货币政策目标，既不可能选择失业率较高的物价稳定，也不可能选择通货膨胀率较高的充分就业，只能在充分估计通货膨胀与失业之间相对成本的基础上，在两者之间选择某种"最佳"组合。

2. 稳定物价和国际收支平衡的冲突

在任何一个开放型经济中，其经济状况通常都带有国际化的特征。一个国家的中央银行要想同时实现稳定国内物价和平衡国际收支这两大目标难免会存在矛盾。一般来说，若国内物价上涨，会使外国商品的价格相对降低，将导致本国输出减少，输入增加，国际收支恶化；若本国维持物价稳定，而外国发生通货膨胀,则本国输出增加,输入减少,结果就会发生贸易顺差。因此,只有全球都维持大致相同的物价水平,物价稳定才能与国际收支平衡同时并存。在国际经济关系日益复杂、世界经济发展极不平衡的现实社会里,这两个条件同时并存是不可能的。稳定国内物价与国际收支平衡的目标也可能相悖而行。

3. 经济增长与国际收支平衡的冲突

在正常情况下,随着国内经济的增长,国民收入增加以及支付能力的增强,通常会增加对进口品的需要,此时,如果出口贸易不能随进口贸易的增加而增加,就会使贸易收支情况恶化,发生贸易逆差。尽管有时由于经济繁荣而吸收若干外国资本,这种外资的注入可以在一定程度上弥补贸易逆差造成的国际收支失衡,但并不一定就能确保经济增长与国际收支平衡的齐头并进。在国际收支逆差的情况下,货币当局通常压抑国内有效需求,其结果可能消除逆差,但同时也带来经济衰退。面对经济衰退,货币当局又通常采取扩张性货币政策,其结果可能刺激经济增长,但也有可能因输入增加导致国际收支逆差。

4. 稳定物价与经济增长的冲突

在信用货币条件下,经济增长往往伴随着物价的上涨。原因在于,货币作为经济增长的先导和第一推动力,在货币流通速度基本稳定的情况下,货币供给的数量若偏多,势必刺激物价上涨。在政府刻意追求增长速度,有意无意地以通货膨胀为手段来促进经济增长时,有可能出现这样一种情况,为刺激经济增长提供超额的货币供给,超额的货币供给量可能带来物价的上涨与币值的下跌,进而引发经济增长与稳定币值二者的冲突。

如何在这些相互冲突的矛盾中,做出最适当的抉择,是当代各国货币管理当局所面临的最大难题。第二次世界大战以后,西方各国中央银行根据本国的具体情况,在不同的时期对货币政策多个目标的选择有着不同的侧重点,而在进入20世纪90年代后则发生了很大的变化,主要发达国家均以稳定货币币值和反通货膨胀为最重要的货币政策目标。这说明,在货币政策目标体系中,稳定货币、稳定物价始终是中央银行货币政策最终目标的基础。

1995年我国颁布《中华人民共和国中国人民银行法》,该法律中明确规定,中国人民银行的货币政策目标是"保持货币币值稳定,并以此促进经济增长"。很显然,该法把保持币值稳定作为货币政策的首要目标,强调了只有保持货币币值的稳定,才能使国民经济持续、稳定、快速、健康的发展。同时,它也规定了中国人民银行稳定货币的目的是促进经济增长。20多年来,中国人民银行一直将币值稳定作为制定和执行货币政策的首要目标,并以此促进经济增长。

但从我国货币政策执行的情况来看，由于我国是发展中大国，经济发展面临着多重任务，使得货币政策目标不得不根据不同时期经济发展的重点在币值稳定、经济增长、充分就业和国际收支平衡四大目标之间进行权衡。近年来，随着国内金融市场上金融创新的发展，以及我国经济和金融国际化程度的加深，防范局部和系统性金融风险的压力日益加大；与此同时，在我国经济由高速增长转向中高质量增长的经济新常态下，调整经济结构，实现经济的内生增长已成为当前和今后一段时期内我国宏观经济调控的主要目标和任务。因此，中央银行的货币政策在确保币值稳定的前提下，还需要兼顾经济增长、充分就业、国际收支平衡、金融稳定和结构调整等多重目标。

二、货币政策的中介目标和操作目标

货币政策的最终目标是一个长期目标，必须通过货币政策工具的运用在较长时期内才能实现，且需要长时间的观察和调整。从货币政策工具的实施，到货币政策最终目标的实现，中间需要能够运用于日常操作的，并能直接控制的指标作为中介，通过它们的变化传导政策工具的作用，实现最终目标的要求。其中，操作目标是接近中央银行政策工具的金融变量，它直接受政策工具的影响，其特点是中央银行能够对它进行控制，但它与最终目标的因果关系不大稳定。中介目标是距离政策工具较远，但接近于最终目标的金融变量，其特点是中央银行不容易对它进行控制，但它与最终目标间的因果关系比较稳定。

（一）中介目标和操作目标的选择标准

要使中介目标和操作目标能有效地反映货币政策的效果，从技术上考虑，其变量指标在传统上必须具备三个标准：①可测性，即充当中介目标和操作目标的金融变量必须具有明确而合理的内涵和外延，其指标必须能够数量化，且数据容易获得，短期内能够经常汇集，从而使中央银行能迅速而准确地获得有关变量指标的资料数据并做出分析和判断；②可控性，指中央银行通过各种货币政策工具的运用，能较准确、及时、有效地对该金融变量进行控制和调节，即能较准确地控制该金融变量的变动状况及变动趋势；③相关性，指中央银行选择的中介目标必须与货币政策最终目标有极为密切的联系。它们可以是正相关，也可以是负相关，但相关性越高越好。

（二）充当中介目标的变量

根据上述标准，可用作中介目标的金融变量主要有：货币供应量、贷款规模、长期利率和汇率等。由于它们发挥中介目标的作用机理和特点有差异，学术界和实务界将其概括为数量型和价格型两大类货币政策中介目标。

1. 数量型货币政策中介目标

（1）货币供应量。以货币供应量作为货币政策的中介目标其优势在于：①货币供应量有明确的内涵和外延的规定，中央银行对其中的基础货币基本上可以直接控制，对货币乘数可间接影响。因此，货币供应量的可测性和可控性都比较强；②货币供应量与最终目标的相关性明确。无论作为经济变量，还是政策变量，其变动与经济周期均是顺循环。货币供应量作为内生的经济变量，在经济增长较快时，银行体系会自动减少剩余储备，增加贷款规模，从而使货币供应量增加。反之，在经济不景气时，银行体系为了资金的安全，会增加剩余储备，缩减贷款规模，使货币供应量减少。货币供应量作为政策变量，它与社会总需求正相关。由于货币流通速度在短期内相对稳定，故货币供应量增加，社会总需求增加，货币供应量减少，社会总需求也减少；③货币供应量的变动与货币政策有着紧密的联系，能直接反映货币政策的导向。货币供应量增加时，表示货币政策宽松；反之，则表示货币政策紧缩。

中央银行在以货币供应量作为中介目标时，必须在不同层次的货币供应量系列中选择一个或几个指标加以控制。各国中央银行在不同的历史时期选择哪个层次的货币供应量作为货币政策中间目标变量并非一成不变。如美国，最初M_1是其制定货币政策的主要依据，但随着金融创新的迅猛发展，新型金融工具的大量涌现，不同层次的货币供应量内涵发生了较大的变化，其基本趋势是狭义货币供应量增长缓慢，而广义货币供应量增长迅速，而且，新型金融工具既有交易性特点又有投资性特点，使得货币与其他金融资产之间的区别日趋模糊。作为衡量交易手段指标的M_1已逐渐把带有明显储蓄特色的有息存款包括在内，从而加剧了其自身的不稳定性。因而，联邦储备系统同时把M_1、M_2和M_3和国内信贷总额作为货币政策的中间目标。

（2）贷款规模。贷款规模又称信贷规模，指银行体系对社会大众和各经济单位的贷款总额。贷款规模作为中介指标的优点：①与最终目标有一定的相关性，特别是在发展程度较低的金融市场中，中央银行可以通过控制贷款规模来控制货币供应量。②贷款规模的数据易获取，其作为中介指标具有较好的可测性。③中央银行对银行的信贷规模有良好的控制力，可以通过行政手段直接限制贷款规模的增长，进而实现货币政策的调控目的。但以信贷规模作为中介目标没有被广泛使用，是因为其存在以下三个缺点：①在市场发展程度较高时，除了贷款以外，还有多种融资渠道，贷款规模与最终目标的相关性被削弱。②中央银行对信贷规模的控制主要通过行政手段而非经济手段，不利于发挥市场机制的作用。③贷款的规模和结构均难以准确确定。

基于上述特点，该指标通常在计划性较强、金融市场不发达的国家使用。在发达的市场经济下，信贷量往往只作为非常时期的非常手段。例如，美国在第二次世界大战期间、1948年到1949年、1950年到1952年和1980年等极短时期内使用过信贷规模控制。我国在经济改革以前和改革初期也使用过贷款规模作为中介目标。由于金融市场发展程度低，企业融资渠道单一，控制信贷规模就能够达到控制货币供应量的目的。随着金融市场的逐步完善，金融创新的发展，企业融资渠道也日益多元化，控制信贷规模的效果有所减弱。并且为了控制贷款规模往往需要采取行政手段，这也越来越与社会主义市场经济体制相排斥。最终，中国人民银行于1988年1月取消贷款规模的指令性计划控制。

2. 价格型货币政策中介目标

（1）长期利率。以长期利率作为货币政策的中介目标，其优点在于：①关于利率的资料易于获得并能够经常汇集，中央银行在任何时候都可以观察到资本市场上的利率水平和结构，并及时进行分析。②中央银行对利率有着间接的调控权。中央银行只要借助公开市场业务的作用来影响商业银行准备金数量及商业银行的信用创造，便可自动地影响短期利率，并引起长期利率的追随性变动，以达到对长期利率的控制。③利率不但能够反映货币与信用的供给状况，而且能够反映供给与需求的相对变化。利率的变化与经济周期变化有着密切关系，当经济处于萧条阶段，利率呈下降趋势；当经济转向复苏以至高涨时，利率则趋于上升。因此，利率可作为观测经济波动状况的一个尺度。

不过在现实生活中，利率作为货币政策的中介目标存在以下几方面的缺点：①中央银行所能调控的只是名义利率。在通货膨胀条件下，名义利率变动与实际利率变动的背离，使中央银行的利率调控具有一定的局限性。②由于影响利率变动的因素很多，利率变动与货币供应以及货币政策间的关系不是十分密切。例如，预期经济衰退，会引起对真实资产需求的减少，从而对贷款的需求也减少。此时，即使借贷资本的供给不变，其利率也会降低，这不能认为是宽松货币政策的结果。又如，若公众预期通货膨胀会加剧，增加对实物资产的购买，减少对金融资产的需求，借贷资本供给量减少，其他条件不变，则会导致借贷利率提高，这也不能认为是从紧的货币政策的结果。③由于利率自身既是一个经济变量，也是一个政策变量，以利率作为中介目标常使政策性效果与非政策性效果混杂在一起，难以分辨，从而使中央银行无法确定政策是否奏效，并容易造成错误的判断。

（2）汇率。以汇率作为货币政策的中介目标有着悠久的历史。基本做法是使本币盯住某一种商品，例如黄金，也可以盯住一个较大的低通货膨胀国家的货币。以汇率作为中介目标的优点：①它能够固定住国际贸易产品的价格水平，从而直接有助于保持整体价格水平的稳定。②如果汇率盯住的承诺是可靠的，它可将本国的通货膨胀预期盯住目标国的通货膨胀水平，不至于产生失控的通货膨胀预期，也降低了出现通货紧缩的可能性。③固定汇率减少了经济生活中的不确定性，降低了本国国际经济活动的成本。④在维持固定汇率的压力下，货币当局会相对审慎地制定货币政策，以实现汇率盯住的承诺。由于这些优点，汇率曾被许多国家作为货币政策的中介目标以保持物价稳定和促进经济增长。例如，法国和英国分别在 1987 年和 1990 年通过将本币盯住德国马克而成功地降低了本国的通货膨胀率。阿根廷也在 1991 年建立了货币公告制度，要求中央银行随时无限制地以 1∶1 的比率为公众兑换美元和新比索，从而成功地将高达 1000% 的恶性通货膨胀（1989，1990）迅速降低到 5% 以下（1994）。

以汇率作为中介目标存在以下局限性：①在开放的资本市场条件下，固定汇率使得盯住国丧失了实施独立货币政策的机会，使其无法运用货币政策对那些来自于国内的、独立于目标国需求和供给的冲击做出必要的回应。②目标国的经济波动将直接传导到盯住国，因为目标国的利率变动将迫使盯住国利率进行相应性变动。③在开放资本市场条件下，固定汇率制使得本国货币更容易受到投机基金的攻击。例如，1992 年盯住德国马克的欧洲国家和 1997 年盯住美元的泰国，投机基金对这些国家的货币发动攻势，以迫使中央银行放弃对固定汇率的承诺，使货币贬值，从中渔利。对于新兴市场经济国家而言，由于大量外币债券的存在、金融体制的不完善以及中央银行缺乏经验，一旦固定汇率被投机者击溃，将会给本国经济带来灾难性的后果。因此在 1997 年的东南亚金融危机以后，以汇率为中介目标的做法受到了批评。在此背景下，各国也纷纷放弃了固定汇率，转而寻求其他的中介目标变量。

（三）充当操作目标的变量

由于操作目标与中央银行的调节手段距离甚近，可控性极强，当货币政策总目标确定后，操作目标就成为中央银行操作调控工具的直接对象和掌握调控力度的观测指标。中央银行可选择的操作目标主要有：短期利率、存款准备金和基础货币。

1. 短期利率

货币政策时常运用的短期市场利率是银行同业拆借利率。中央银行随时可在货币市场上观察到短期利率的水平,然后通过公开市场操作和再贴现率影响短期利率的水平和结构。例如,出于成本的考虑,银行和金融机构一般会对再贴现率与基准利率之间的差额做出反应。中央银行在公开市场上出售证券,必然会减少银行超额准备金,从而导致同业拆借利率提高,迫使银行降低其借入中央银行资金的意愿。这又会对银行的信用规模产生影响,并引起长期利率的追随性变动。然而,与长期利率作为中间目标一样,短期利率也并非理想的操作变量,它易受通货膨胀、市场供求以及心理预期等非货币政策因素的影响,尤其是通货膨胀的影响。

2. 基础货币

基础货币(Monetary Base)指银行存款准备金总量和流通中通货的总和。作为操作目标,基础货币具有较强的适用性:从可测性来看,基础货币表现为中央银行的负债,其数额多少随时在中央银行的资产负债表上反映出来,中央银行很容易掌握这些资料。从可控性来看,基础货币中的存款准备金总量取决于中央银行的再贴现、法定存款准备金比率以及公开市场业务等工具的操作,中央银行有较强的控制力。从抗干扰性来看,基础货币的影响因素主要来自中央银行自身的行为,如中央银行对政府和金融机构的债权变动、对国外净资产买卖等,因此基础货币受非政策因素影响少,能较好地传递和反映货币政策的作用。从相关性来看,货币供应量是基础货币与货币乘数的乘积,因此,基础货币与货币供应量呈明显的正相关。当然,货币供应量与基础货币之间存在着稳定的倍数关系只是一种理论上的抽象。现代研究表明,货币乘数并非一个常数,它受诸多因素的影响,而且其波动幅度不稳定。

三、金融创新对货币政策中介目标的影响

金融创新使所有可以充当中介目标的金融变量都偏离了中介目标的基本要求,即与中介目标所要求的可测性、可控性和相关性的标准发生偏离。

(一)金融创新降低了中介目标的可测性

金融创新模糊了可作为中介目标的金融变量的定义或含义,并使中央银行越来越难以观察、监测和分析,其主要表现为金融创新使货币总量的定义模糊。一方面,货币形态的多样化使传统货币概念发生了根本的改变,货币变得难以把握;另一方面,金融创新使各种金融资产的流动性发生了很大的变化,使以流动性强弱为标准的划分信用货币层次的方法难以清晰地划分货币与非货币的

界线。尤其是电子货币的兴起,使得货币形态在电子货币与活期存款、定期储蓄,甚至证券买卖之间的能够迅速、便捷地转移,金融资产之间的替代性加大,各层次货币的定义和计量变得十分困难和复杂。中央银行即使花费大量的精力试图严格界定货币的定义和划分层次,也会因层出不穷的金融创新降低这种努力的效果。

(二)金融创新降低了中介目标的可控性

金融创新使各种可充当中介目标的金融变量的内生性越来越强,与货币政策工具之间的联系变得日益松散和不稳定。以货币供应量指标为例,金融创新一方面增加了货币供应的主体,加大了货币乘数,但也使之复杂多变,增强了货币供应的内生性,中央银行对货币供应量的可控性大为削弱。再例如利率指标,金融创新使市场信息的传递十分灵敏充分,利率的决定更为复杂,内生性也进一步加强。中央银行运用货币政策工具所能影响的几种短期利率和名义利率在市场利率体系形成中的作用下降,使中央银行对利率的可控性大为下降。

(三)金融创新削弱了中介指标的相关性

金融创新使可作为中介指标的金融变量与货币政策最终目标间的关系变得松散和不稳定。例如,由于货币需求不稳定,即使货币供应量达到了中介指标也不一定能实现稳定货币的最终目标;金融创新使货币需求利率弹性下降,使利率对货币需求的作用力减弱,而创新所带来的储蓄和投资实际收益的提高,使中央银行所能控制的名义利率对投资的影响力下降。这些都使得中央银行调控最终目标的效力下降。

四、中国人民银行货币政策中介目标的选择

中国人民银行货币政策中介目标是随着我国宏观经济环境和金融市场发展而不断调整变化的。自1983年中国人民银行履行中央银行职能以来,在不同的经济发展阶段,中国人民银行先后采用了再贷款计划、货币供应量、信贷规模、社会融资总规模和利率等指标作为货币政策的中介目标。

(一)货币供应量

1995年,中国人民银行首次将货币供应量列为货币政策的控制目标之一,当时其具体操作指标是现金和活期存款(M_0和M_1)。随后,随着中国金融市场的发展和金融创新工具的不断出现,中国人民银行调控货币供应量的重点逐渐转向M_2。

1. 现金控制

20世纪90年代，中国信用经济尚处于初始阶段，信用形式及信用流通工具比较单一，货币乘数意义较小（即商业银行派生存款货币的能力不如西方国家的商业银行），现金在基础货币中占的比重较大，所以，中国人民银行的现金发行和管理使用指令性计划。由于现金的可控性较差，流通中现金的变化并不能完全反映一般货币流通的变化，因此还需要对其他指标进行监控。

2. 货币供应量

20世纪90年代中期，中国人民银行对货币供应量控制的重点是现金和活期存款（M_1）。由于活期存款主要是企业在银行的结算账户存款和机关团体存款，是生产资料市场购买力的主要媒介手段，因此，单位活期存款水平的高低与生产资料价格水平密切相关，控制住 M_1，就能对消费物价和生产资料价格施加影响。20世纪90年代后期及21世纪初，随着中国金融市场发展和各种新的金融创新工具的出现，M_1 与货币政策最终目标之间的关联性日益减弱，中国人民银行不得不将货币供应量的调控重点从 M_1 转到 M_2，以有利于中长期货币政策的制定。

（二）利率

1996年以前，在计划经济向市场经济转型的过程中，由于金融市场建设处于起步阶段，要素市场不完善，市场主体缺乏基本的定价、自我约束和风险管理能力，我国各类利率及其变动由中央银行的利率政策直接决定。随着金融市场体系建设步伐的加快，金融市场主体自我约束和风险管理能力的加强，我国于1996年开始推进利率市场化改革的进程。本着"先外币、后本币，先贷款、后存款，先长期/大额、后短期/小额"的渐进式改革路径，截至2015年，我国先完成了放开同业拆借利率上限、贷款利率下限、一年期存款利率上限等利率市场化改革，初步建立了以上海同业拆借利率（SHIBOR）为代表的短期市场基准利率和以国债收益率曲线为代表的中长期市场基准利率，并通过创新存贷款替代产品，大力发展金融市场，逐步夯实了市场化利率的形成基础。在利率市场化的过程中，中国人民银行对货币政策中介目标的调控也逐渐由原有的货币供应量、社会融资规模等数量型指标向中期利率这一价格型指标转变。目前，中国人民银行正积极探索建立以常备借贷便利利率为上限的利率走廊调控模式，以完善利率市场化下的基准利率调控机制。

（三）社会融资规模

社会融资规模是全面反映金融与经济关系，以及金融对实体经济资金支持的总量指标。社会融资规模是指一定时期内（每月、每季或每年）实体经济从金融体系获得的全部资金总额，是增量概念。具体地，社会融资规模主要包括人民币贷款、外币贷款、委托贷款、信托贷款、未贴现的银行承兑汇票、企业债券、非金融企业境内股票融资、保险公司赔偿、投资性房地产和其他金融工具融资十项指标。随着我国金融市场发展和金融创新深化，实体经济还会增加新的融资渠道，如私募股权基金、对冲基金等，它们都有可能被计入社会融资规模。

进入 21 世纪以来，随着多层次金融市场的发展和金融创新的深化，传统的以银行信贷为主的间接融资在社会融资中的占比相对下降，而股票、债券等在内的直接融资占比逐渐上升。与此同时，包括信托、保险、基金等非银行金融机构的社会融资呈不断扩大趋势。在此背景下，货币供应的内生性不断增强，作为中国人民银行货币政策中介目标的货币供应量 M_2 的可测性、可控性、相关性和抗干扰性等四性特征逐渐减弱。为此，自 2011 年开始，中国人民银行将社会融资规模作为其货币政策中介目标的观测变量，并定期向社会公布。从公布的社会融资规模内容来看，社会融资规模反映的是整体金融的概念。在金融机构方面，不仅包括银行，而且涵盖证券、信托、保险等非银行金融机构。在金融市场方面，不仅有信贷市场，还包括债券市场、股票市场、保险市场以及中间业务市场等。

社会融资规模与货币政策最终目标的高度相关性不容置疑，但是中央银行对其实施直接操作的可控性很低，除了信贷可控之外，中央银行对于股票和债券等直接融资数量的直接控制力几乎没有，而且社会融资规模各构成内部的乘数关系或机理，至今在理论上还没有找到它们的规律。

（四）信贷规模

长期以来，由于以银行信贷为主的间接金融是我国金融体系的主要特征，且商业银行具有通过信贷自动创造货币的功能，因此，银行信贷是影响我国货币供应量的重要因素之一。在此背景下，中国人民银行在实施货币供应量调控的同时，辅以信贷规模控制。信贷规模是指中央银行对商业银行的信贷投放规模进行数量的规定，它由中央银行根据各银行存款规模、国家经济发展需要、地区平衡等因素权衡，以指令性计划的方式下达。随着我国银行商业化进程的加快，自我融资能力的提高，银行间竞争的加剧，以及资本市场发展下企业融资渠道的多元化，我国中央银行已将信贷规模由指令性计划改为指导性计划。

第二节 货币政策工具

为了实现货币政策目标，中央银行必须要有足够、良好的货币政策工具供其操作。在长期的发展过程中，西方各国中央银行掌握了一套系统的货币政策工具，主要有：一般性货币政策工具、选择性货币政策工具和其他货币政策工具，并在危机中使用了种类繁多的非常规货币政策工具与手段。

一、一般性货币政策工具

一般性货币政策工具是中央银行调控宏观经济的常规手段，它主要是调节货币供应总量、信用量和一般利率水平，因此，又称为数量工具。它包括法定存款准备金机制、再贴现机制和公开市场业务三大政策工具。

（一）法定存款准备金机制

1. 法定存款准备金机制的内涵

法定存款准备金（Reserve Requirement）政策工具的运用是指中央银行在法律规定的权力范围内，通过规定或调整金融机构缴存中央银行的法定存款准备金比率，以改变金融机构的准备金数量和货币扩张乘数，从而达到控制金融机构的信用创造能力和货币供应量的目的。法定存款准备金通常要求金融机构以在中央银行存款和库存现金方式持有。

2. 存款准备金机制的运行

由于中央银行有权随时调整存款准备金率，从而使存款准备金政策发展为各国中央银行调控信用和货币供应量的重要的、有力的工具。在中央银行运作中，通常为适应下面两种情况的需要采用此项政策工具：①当需要大量吸收或补充银行体系的超额准备金时；②需要对货币政策作重大调整时。

货币供应量是基础货币与货币乘数的乘积。法定存款准备金率政策的运行机制在于从两个方面同时调节货币供应量：①通过直接影响商业银行持有超额准备金的数量，从而调节其信用创造能力，间接调控货币供应量。由于法定准备率的变动方向同商业银行现有的超额准备金、市场货币供应量的变动方向成反比，同市场利率的变动成正比。因此，中央银行可以根据经济的繁荣与衰退、银根松紧的情况来调整法定存款准备金率。②通过改变货币乘数，使货币供应量成倍的收缩或扩张，达到调控目的，这是该政策工具的作用重点。法定准备金率的提高或降低引起信用总量、货币供应量成倍的收缩或扩张。

3. 法定存款准备金机制的作用特点和局限性

（1）法定存款准备金比率的调整有很强的告示效应。中央银行调整准备金比率的信息是公开的，并立即影响各商业银行的准备金头寸。因此，准备金比率的调整实际上是中央银行的一种有效宣言。

（2）法定存款准备金比率的调整有强制性的影响。法定存款准备金比率的调整有法律的强制性，一经调整，任何存款性金融机构必须执行。

（3）法定存款准备金比率是货币扩张乘数的重要构成。它的变动幅度直接影响货币扩张的倍数大小，它的调整对货币供应量有显著的影响效果。由于货币乘数的作用，准备金率微小的变动，都会导致货币供应量的巨大变化，其政策效力很强。

（4）法定存款准备金比率的调整缺乏应有的灵活性。因此它不能作为一项日常的调节工具，供中央银行频繁地加以运用。只有当中央银行打算大规模地调整货币供给，法定存款准备金率的改变才是较为理想的方法。

20世纪90年代以来，在世界范围内出现了减少缴纳法定准备金的存款种类和降低法定准备金比率的趋势。例如，美国联邦储备银行在1990年12月和1992年4月取消了定期存款的法定准备金，加拿大1992年4月取消了所有两年期以上定期存款的法定准备金，瑞士、新西兰、澳大利亚的中央银行也已经完全取消了法定准备金。有的国家甚至采用零法定准备金制度，例如，加拿大和墨西哥的中央银行允许商业法定准备金的平均余额围绕零水平波动，当法定准备金存款小于零时，只要有可接受的有价证券作足额抵押即可。出现这种趋势的主要原因有两个：①降低法定存款准备金比率不会导致货币乘数失控，因为现金漏损率和超额准备金比率也是决定货币乘数值的重要因素；②降低法定存款准备金比率可降低商业银行的资金成本，提高其竞争力。

（5）中央银行难以精准确定货币乘数。在派生存款模型中，货币乘数等于基础货币除以存款准备金利率，但是模型的强假设是商业银行必须把全部的可贷资金转化成贷款资产，然后对所有的贷款资产求和并求极限得到货币供应量，才能求出货币乘数。近年来，商业银行的资产结构日趋多样化，贷款资产规模增长出现边际递减，商业银行并不会把全部的可贷资金转化成贷款资产，因此中央银行难以精准地确定货币乘数与货币供应量。与此同时，随着互联网金融以及各种金融创新手段的发展，货币乘数也开始越来越多地受到其他外生变量的影响，中央银行通过货币乘数来控制货币供应量的政策效果在不断减弱，存准率调整政策难以微调的缺陷也日益突出。

（二）再贴现机制

再贴现（Re-discounting）机制是中央银行通过调整再贴现率或再贷款利率，干预和影响市场利率及基础货币投放，从而调节市场货币供应量的一种货币政策工具的运用。再贴现机制是中央银行最早拥有的货币政策工具，在整个 19 世纪和 20 世纪的前 30 年，再贴现曾一度被认为是中央银行的主要工具。

1. 再贴现机制的主要内容

所谓再贴现，是指商业银行或其他金融机构将贴现所得的未到期票据向中央银行转让。对中央银行来说，再贴现是买进商业银行持有的票据，流出的资金是基础货币，在货币乘数作用下会快速扩大货币供应量。广义的再贴现包括再抵押贷款。

由于再贴现机制的实施过程就是中央银行对金融机构办理信用业务的过程，因此，各国中央银行对此项政策工具的内容都有具体的规定。其主要内容包括：规定再贴现票据的种类、再贴现业务的对象、审查商业银行的再贴现申请、监督商业银行如期偿还中央银行的贷款，以及确定并调整再贴现率。

2. 再贴现机制的作用原理

再贴现机制的作用机制是一种利率价格机制，中央银行在调节商业银行信用时，其基本的操作规则是变动商业银行向中央银行融资的成本，以影响其借款意愿，达到扩张或紧缩信用的目的。一般而言，当中央银行实行紧缩性的货币政策，提高再贴现率时，商业银行向中央银行的融资成本上升，商业银行必然要相应提高对企业的贷款利率，从而带动整个市场利率的上涨。这样，借款人就会减少，从而降低商业银行向中央银行借款的积极性，起到紧缩信用，减少货币供应量的作用；相反，当中央银行实行扩张性的货币政策时，则降低再贴现率，刺激商业银行向中央银行借款的积极性，以达到扩张信用，增加货币供应的目的。

3. 再贴现机制的作用与局限性

再贴现机制有以下几方面作用：①作为调节货币供应量的手段，起"变速箱"的作用。再贴现通过影响金融机构的借贷成本和其存款准备金头寸的增减，间接调节货币供应量，其作用过程是渐进的，不像法定存款准备金政策那样猛烈。②对市场利率产生较强的"告示效应"。由于再贴现率预示中央银行对宏观经济和货币政策走势的看法，从而会显著影响金融机构及社会公众的预期。③通过审查再贴现申请时的一些限制条件，设定资金流向，扶持或限制一些产业的发展，达到调整国家产业结构的目的。

再贴现机制的局限性：①在实施再贴现政策过程中，中央银行处于被动等待的地位。商业银行或其他金融机构是否愿意到中央银行申请再贴现或借款，完全由金融机构自己决定；②中央银行调整再贴现率，通常只能影响利率的水平，不能改变利率结构；③由于其较强的告示效应，再贴现工具的弹性较小，它的频繁调整会引起市场利率的经常性波动，使大众和商业银行无所适从，不宜于中央银行灵活地调节市场货币供应量；④商业银行在再贴现过程中，放弃了未来的更高现值收益的票据收入，而在当期向中央银行寻求更低现值的流动性，很容易引起中央银行对其是否经营不善与流动性紧张的警觉，从而导致央行的严厉监管甚至约束相关业务开展。因此，商业银行也不愿意经常使用再贴现政策。近年来，再贴现政策更多地体现出央行窗口指导的信号作用，而在实践中通过再贴现调整流动性的做法已不多见。

（三）公开市场业务

1. 公开市场业务的内涵

公开市场业务（Open Market Operation）是指中央银行在金融市场（债券市场）上公开买卖有价证券（主要是买卖政府证券），用以调节、控制信用和货币供应量的一种政策手段。

2. 公开市场业务的作用机制

公开市场业务的作用机制主要有两种：流动性冲击与预期调整。

（1）流动性冲击。当金融市场上资金短缺时，中央银行通过公开市场业务买进有价证券，这实际上相当于中央银行向社会投入一笔基础货币，在货币乘数作用下引起信用的扩张，货币供应量成倍增加。相反，当金融市场上货币过多时，中央银行就通过公开市场业务卖出有价证券，以达到回笼基础货币，收缩信贷规模，减少货币供应量的目的。中央银行运用公开市场业务这一货币政策工具实施货币政策的依据是银行系统存在一定量的准备金，而准备金的数量和价格决定着银行吸储和放贷的能力，因此，公开市场业务就可以通过银行系统准备金的增减变化而发挥作用。

（2）预期调整。在正常的货币环境下，中央银行的每期公开操作的规模与力度并不大。以中国为例，公开市场操作的规模一般在百亿至千亿数量级之间，这相对于当前逼近两百万亿的商业银行资产负债规模与庞大的影子银行规模而言微不足道，并不会对货币供给曲线造成太大的直接冲击。但是，中央银行的每次公开市场操作都会或多或少地向市场传递宽松或收紧的信号，当市场与投资者接受并认可该信号后，会调整适应性预期，采取与中央银行同方向的投资行为，最终改变货币市场均衡。西方国家在2008年金融危机进入微利率时代后，再贴现的利率信号机制几乎失灵，西方国家央行所采取的"量化宽松"货币政策，其本质属于公开市场业务操作，只不过在操作方式上采取高调宣布、事先确定在市场上固定购买的国债数量的做法，使其在调整基础货币总量的同时放大其告示效应，通过引导社会预期来影响投资者的情绪与行为选择，试图以低成本的方式向实体经济注入资金，促进其发展。

3. 公开市场业务的政策效应及其优点

中央银行公开市场业务活动的政策效应主要有：①调节银行准备金从而影响银行提供信贷的规模；②对直接买卖的证券的价格和收益产生影响，进而影响金融市场上其他证券的价格与收益，调节投资与储蓄；③对政府财政收支的影响，中央银行购买政府债券，就是向政府提供资金融通的方便。

公开市场业务的优点：①中央银行运用这一工具是对金融市场进行"主动出击"而不是"被动等待"，这一点明显优于再贴现政策；②中央银行可以根据每日对金融市场的信息的分析，随时决定买卖证券的种类和规模，不断调整其业务，便于控制业务效果，减轻货币政策实施中给经济带来的波动，这比"一刀切"式地调整法定存款准备率要灵活得多；③具有较高的操作弹性，有利于中央银行进行试探性操作和迅速进行逆向操作。

二、选择性的货币政策工具

三大货币政策工具主要是对信用总量的调节，以控制全社会的货币供应量为目的，属于一般性的总量调节。选择性的货币政策工具和其他货币政策工具是中央银行针对个别部门、企业、领域或特殊用途的信贷而采用的政策工具（也包括对利率期限的引导）。它们主要包括：证券市场信用控制、消费信贷控制、不动产信用控制、直接信用控制、间接信用控制以及借贷便利类货币政策工具等。

（一）证券市场信用控制

证券市场信用控制是指中央银行对使用贷款进行证券交易的活动加以控制。通过规定贷款额占证券交易额的百分比率，来调节或限制对证券市场的放款规模及其交易的活跃程度。在操作中，这种控制措施实际上是对以信用方式购买股票和有价证券的第一次付款额实施限制，也称为证券交易的法定保证金比率（Margin Requirement）控制。中央银行可根据金融市场的状况，随时调高或调低法定保证金比率。当证券市场交易过旺，信用膨胀时，中央银行可提高法定保证金比率，控制货币流入资本市场的数量，遏制过分的投机行为。当证券市场交易萎缩，市场低迷时，中央银行可调低保证金比率，刺激证券市场交易的活跃。

证券交易法定保证金比率的制定，控制了证券市场的最高放款额［最高放款额 =（1 - 法定保证金比率）× 交易总额］，它既能使中央银行遏制过度的证券投机活动，又不贸然采取紧缩和放松货币供应量的政策，有助于避免金融市场的剧烈波动和促进信贷资金的合理运用。

（二）消费信用控制

它是中央银行对不动产以外的各种耐用消费品的销售融资予以控制。这种控制措施的主要内容包括：规定用消费信贷购买各种耐用消费品时首期付款额，分期付款的最长期限以及适合于消费信贷的耐用消费品的种类等。当中央银行提高首期付款额时，就等于降低了最大放款额，势必减少社会对此种商品的需求，而缩短偿还期就增大了每期支付额，也会减少对此类商品和贷款的需求。若要刺激消费信用时，则降低首期付款额。

（三）不动产信用控制

它是中央银行对商业银行或其他金融机构对不动产贷款的额度和分期付款的期限等规定的各种限制性措施，主要包括：规定商业银行不动产贷款的最高限额、最长期限、第一次付款的最低金额和对分期还款的最低金额等，目的在于阻止因房地产及其他不动产交易的投机性导致的信用膨胀。

（四）借贷便利类货币政策工具

借贷便利类是中央银行调节市场流动性特别是向市场提供流动性的一种货币政策手段。由于它以抵押的方式发放，这与中央银行贷款中的再贴现政策有相似之处。但是再贴现政策的操作对象是商业银行持有的商业票据，而借贷便利类政策的操作对象一般是商业银行持有的高信用评级的债券类资产及优质信贷资产等，两者的操作标的对象不尽相同。

借贷便利类货币政策工具的主要特点是：由金融机构主动发起，金融机构可根据自身流动性需求申请；中央银行与金融机构一对一交易，针对性强；交易对手覆盖面广，亦可覆盖存款型金融机构。在发达国家，借贷便利类货币政策工具主要用于在紧急情况下提供流动性，援助陷入暂时性资金短缺的金融机构并稳定市场利率，是其他常规货币政策的有益补充；在新兴市场国家，采用有价证券与优质贷款资产为抵押方式的借贷便利类工具使用频率非常高，是一种被广泛采用的货币政策微调工具㊀。

三、其他货币政策工具

（一）直接信用控制

所谓直接信用控制是指中央银行根据有关法令，对银行系统创造信用的活动施以各种直接的干预。主要的干预措施有信用分配、利率最高限额、流动性比率等。

1. 信用分配

信用分配是指中央银行根据金融市场的状况和客观经济形势，权衡客观经济需要的轻重缓急，对银行系统的信用加以合理分配，限制其最高数量。信用分配一般都发生在发展中国家或发达国家的战争时期。由于这些国家投资需求多，资金来源有限，故不得不对信用采取直接分配的办法。例如，制定一国的产业政策，规定优先提供资金的顺序；或者按资金需求的缓急，将有限的资金分配到最需要的部门；有的国家和地区还采取设立专项信贷基金的办法，保证某领域建设的需要。

2. 利率最高限额

中央银行规定存款性金融机构对定期及储蓄存款所能支付的最高利率。利率最高限的典型的代表是美联储从 1934 年到 1980 年实施的"Q 项条例"，该条例规定了银行各类存款的最高利率。利率最高限额的规定有利于防止金融机构之间为争夺存款的过度竞争，避免造成资金成本过高而使银行风险增大。但是，它本质上属于价格管制，不利于公平竞争，并有保护落后之弊端，特别是在通货膨胀的情况下，它容易导致存款流出银行体系。因此，市场经济成熟的国家已经放弃了利率最高限制的手段。

3. 流动性比率

流动性比率是中央银行为了保障商业银行的支付能力，规定流动资产对存款或总资产的比率。

（二）间接信用控制

间接信用控制是指中央银行采用非直接的控制方法，主要有道义劝告、窗口指导以及央行沟通等。

㊀ 我国目前使用的借贷便利类货币政策工具主要为常备借贷便利（SLF）与中期借贷便利（MLF）。

1. 道义劝告和窗口指导

道义劝告（Moral Suasion）是指中央银行运用自己在金融体系的特殊地位和威望，通过对商业银行及其他金融机构的劝告（常以书面通告、指示或口头通知，甚至与金融机构的负责人面谈等形式向商业银行通报经济形势），影响其放款的数量和投资的方向，以达到控制信用的目的。道义劝告的政策效果表现在，可以避免强制性信用控制所带来的逆反心理，有利于加强中央银行与商业银行及各金融机构间的长期密切合作关系。但它不具有法律效力，因而不是强有力的控制手段。

窗口指导的内容与道义劝告基本类似，这个名词最早在 20 世纪 50 年代产生于日本中央银行，也是央行利用自己的权威性，对商业银行的信贷政策给予非强制性指导。目前世界各国更普遍使用道义劝告这个专业术语。

道义劝告和窗口指导的优点是较为灵活，但要发挥政策工具的作用，中央银行必须在金融体系中具有较强的地位、较高的威望和拥有控制信用的足够的权力和手段。

2. 中央银行沟通

中央银行沟通是指央行通过各种方式向社会公众解释货币政策含义，从而向公众传递货币政策信息与宏观调控信息的行为，目的是尽量使投资者与市场参与者减少对货币政策目标的认知偏离。受到理性预期理论的影响，20 世纪 90 年代之前，多数国家的中央银行在货币政策实践中秉持"神秘主义"的操作风格。但随着经济理论的发展，经济学家们开始意识到，在经济主体对经济运行结果和经济运行过程存在不完全认知的前提下，货币政策透明度对于促进经济主体的学习过程、稳定和引导公众的通胀预期，进而提高货币政策的有效性起着至关重要的作用。于是，货币政策的操作风格也逐渐由"神秘主义"转向了"透明主义"，其主要表现就是中央银行不断加强与金融市场和公众的沟通。中央银行沟通主要体现在两个方面：①书面上的沟通，例如央行定期发布的政策执行报告、统计数据等，以及定期举行的货币政策委员会例会等；②口头上的沟通，包括中央银行长的讲话或者采访，以及中央银行的不定期公告等。

四、非常规货币政策工具

在始于 2008 年、至 2016 年还未走出的金融、经济危机时期，不论是西方发达国家还是新兴市场国家的货币政策都出现了若干重大调整。一方面是世界各国货币当局越来越频繁地使用公开市场操作来调控宏观经济的发展；另一方面是公开市场操作的实施手法日趋多样化，出现了一些较为新颖的变化形式。

(一) 量化宽松

量化宽松是世界各国在金融危机时期普遍实施的一种非常规的向市场注入大量流动性的公开市场操作手段。量化宽松政策最早出现在日本，2001—2006年，为了应对房地产市场泡沫破灭导致的经济萧条和通货紧缩，日本实施了多轮的量化宽松政策，旨在通过直接大规模购买国债来提高银行系统持有的准备金进而增加信贷和刺激经济发展。进入金融危机之后，美国、英国和欧盟的几个主要国家为了刺激经济复苏，陆续实施了量化宽松的货币政策。

量化宽松从本质上说是一种公开市场操作的货币政策手段⊖。当央行通过公开市场操作买入（卖出）债券时，可以注入（回收）市场资金，因此大规模的量化宽松会对市场流动性产生直接的影响。有些学者认为在央行购买政府债券降低利率的过程中，投资者会根据收益和期限的变化及自己的偏好重新调整持有的资产组合，从而使投资增加进而刺激经济发展。

尽管大量研究都认为量化宽松在降低利率和促进经济发展方面具有一定成效，不过量化宽松存在明显缺陷：①量化宽松在实施初期表现出很强的即期效果，然而随着时间的演化，它的冲击效应较快下降；②量化宽松使得各国央行的资产负债规模、银行系统的准备金瞬间大幅增加，短期内对经济恢复的作用明显，但通货膨胀预期也同时提升。量化宽松的货币政策效果可以通过菲利普斯曲线给出适当的证明。菲利普斯曲线指出，在短期内就业率与通货膨胀率成正比（即失业率与通货膨胀率成反比），因此当央行采用量化宽松的手段大规模增加货币供应量时，会提升通货膨胀率与就业率，短期内促进经济发展；但是，菲利普斯曲线同时指出，长期就业率与特定时期的生产率水平相关，若真实的生产率水平没有发生变化，经过短期波动的就业率又会回到均衡值附近。因此，尽管量化宽松在短期内可以刺激经济，但在长期中若实体经济没有根本性复苏，量化宽松的政策效果会很快消失殆尽，并逼迫中央银行实施多轮宽松，最终导致恶性循环。近年来，美联储、欧洲央行、英格兰银行与日本银行的货币政策实践与效果，对此给出了足够的验证。

(二) 扭转操作与完全货币交易

与量化宽松不同，扭转操作与完全货币交易的最大特点是不会改变市场的

⊖ 量化宽松与常规的公开市场操作在数量上存在巨大差异。后者的规模一般是百亿或千亿数量级，前者的规模会达万亿甚至是十万亿数量级。例如，美联储的第一轮与第二轮量化宽松总额就高达 1.95 万亿美元。

流动性，因此从理论上说不会导致物价波动与通货膨胀率的变化。

美联储实施的扭转操作是一种形式特别的公开市场操作政策，指的是央行在卖出（买入）较短期限国债的同时买入（卖出）相同数额较长期限的国债，从而延长（缩短）所持国债资产的整体期限。扭转操作的手段是双向进行的，由于买入与卖出国债的数额相同，所以不会改变市场流动性。从理论上说，这样的操作相当于使国债收益率曲线的较远端向下（向上）弯曲，降低了（抬高）长期国债收益率从而降低长期（短期）利率，引导市场投资向长期（短期）转化。学者们一般认为扭转操作是通过引导市场利率而不是改变市场流动性来促进经济的发展。

尽管在理论上，扭转操作的货币政策可以引导债券价格与债券收益率的变动，也可以导致企业的长期融资成本与长期产出的变化，但是目前来看，扭转操作的货币政策并未完全达到预想的目标。主要是两个原因：首先，扭转操作的货币政策传导路径相对间接，不如量化宽松直接作用于企业投资与产出而具有立竿见影的效果；其次，扭转操作的货币政策主要是通过利率变化来引导市场投资促进经济发展，但在金融危机的特殊时期，市场利率已降到很低（例如现在美、日等国实施的就是基本上的零利率制度），扭转操作希望进一步降低市场利率来促进经济发展的空间已经很小，因此现阶段扭转操作的政策效果不尽人意。但即便如此，扭转操作政策仍然是一种非常值得关注的公开市场操作手段。传统的理论一般认为，货币政策长于调数量而弱于调结构，然而扭转操作让我们看到货币政策也可以部分起到调结构的作用。当然，这个结构只是指利率期限结构和资产组合结构，而非实体产业结构。西方国家目前采用扭转操作政策的效果不佳，主要原因是供其调整利率的空间不足，当调整的利率空间相对较大时，扭转操作应当是一种有效而且副作用很小的政策调整手段。

欧洲央行提出的完全货币交易政策又被称为无限量冲销式购债计划。无限量冲销式购债计划实施的前提比较严格：第一，欧元区相关国家必须提交完整的财政紧缩计划，并受到欧盟其他国家以及IMF的监督；第二，必须对投放的流动性进行全额对冲回收；第三，欧洲央行放弃优先债权人地位等。完全货币交易政策的最大特点是对投放的流动性进行全额对冲回收，欧洲央行将在欧元区重债国购进的债券完全出售到流动性相对充裕的国家。

由于进行等额的买入与卖出，完全货币交易保证了欧元区的整体流动性不变，因此它是另外一种意义上的扭转操作。完全货币交易政策的理念是基于欧洲央行担保的欧元区内部国家之间的债权调整，实际上是将整个欧元区视为一个"国家"来实现风险分担，让所有的欧元区国家共同承担危机风险。完全货币交易的理念很好，但实施中必然会碰到一些现实问题。例如，欧元区由具有独立主权的多个国家组成，因此欧洲央行购债计划的方向、额度、时机等关键问题非常难以协调确定等，所以完全货币交易的未来政策效果有待历史检验。

五、中国人民银行的货币政策工具

在建立社会主义市场经济体制的过程中，中国人民银行的货币政策工具发生了很大的变化，在运用三大货币政策工具调节经济、调节金融行为上取得了较大的进展。

（一）存款准备金政策

中国于1984年建立并实行法定存款准备金制度，标志着存款准备金成为中国人民银行的货币政策工具之一。当时存款准备金政策的主要内容是：①准备金的计提以商业银行或其他金融机构的月末或旬末存款余额为基础；②各类存款均实行统一的准备金比率，各分支机构须层层交付准备金；③商业银行无权动用在中央银行账户上的法定准备金，即不可以此作为应付清算资金；④中国人民银行对其存入的法定准备金支付较高的利息。1998年，我国对存款准备金制度进行了重大的改革，使之更加完善。改革的目标是将法定存款准备金的主要目的从集中资金转向控制货币供应量，其主要内容有：第一，将法定准备金和备付金两个账户合而为一；第二，法定准备金率适时调整，准备金存款利率也随之大幅下调；第三，法定存款准备金按法人机构统一缴纳。

（二）再贴现政策

1994年，中国人民银行重新开始了商业票据再贴现业务，用于解决专业银行因办理票据贴现业务引起的资金不足。通过几年的实践，中国已初步具备了发展再贴现的票据市场的基础，商业汇票已成为企业和商业银行普遍采用的结算方式和融资手段。但由于中国社会信用机制不健全，票据业务不广泛，商业票据贴现和转贴现市场不成熟，再贴始终未形成可观的规模，再贴现政策尚不能成为主要的政策工具。

（三）公开市场业务政策

中国人民银行的公开市场业务起步于1994年的外汇体制改革。1994年，中国人民银行总行成立了公开市场业务操作室，从4月起正式进入全国联网的银行间外汇市场运作，改变了历年来基础货币单一地由信贷计划分配的格局，为中央银行公开市场业务积累了经验，1996年中国人民银行启动了国债公开市场业务，其交易品种包括回购交易和现券交易，交易方式为价格招标和数量招标。但由于当时公开市场操作条件不成熟，当年仅开展了几笔共 20 多亿元的交易，并于 1997 年完全停止。由于银行间债券市场的大力发展，1998 年中国人民银行重启公开市场业务，在当时通货紧缩的背景下，主要通过逆回购投放基础货币。2000 年引入正回购业务，2001 年开展现券买断业务。2002 年我国经济逐步走出通货紧缩，基础货币增速加快。为此，中国人民银行一度通过现券卖断回收流动性，但由于中央银行手中的现券不足，现券卖断难以持续，而正回购又受交易对手限制导致成本较高，因此，中国人民银行自 2003 年 4 月起正式发行中央银行短期融资券，简称央票。

央票本质上是中国人民银行的负债。在早期，我国中央银行发行央票的主要目的是为了对冲过高的外汇占款，降低基础货币的内生性扩张。但随着金融形势发展，央票慢慢演变成为有中国特色的一种公开市场操作手段。我国中央银行在操作上对其积极主动，一般每周二和周四开展两次操作，采取定期滚动拍卖方式发行。央票作为我国中央银行公开市场操作的一个品种，它的优点是中央银行可利用大量流动性较高、交易活跃的央票来调节短期利率。但是，将央票作为公开市场操作的手段也存在着一些问题：①央行票据发行对象范围狭窄，不利于交易的活跃，导致持有主体参与积极性不够；②央行票据的公开市场操作成本巨大；③央票回收市场的流动性是暂时的，最终的还本付息会带来货币的投放增多。因此，央票不能完全取代国债作为公开市场操作的手段。从长期来看，国债才应该成为中国公开市场操作的主要对象。同时，我国还需要进一步完善金融市场体系，加速短期货币市场和证券市场的发展，进一步深化利率市场化和汇率的自由浮动，增加市场工具的种类和数量，为公开市场业务操作创造更好的市场环境和活动空间。

（四）定向调控类货币政策工具

2012 年以来，中国经济发展进入了以"增长速度换档期、结构调整阵痛期、前期刺激政策消化期"三期叠加为主要特征的新常态时期，这既是实现经济增速从高速转向中高速，经济结构从中低端迈向中高端，发展方式从规模速度型转向质量效益型增长，发展动力从要素、投资驱动转向创新驱动的长期过程，也是宏观调控政策与微观行为主体关系重构，以让市场在资源配置中发挥决定性作用的过程。2009 年为应对全球金融危机对中国经济的影响，中国当时实施了高强度的财政刺激政策和极为宽松的货币政策，导致了整个金融领域的流动性充裕。与此同时，随着金融创新的发展和各种新的金融业态的出现，资金脱实就虚、在金融领域空转的现象日益明显。因此，在经济增速放缓的情况下，中国出现了宏观整体流动性充裕和实体经济流动性不足的悖论局面。在此背景下，为给新常态下的经济结构转型提供良好的货币金融环境，中国人民银行在借鉴发达经济体中央银行结构性调控政策工具的基础上，改变过去依赖大量输入流动性来推动经济发展的宽松刺激政策，开始尝试推出更有针对性、成本更低的货币政策，以期精准发力来定向调控实体经济的发展⊖。

中国人民银行在 2012 年以来推出的代表性定向调控货币政策有以下几种。

（1）定向降准。定向降准是一种典型的定向调控类货币政策。从 2014 年 4 月至 2019 年 12 月，中国人民银行一共实施了十二轮的定向降准。货币当局希望鼓励金融机构将资金更多地投向"三农"和小微企业等国民经济重点领域和薄弱环节，促进信贷结构优化，使货币政策能更高效地传导至实体经济。

（2）抵押补充贷款（Pledged Supplementary Loan，PSL）。抵押补充贷款也是一种定向调控类的货币政策，中央银行对 PSL 操作主要是货币当局以信贷资产为抵押，向特定商业银行发放，定向用于支持棚户区改造、保障房安居工程及三农和小微经济发展。PSL 的作用体现在三个方面：①PSL 将商业银行贷款纳入基础货币投放的合格抵押品框架，以此引导中期利率，从而实现中央银行对中长期利率水平的引导，与回购利率引导的短期利率共同构建我国利率走廊机制，推进利率市场化进程；②PSL 操作提供了新型而有效的市场资金供给渠道。近年来中国的外汇占款增速下降，中国人民银行需要重新建立基础货币的投放模式，由于 PSL 的实施对象是市场上主要的资金拆出方，故有利于向市场提供资金；③PSL 可以引导低成本资金流向需要提供支持的实体经济部门，以降低特定实体经济部门的融资成本，而纳入该抵押品框架的资产吸引力上升，可以降低相应资产的收益率。因此，中央银行试图用对 PSL 设置的折价率作为货币政策的定向支持。

（3）常备借贷便利（Standing Lending Facility，SLF）。常备借贷便利是 2013 年 1 月由中国人民银行创设的，主要面向政策性银行和全国性商业银行，为以上金融机构提供期限较长的大额流动性需求，缓解流动性紧张，维护金融稳定。

（4）公开市场短期流动性调节工具（Short-term Liquidity Operations，SLO）。公开市场短期流动性调节工具是中国人民银行 2013 年 10 月启用作为公开市场常规操作的必要补充，在银行体系流动性出现临时性波动时相继使用的新型工具。中央银行对 SLO 和 SLF 通常与常规性公开市场操作相结合，以保持流动性总量稳定，完善了我国中央银行对中小金融机构提供流动性的渠道，同时引导信贷

⊖ 其他发达国家实施的定向调控类货币政策有：欧洲央行的定向长期再融资计划（TLTRO，该操作定向支持商业银行向家庭和非金融企业放贷）、美联储的扭转操作（OT，该操作定向调整长期融资利率引导投资向长期转化）、欧洲央行的完全货币交易政策（OMT，该操作定向支持欧元区重债国的经济复苏）、英格兰银行的融资换贷款计划（FLS，该操作定向支持实体企业与住房贷款）

资源更多地流向三农和小微企业等实体经济的重点领域和薄弱环节。

（5）中期借贷便利（Medium-term Lending Facility，MLF）。中期借贷便利是中国人民银行2014年9月推出的面向国有商业银行、股份制商业银行、较大规模的城市商业银行和农村商业银行等的货币政策工具，央行通过招标，采取质押方式发放中期基础货币，通过调节向金融机构中期融资的成本来对金融机构的资产负债表和市场预期产生影响，引导其向符合国家政策导向的实体经济部门提供低成本资金，促进降低社会融资成本。

第三节　货币政策传导与有效性

一、货币政策的传导路径

物价稳定和经济增长是中央银行货币政策的主要目标，但中央银行要想实现这些目标，则需要比较和评估货币政策影响经济体系中价格和产出水平的各种渠道和效果，即货币政策的传导机制。具体来说，货币政策的传导机制指中央银行通过运用货币政策工具，引起操作目标的相应变化，进而调节货币供应量、利率、通货膨胀率等中间目标，影响产出及价格水平变动的各种途径。

中央银行从操作货币政策工具到对货币政策最终目标产生影响的过程由三个阶段构成：第一阶段是影响货币政策的操作目标，即基础货币和短期利率；第二阶段通过操作目标的变动影响货币政策的中间目标即货币供应量和长期利率；第三阶段是通过中间目标的变动影响最终目标，即稳定物价、充分就业、经济增长和平衡国际收支。

对于这个传导机制我们可以用图7-1来说明。货币政策工具的变动，首先影响的是基础货币和短期利率。在基础货币和短期利率发生变动后，再引起货币供应量和市场长期利率的变动，并通过这一中间目标达到影响生产、物价、就业和国际收支的最终目标。

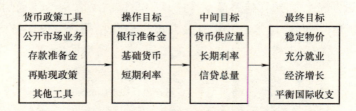

图7-1　货币政策传导过程示意图

二、货币政策的有效性

货币政策效应是指货币政策作用于经济活动产生的实际结果与货币政策预期目标间的偏离程度。如果偏离程度小,实际结果接近于预期目标,货币政策有效。反之,政策工具操作的结果大大偏离预期目标,则货币政策无效。

(一)影响货币政策效应的主要因素

1. 货币政策的时滞

(1)货币政策时滞的含义。中央银行从制定货币政策到货币政策取得预期效果的时差叫货币政策的时滞(Time Lag)。中央银行货币政策实施之后,如果收效太迟或难以确定何时收效,则政策的有效性就大打折扣。

货币政策时滞由内在时滞(Inside Lag)和外在时滞(Outside Lag)两部分构成。

内在时滞指从政策制定到中央银行实际上采取行动的时间过程。它又可分为:识别时滞和行动时滞。识别时滞是指从经济形势变化需要货币当局采取行动到它认识到这种需要的时间距离。这种时滞的长短取决于货币当局对信息搜集的程度、对经济形势发展的预测能力。行动时滞是指从认识到需要改变政策,到新政策的出台并加以实施所需要的时间。这种时滞的长短取决于货币当局制定对策的效力和行动的决心。

外在时滞指从货币政策付诸实施到主要经济变量(产出、物价等)达到预期目标的时间过程。外在时滞也称为效应时滞,可分为:决策时滞和产出时滞。决策时滞是指货币政策调整后,企业、个人等经济主体决定调整其资产总量与结构的时间过程;产出时滞是指企业、个人等经济主体决定调整其资产总量与结构到整个社会的产出、就业、物价、收入等经济变量发生变化的时间过程。

外在时滞主要由客观的金融和经济情形决定,受经济结构以及各经济主体行为因素影响较大,较少受中央银行控制。由于经济结构及各经济主体的行为因素都是不稳定和不易预测的,所以外在时滞的时间长度就难以掌握。正因为如此,外在时滞便成为货币政策有效性的主要问题。

(2)时滞对货币政策效应的影响。时滞的存在,常常使货币政策预期效应发生较大的偏差。当这种偏差越来越成为各国中央银行货币政策制定与执行中的普遍现象时,引起了经济学家的高度关注。经济学家通过对货币政策时滞与货币政策效应之间关系的分析,得出货币政策具有局限性的结论。

货币政策时滞主要从以下方面影响货币政策效应。

1）时滞的长短。如果货币政策对经济的影响能很快地表现出来,那么货币当局就有可能根据期初的预测值,考察政策生效的状况,并对政策的取向和力度作必要的调整,从而使政策能够更好地实现预期目标。如果政策效应要在很长的时间,例如两年后产生,而在这两年内,经济形势会发生很多的变化,这样就很难证明货币政策的预期效应是否存在。

关于时滞的长短问题,经济学家们有不同的看法。弗里德曼认为,一般而言,货币增长率的变动导致名义收入的变化需要 6～9 个月,即产出时滞为 6～9 个月。在这个时间里,物价水平几乎不变。而货币增长率的变动导致通货膨胀率的变化,大约需要 12～18 个月的时间,即价格时滞为 12～18 个月。由此可见,货币政策的产出效应在前,价格效应在后。

2）时滞的分布。如果时滞是有限的、分布是均匀的,货币政策便能发挥应有的作用,其有效性不会受到影响。因为只要时滞有一个确定的范围,中央银行便能根据预期落后的时差,预先采取影响将来某一时期经济情况的货币政策。但若货币政策的时滞分布不匀,有很大的变异性,时滞不能预测,很可能使货币政策在错误的时间发生作用,致使经济形势更加复杂。例如,当中央银行无法预测时滞时,很可能在经济衰退时制定扩张政策,当名义收入已经超过预定指标时才产生提高收入的效果。这样,中央银行反经济周期的货币政策,就会失去其有效性。

2. 经济主体合理预期的抵消作用

所谓合理预期是指人们在充分掌握了可以利用的信息后,对经济形势作出的较准确的预期。合理预期会削弱以至抵消货币政策的效果,其理由主要有以下几点。

（1）各经济主体广泛采取的抵消政策。当一项货币政策出台时,各经济主体会迅速根据所获得的各种信息预测政策的后果,并很快地作出对策。货币当局推出的政策面对各经济主体广泛采取的抵消政策作用的对策,货币政策可能归于无效。例如,政府拟采取长期的扩张政策,企业家会从各种渠道获悉社会总需求将要增加。由于相信扩张政策的推行会使需求大量持久地增加下去,因此,人们只是及时提高价格而不增加产量。同时,由于各阶层都有自己的预期看法,并采取预防性措施,所以利率、租金、价格,名义工资等都会增长,以便把预期的损失包括进去。当扩张政策导致通货膨胀的产生时,经济主体的合理预期便起到加速通货膨胀的作用。当紧缩的货币政策削减需求总量时,最初的效果则是产量下降,而通货膨胀不会及时受到抑制。只有当生产显著缩减,失业不断增加时，通货膨胀才开始下降。企业家对紧缩政策后果的预期，会进一步推动产量的下降和失业的增加。

（2）货币政策取向和操作力度的透明度。货币政策取向和操作力度透明度的提高，使经济主体准确预测政策效果成为可能。如果各经济主体无法准确预测货币政策的走势和操作力度，货币政策或许能生效，但这样的可能性不大，因为公众对经济生活的接触是直接的、多层次的，掌握信息的渠道很多，况且，货币政策的实施本身就需要社会各界的理解和支持，不可能长期不让各界知道，否则，会使经济陷入混乱之中。

3. 货币流通速度的影响

货币流通速度是影响货币需求的一个重要因素，它表明货币指标同经济变量之间的关系。货币流通速度也是影响货币政策效应的一个重要因素，由于货币流通速度与货币数量成反比例变化，并在经济的周期性波动中，货币流通速度与实际收入同方向变动，如果货币当局在制定货币政策时，忽视了流通速度的微小变动，或未能预测到其变动幅度，则可能使货币政策效果大打折扣，甚至可能使正确的政策走向反面。例如，假设在某一个计划年度内，预计 GNP 将增长 20%，再假设根据以前的有关数据和实证规律，只要包括货币流通速度在内的其他因素不变，货币供给等比增加即可满足 GNP 增长对货币的需求。如果货币流通速度在预测期间加快了 10%，那么货币供给的实际操作只需增加 9.1% 即可。再假设货币当局没预测到货币流通速度的变动（抽象掉其他变动因素），或者根本就是按传统的观点将此视为常数，仍然按 20% 的比例增加货币供给，结果必将使合理的货币供给变为扩张性的货币供给，成为助长经济增长过快的因素。

影响货币流通速度的因素很多，其中包括制度因素、金融创新、利率、预期通货膨胀、收入水平等。然而在现实生活中，很难准确计算货币流通速度的变动，从而也就限制了货币政策的有效性。

4. 其他经济和政治因素的影响

影响货币政策效应的其他经济和政治因素，概括起来主要有以下方面。

（1）经济形势的非预期变化。在一项货币政策的执行过程中，如果经济形势由于不可抗拒的因素发生非预期变化，而货币政策无法作出相应调整时，很可能使货币政策效果失效。

（2）经济增长中的瓶颈制约因素使扩张性的货币政策无法奏效。在经济增长过程中，由于各部门的发展不均衡，生产领域中出现了生产要素结构性短缺，这时即使货币、资金的供给是充足的，也很难实现实际经济增长的预期目标，使扩张的政策目标难以实现。

（3）产业部门的影响。在产业部门存在开工率不足、经济效益下滑的情况下，紧缩性的货币政策在紧缩需求的同时，会使供给减少，从而使调节供求的政策目标难以实现。

（4）刚性价格和粘性工资。在存在价格刚性和粘性工资的情况下，面对货币政策的冲击，企业无法对价格进行有效调整，此时，货币政策效果会呈现出周期性非对称特征。现有研究表明，正的货币冲击对产出的影响非常小，而负的货币冲击则能够明显地减小产出，也就是扩张性货币政策的效果要明显小于紧缩性货币政策。

（5）区域经济发展不平衡。在一国或同一经济体内，如果在经济发展水平和金融市场深度方面，各区域之间存在着较大的差异，则货币政策的效果会在不同区域之间存在较大的差异，呈现出货币政策效果的区域效应。

（6）各种政治因素的影响。如主要由大选引起的政治性经济周期的影响等。

（二）货币政策效应的评价

评价货币政策效应的基本标准是：①政策效应发挥的快慢。货币政策时滞越短，预期目标实现的越快，政策效应就越好；②政策发挥效力的大小。

以紧缩性货币政策为例，评价该政策在纠正由总需求大于总供给引起的总量失衡中的效应大小，主要从以下方面考察：首先，如果通过货币政策的实施，紧缩了货币供应，平抑了价格水平的上涨或促使价格水平的回落，同时又不影响产出或经济增长率，那么可以说这项紧缩性的货币政策的效应最大。其次，如果在紧缩货币供应量、平抑物价或降低物价水平的同时，也抑制了产出的增长，那么紧缩货币政策效应的大小，则视价格水平变动率与产出变动率的对比而定。若产出数量减少的规模不大，不会对总供给产生大的冲击，而平抑价格水平的目标基本实现，则可视为紧缩政策的有效性较大；若产出的减少明显影响总供给，价格目标不理想，则货币紧缩政策效应不大。最后，如果货币政策无力平抑物价，反而导致产出大规模下降，甚至使经济负增长，则可以说该政策无效。这种分析方法也适合于对其他货币政策效应的分析。

【要点回顾】

1. 中央银行货币政策的最终目标和中介目标共同构成货币政策的目标体系。最终目标主要包括稳定物价、充分就业、经济增长和国际收支平衡。各最终目标之间存在着一定程度的互补性，但也存在一定的冲突。20世纪90年代以来，不少发达国家以反通货膨胀为唯一的政策目标。

2. 货币政策工具的作用通过中介目标和操作目标来传导。充当中介目标和操作目标的金融变量必须满足可测性、可控性和相关性三个标准。可用作中介目标的金融变量有：货币供应量、长期利率、贷款规模和汇率。可用作操作目标的金融变量有：短期利率、存款准备金和基础货币。在经济发展的不同时期，各国中央银行对中介目标的选择有所调整，但金融创新的发展使中介目标偏离"三性原则"的要求。目前多数西方发达国家的中央银行将利率作为货币政策的中介目标。中国人民银行目前采取的主要中介目标为货币供应量、社会融资规模和利率。

3. 货币政策工具体系主要由一般性政策工具和选择性政策工具构成。一般性货币政策工具包括法定存款准备金、再贴现机制和公开市场业务三种。三大政策工具的操作效应不尽相同，各国中央银行可根据具体的情况进行选择。金融创新对三大政策工具的作用力产生了不同的影响。选择性货币政策工具主要包括证券市场信用控制、消费信贷控制等。金融危机中，各国货币当局实施了形式多样的非常规货币政策，例如量化宽松、扭转操作、完全货币交易政策等。为了适应经济金融的新变化，中国人民银行增加了借贷便利等货币政策工具，并加强了定向降准、PSL、SLO以及MLF等定向调控类货币政策的使用力度。

4. 中央银行货币政策工具不可能直接作用于最终目标，中间存在一个传导过程。这个传导过程包括三个相联系的环节：从运用政策工具到操作目标的变动，从操作目标的变动引起中介目标的变化，再由中介目标的变动到最终目标的实现。

5. 评价货币政策效应的主要标准是，货币政策效应发挥的快慢和发挥效力的大小。影响货币政策效应的因素很多，其中主要因素有：货币政策时滞、经济主体的合理预期、货币流通速度，以及其他经济和政治因素。

【复习题】

1.（单选题）下列哪项不是中国人民银行目前采取的主要中介目标金融变量（   ）。

A. 通货膨胀率　　　　　　　　B. 货币供应量

C. 利率　　　　　　　　　　　D. 社会融资规模

2.（多选题）一般性货币政策工具包括（   ）。

A. 法定存款准备金　　　　　　B. 公开市场业务

C. 量化宽松　　　　　　　　　　　D. 再贴现机制
3.（多选题）影响货币政策效应的主要因素有（　　）。
A. 货币政策时滞　　　　　　　　　B. 经济主体的合理预期
C. 货币流通速度　　　　　　　　　D. 区域经济发展不平衡

第八章

金融风险与金融监管

【本章要点】

1. 了解金融风险的含义和分类；
2. 掌握金融风险的度量方法；
3. 熟悉金融风险的管理策略；
4. 了解金融监管的必要性和金融监管体制的发展趋势；
5. 熟悉银行监管、证券监管、保险监管和互联网金融监管的体系。

第一节 金融风险

一、金融风险的含义

风险被认为是未来不确定性引起的可能后果与预定目标发生多种偏离的综合。这种偏离通常由两类参数描述：①偏离的方向与大小；②各种偏离的可能程度。从风险管理的实际需要出发，风险管理的侧重点在于经营中由于各种不确定因素而导致金融机构经济损失或收益率负向波动的可能性。衡量金融风险，就是衡量内外部不确定因素对金融机构盈利性或价值造成的潜在负面影响。金融风险具有以下特征。

（一）客观性

风险的客观性是指风险是一种客观存在，不以人的意志为转移。客观性表明风险是时时处处都存在的，人们生存和活动的整个社会环境就是一个充满风险的世界。

（二）潜在性

风险出现损失的不确定性特征，决定了风险的出现只是一种可能，这一特性可称为是风险的潜在性。正是这种潜在性，使金融界长期不断地探索利用科学的方法，甄别风险和控制损失的出现，使风险向不发生的可能性转换。

（三）可度量性

风险的不确定性并不是指对客观事物变化的全然不知，而是人们可以根据以往发生的一系列类似事件的统计资料，经过分析，对风险发生的频率及其造成的经济损失程度作出统计分析和主观判断，从而对金融机构可能发生的风险进行预测与度量。

（四）双重性

风险的双重性是指风险结果的发生既可能造成损失，也可能带来收益，风险与收益机会共存。就单一业务和产品而言，潜在风险与潜在收益成正比关系，即潜在风险越高，获取潜在收益的机会也随之增加。

（五）可控性

既然风险是损失发生的可能性，就应当像控制未来成本一样从金融业务发生之初就开始实施风险控制。如果风险被控制住，相当于未来的成本不发生，金融机构可能的损失就能转化为现实的盈利。

二、金融风险的分类

为了有效地控制银行风险，首先需要对风险进行一定的识别和归类。不同类型的金融风险，其产生根源、形成机理、特征和引起的后果各不相同，需要采取不同的防范与化解措施。因此，从多个角度对银行风险进行分类，有助于全面、深刻地认识各类银行风险，并可有针对性地采取防范、化解措施，以达到风险管理的目的。

（一）按照风险的性质，可以将风险划分为信用风险、市场风险、流动性风险、操作风险和法律风险

1. 信用风险

信用风险是因借款人发生违约或借款人信用等级下降而使债权人的本金和利息不能完全收回或产生损失的风险。信用风险包括：违约风险、追偿风险和敞口风险。信用风险产生的原因主要在于信息不对称，即债权人对债务人的还贷能力和还贷意愿无法识别和控制。不同的债权资产具有不同的信用风险。

2. 市场风险

市场风险是指因市场价格（利率、汇率、股票价格和商品价格）的不利变

动而使金融机构表内和表外业务发生损失的风险。市场风险存在于金融机构的交易和非交易业务中。市场风险可以分为利率风险、汇率风险、资本市场价格风险和商品价格风险。

3. 流动性风险

流动性风险是指金融机构虽然有清偿能力，但无法及时获得充足资金或无法以合理成本及时获得充足资金以应对资产增长或支付到期债务的风险。流动性风险主要产生于金融机构无法应对因负债下降或资产增加而导致的流动性困难。当一家金融机构缺乏流动性时，它就不能依靠负债增长或以合理的成本迅速变现资产来获得充裕的资金，因而会影响其盈利能力。极端情况下，流动性不足会导致金融机构倒闭。

4. 操作风险

操作风险是指金融机构在运作过程中，由于经营管理不善，如决策失误、营业差错、内部欺诈或贪污盗窃给金融机构造成损失的风险。操作风险也可能由于技术问题，如计算机系统失灵、控制系统缺陷等引致。

5. 法律风险

法律风险是指金融交易合约的内容在法律上有缺陷或不完善而无法履约，以及法律修订使银行蒙受损失的风险。

随着银行经营环境的变化和外部约束的加强，银行越来越关注合规风险、声誉风险。合规风险是指银行因未能遵循法律法规、监管要求、规则、自律性组织制定的有关准则以及适用于银行自身业务活动的行为准则，而可能遭受法律制裁或监管处罚、重大财务损失或声誉损失的风险。声誉损失风险是指由银行经营、管理及其他行为或外部事件导致利益相关方对银行产生负面评价的风险。

（二）按照银行风险的状态，可以将银行风险划分为静态风险和动态风险两种类型

1. 静态风险

静态风险是指只有损失可能而无获利机会的纯损失型风险，因而又被称为纯粹风险。静态风险的产生一般与自然力的破坏和人们行为的失误有关。相对于动态风险而言，静态风险的变化较有规律，人们可以利用大数法则来预测它的损失机会的大小。

2. 动态风险

动态风险是指既有收益可能，又有损失可能的风险，因而又被称为投机风

险。动态风险常与经济、政治、科技和社会的运动密切相关，且多为不规则的运动，也很难用大数定律来进行预测，因而远比静态风险复杂得多。

三、金融风险的度量

（一）灵敏度方法

灵敏度方法，是利用金融资产市值对其风险因子的敏感性来测量金融资产风险的方法。标准的风险因子包括利率、汇率、股票指数和商品价格等。

假定金融资产的市值为 P，其风险因子为 $x_1, x_2, \cdots, x_n$，市值 P 为风险因子 $x_1, x_2, \cdots, x_n$ 的函数，因此风险因子的变化将导致金融资产市值的变化，即：

$$\frac{\Delta P}{P} = \sum_{i=1}^{n} D_i \Delta x_i \qquad (8-1)$$

其中，$D_1, D_2, \cdots, D_n$ 为资产市值对相应风险因子的敏感性，称为灵敏度。灵敏度表示当风险因子变化一个百分数单位时金融资产市值变化的百分数。灵敏度越大的金融资产，受风险因子变化的影响越大，风险越大。

公式（8-1）是灵敏度方法测量银行风险的基础。但只有金融资产市值变化与其市场因子变化呈线性关系时，公式（8-1）才成立。金融市场中，许多金融资产具有非线性动态行为，所以只有在假设市场因子仅发生微小变化时，金融资产市值的变化与市场因子的变化才近似呈公式（8-1）所示的线性关系式。因此，灵敏度是一种对风险线性的近似测量。

针对不同的金融资产、不同的风险因子，存在不同类型的灵敏度。实际中常用的灵敏度包括：针对债券（或固定利率性金融工具）的久期（Duration）和凸性（Convexity），针对股票的 β 系数，针对衍生工具的 Delta、Gamma、Theta、Vega、Rho 等。例如，期权的 Delta 反映了标的资产变化一个百分点所导致的期权价值变化的百分点。

灵敏度方法的优点在于概念上的简明和直观性，使用上的简单性。但其缺点为：①近似性，只是一种局部性测量方法；②对产品类型的高度依赖性，一方面无法测量包含不同市场因子、不同金融产品的证券组合的风险，另一方面也无法比较不同资产的风险程度；③对于复杂金融产品的难理解性，如对于衍生证券，Gamma, Vega 等概念很难理解；④相对性，并没有回答某一证券组合的风险——损失到底是多大。灵敏度方法主要适用于简单金融市场环境下（单一产品、单一风险）的风险测量，或复杂金融环境下的前台业务。

随着金融市场的规模增大、交易方式的动态性和复杂性的增加，灵敏度方法存在的主要缺陷在于其测量风险的单一性——不同的风险因子对应不同的灵敏度。这就导致以下几个问题：①无法测量交易中极为普遍的、由类型不同的证券构成的证券组合的风险；②由于不能汇总不同市场因子、不同金融工具的风险暴露，灵敏度方法无法满足市场风险管理和控制的中台、后台全面了解业务部门和机构面临的整体风险的需要，以致无法展开有效的风险控制和风险限额设定；③灵敏度方法在测量风险时，没有考虑证券组合的风险分散效应；④机构高层无法比较各种不同类型的交易头寸间的风险大小，并依此作出绩效评估和资本分配。

（二）波动性方法

波动性估计实际回报与预期回报之间可能的偏离。波动性可以通过规范的统计方法量化，其中方差或标准差是最为常用的方法，它估计了实际回报与预期回报之间可能的偏离。人们在使用中通常把波动性与标准差等同起来。

单一资产方差的计算公式如下：

$$\sigma^2(\tilde{R}_i) = \sum_{i=1}^{n} P_i [R_i - E(\tilde{R}_i)]^2 \qquad (8-2)$$

资产组合方差的计算公式如下：

$$\sigma_p^2 = \sum_{i=1}^{n} w_i^2 \sigma_i^2 + 2 \sum_{i=1}^{n} \sum_{j=1}^{n} w_i w_j \sigma_i \sigma_j \rho_{ij} \qquad (8-3)$$

其中，

$$\rho_{ij} = \frac{\text{Cov}(\tilde{R}_i, \tilde{R}_j)}{\sigma(\tilde{R}_i) \sigma(\tilde{R}_j)} \qquad (8-4)$$

在以上公式中，$E(\tilde{R}_i)$ 和 $E(\tilde{R}_j)$ 表示资产 i 与 j 的预期收益，$\sigma(\tilde{R}_i)$ 与 $\sigma(\tilde{R}_j)$ 表示资产 i 与 j 的标准差。

波动性描述了收益偏离其平均值的程度，在一定程度上测量了金融资产市值的变化程度。波动性方法主要存在以下两个缺点：①只描述了收益的偏离程度，却没有描述偏离的方向，而实际中最为关心的是负偏离（损失）；②波动性并没有反映证券组合的损失到底是多大，对于随机变量统计特性的完整描述需要引入概率分布，而不仅仅是方差。所以，波动性方法一般用于事后的绩效评价，很少用于事前的投资决策。

（三）VaR 方法

VaR 方法（Value at Risk）是在一定置信水平和一定持有期内，某一金融资产或组合在正常的市场条件下所面临的最大损失额。从数学和统计的意义上看，VaR 就是在某个既定的损益预期分布中，对应一定置信水平的分位数。可表

示为

$$\text{prob}(\Delta p > \text{VaR}) = 1 - c \tag{8-5}$$

其中，Δp 为证券组合在 Δt 持有期内的损失；VaR 为置信水平 c 下处于风险中的价值。

在 VaR 定义中，有两个重要参数——持有期和置信水平。任何 VaR 只有在给定这两个参数的情况下才有意义。持有期是计算 VaR 的时间范围。由于波动性与时间长度呈正相关，所以 VaR 随持有期的增加而增加。通常的持有期是1天或1个月，但某些金融机构也选取更长的持有期如1个季度或1年。巴塞尔银行监管委员会对商业银行内部风险模型计算的 VaR 考察期限的要求为10个工作日，置信区间为99%；花旗银行等多数大银行则选用1个工作日，99%置信度作为模型参数。选择持有期时，往往需要考虑四种因素：流动性、正态性、头寸调整和数据约束。置信水平的选择依赖于对 VaR 验证的需要、内部风险资本需求、监管要求以及在不同机构之间进行比较的需要。同时，正态分布或其他一些具有较好分布特征的分布形式（如 t 分布）也会影响置信水平的选择。

考虑一种金融资产，假定 P_0 为金融资产的初始价值，R 是持有期内的投资回报率，则在持有期末，金融资产的价值可以表示为

$$P = P_0(1 + R) \tag{8-6}$$

假定回报率 R 的期望回报和其波动性分别为 μ 和 σ。如果在某一置信水平 c 下，金融资产的最低价值为 $P^* = P_0(1 + R^*)$，则根据 VaR 的定义，即在一定的置信水平下金融资产在未来特定的一段时间内的最大可能损失，可以定义 VaR 为：

$$\text{VaR} = E(P) - P^* = -P_0(R^* - \mu) \tag{8-7}$$

根据以上定义，计算 VaR 就相当于计算最小值 P^* 或最低的回报率 R^*。

在标准正态分布下，当给定一个置信度如 95%，则对应 $\alpha = 1.65$，于是就可以计算出相应的最小回报 R^* 和 VaR。由公式（8-7），最小回报可以表示为

$$R^* = -\alpha\sigma + \mu \tag{8-8}$$

VaR 为

$$\text{VaR} = -P_0(R^* - \mu) = P_0\alpha\sigma \tag{8-9}$$

因此，VaR 是分布的标准差与由置信水平确定的乘子的乘积。

VaR 的计算方法通常分为三种：参数法（Parametric Modeling）、历史模拟法（Historical Simulation）和蒙特卡罗模拟法（Monte Carlo Simulation）。

例 8-1 投资组合 VaR 的计算。

假设将 100 万美元投资于两种资产，要计算该投资组合在 95% 置信度上的

VaR。表 8-1 给出的是该投资组合 VaR 计算的有关数据。

表 8-1 投资组合 VaR 计算

项　目	资产 1	资产 2
标准差	25%	26%
权数	30%	70%
相关系数	0.70	
具体计算：		
投资组合的方差	0.05786	
标准差	24.05%	
标准差乘数	1.644853	
VaR（%）	39.565126	
VaR（美元）	395651	

　　VaR 的优点：①VaR 可以测量不同市场因子、不同金融工具构成的复杂证券组合和不同业务部门的总体市场风险暴露；②由于 VaR 提供了一个统一的方法来测量风险，为比较不同业务部门的风险暴露大小、基于风险调整的绩效评估、资本配置、风险限额设置等，提供了一个简单可行的方法；③VaR 概念简单、理解容易；④VaR 充分考虑了不同资产价格变化之间的相关性，这可以体现出投资组合分散化对降低风险的贡献；⑤特别适合监管部门的风险监管。

　　但 VaR 也存在一些缺陷：①VaR 是一种向后看的方法（Backward-looking），对未来的损失估计是基于历史数据，并假定变量间过去的关系在未来保持不变，显然在许多情况下，这并不符合实际；②VaR 是在特定的假设条件下进行的，如数据分布的正态性等，有时这些假定与现实可能不符；③VaR 的计算有时非常复杂；④VaR 只是市场处于正常变动下市场风险的有效测量，它不能处理金融市场价格极端变动的情形，如股市崩盘等。理论上讲，这些缺陷的根源不在 VaR 自身，而在于其所依据的统计方法。

　　金融市场中，常常出现一些极端情形，经济变量间、金融市场因子间的一些稳定关系就会遭到破坏，市场因子之间、市场风险和信用风险之间的因果关系也会出现较大变化，其他一些原本不该出现的意外联系在极端市场情况也会出现，市场因子和组合价值之间的关系也会发生根本改变。在这些极端情况下，VaR 赖以成立的假定和计算的参数发生巨大变化，而导致 VaR 方法估计的结果出现极大误差。为了测量极端市场状况下的金融市场风险，人们引入了压力测试方法。

（四）压力测试

压力测试通过测算金融机构在遇到假定的小概率事件等极端不利情况下可能发生的损失，分析这些损失对金融机构盈利能力和资本金带来的负面影响，进而对单家金融机构、金融集团和金融体系的脆弱性作出评估和判断，并采取必要措施。作为 VaR 方法的重要补充，压力测试能够帮助金融机构充分了解潜在风险因素与金融机构财务状况之间的关系，深入分析金融机构抵御风险的能力，形成供董事会和高级管理层讨论并决定实施的应对措施，预防极端事件可能对金融机构带来的冲击。压力测试也能帮助监管者充分了解单家金融机构和金融业体系的风险状况和风险抵御能力。

如图 8-1 所示，VaR 能有效估计正常环境下资产的损失风险，但当金融市场处于极端价格变动的情形时无能为力，而压力测试则能有效评估一些小概率极端事件冲击的影响，它可以对一定置信度以外的突发事件对金融资产损失或金融机构脆弱性的影响进行测试。压力测试与 VaR 的区别表现为以下几方面：①市场环境而言，VaR 衡量正常市场环境下的市场风险，而压力测试衡量异常市场环境下的市场风险；②分布假设而言，VaR 方法假设风险因子的变化是正态分布，因此它对信用风险中所涉及的"肥尾"现象无法把握，也就无法度量极端背景下的损失情况，而压力测试不对风险分布进行任何假设，能度量极端情况下的损失情况；③损失发生的可能性而言，VaR 把对预期的未来损失大小和该损失发生的可能性结合起来，不仅让投资者知道发生损失的规模，而且知道其发生的可能性，压力测试只能说明事件的影响程度，却很难说明事件发生的可能性。

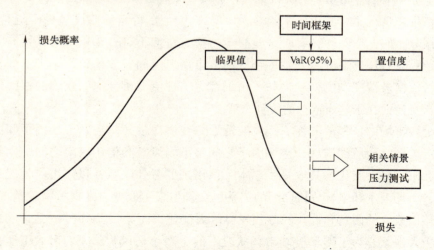

图 8-1　压力测试与 VaR 的关系

四、金融风险的管理策略

风险管理的策略包括风险预防、风险规避、风险分散、风险转移、风险抑制和风险补偿等。一般来说,银行对风险处置的确定,应考虑自身的风险管理水平、财务状况、决策者的经营风格和心理偏好、风险类型、损失记录以及现实风险环境等方面。

(一)风险预防

风险预防指金融机构对风险设置各层预防线的办法。面对预期损失,金融机构设有损失准备金(拨备);面对非预期损失,金融机构持有资本。金融机构抵御风险的最终防线是保持充足的自有资本。在《巴塞尔协议》的指导下,各国金融管理当局对银行资本充足性都有明确的规定,并将其作为金融监督的一项重要内容。

(二)风险规避

风险规避是指金融机构对风险明显的经营活动所采取的避重就轻的处理方式。例如,金融机构对于风险较大、难以控制的贷款,必须采取规避和拒绝的原则。风险规避常用的方式还有:①资产结构短期化,以降低流动性风险和利率风险;②投资风险选择避重就轻,以避免对风险过大的投资;③在开展外汇业务时,努力保持硬通货债权、软通货债务,以避免汇率变化带来的风险。

(三)风险分散

金融机构的风险分散方法一般有两种:随机分散和有效分散。随机分散指单纯依靠资产组合中每种资产数量的增加来分散风险,每种资产的选取是随机性的。在业务发展正常的条件下,一般利用扩大业务规模来分散风险。有效分散指运用资产组合理论和有关的模型对各种资产选择进行分析,根据其各自的风险—收益特性和相互之间的相关性来实现风险—收益最优组合。金融机构风险分散的具体做法有:资产种类风险分散、客户风险分散、投资工具种类风险分散、货币种类风险分散、国别风险分散等。

(四)风险转移

风险转移指利用某些合法的交易方式和业务手段将风险全部或部分地转移给他人的行为。具体方法有:①风险资产出售,金融机构将自身不愿继续承担风险的资产出售给他人;②担保,有担保的放款将本应由金融机构承担的客户的信用风险转嫁给担保人;③保险,金融机构将其资产向保险公司投保,或金融机构获得的各种抵押品由债务人向保险公司投保,这些都是金融机构将风险转移给保险公司的方式；④市场交易，通过期货交易、期权交易、互换或其他金融衍生品等进行保值，将价格波动的风险转移给愿意承担该风险的人。

（五）风险抑制

风险抑制是指金融机构承担风险之后，要加强对风险的监督，发现问题及时处理，争取在损失发生之前阻止情况恶化，或提前采取措施减少风险造成的损失。风险抑制常用于信用放款过程。从放款到收回本息之间一般有一段较长的时间，从借款人财务出现问题到倒闭清算一般有一段时间。金融机构可以利用这段时间，凭借自己作为债权人的有利地位，采取一些抑制风险的措施，以避免或减少损失。风险抑制的手段有：①向借款公司派驻财务专家，帮助借款公司搞清财务恶化的原因，并提出解决问题的指导性意见；②发现借款人财务出现困难，立即停止对该客户的新增放款，并尽一切努力尽早收回已发放的贷款本息；③追加担保人和担保金额；④追加资产抵押。

（六）风险补偿

风险补偿指金融机构将违约借款人的已作抵押的各类资产进行拍卖，将其收入补偿金融机构遭受的损失。抵押品可以是存款、有价证券、固定资产、流动资产等多种形式。当借款人不能按照抵押贷款合同履行偿付贷款本息责任时，贷款金融机构有权按照协议规定接管、占有、拍卖有关抵押品，以弥补金融机构的呆账损失。

第二节 金融监管

金融监管（Financial Regulation 或 Financial Supervision）是指政府或政府授权的机构或依法成立的其他组织对金融活动及其参与者施加规制和监督的统称。狭义的金融监管是金融监管当局依据国家的法律和法规对金融业实施监督和管理，属于经济管制范畴。广义的金融监管还包括金融行业组织的自律性管理（Self-regulation）。

一、金融监管的必要性

（一）市场失灵

古典经济学和新古典经济学所描述的自由竞争的市场经济是非常完美的。市场具有自动调节供求关系的内在机制，能够实现资源配置的帕累托最优状态。政府的角色仅限于充当守护人。然而，完美的市场经济须具备一系列前提条件：

①市场上存在众多的买者和卖者，他们都是价格的接受者，都可以自由进入或退出市场；②市场上交易的物品或服务都是同质的，具有完全的替代性；③买卖双方都拥有完全的市场信息，且行为是理性的；④不存在生产规模和技术变化带来的收益增加，即不考虑规模效率和动态效率；⑤产品和要素都具有完全的可分性，因而其供给量和需求量可以随价格变动连续变化；⑥生产要素具有完全的流动性。

然而，这种"理想境界"与实际经济生活有着相当距离。在现实中，完全竞争市场是不存在的。市场在某些情况下会失去其优化资源配置的功能，降低经济运行的效率，即存在"市场失灵"，需要政府的管制加以弥补。"市场失灵"也是金融监管的直接原因。金融市场运行中的市场失灵具体表现为以下三个方面。

1. 金融体系中的外部负效应

金融体系的外部负效应问题尤为严重：首先，金融机构的债权人分布面很广，覆盖社会各阶层。一旦某家金融机构倒闭，受损失的不仅是其所有者，众多债权人也将蒙受损失，其中有相当部分是社会民众。其次，金融机构在经营中出现的问题具有传染性。一家金融机构由于经营管理不善等原因倒闭，可能会波及其他金融机构。因此，金融机构的外部负效应在一定条件下会自我放大，若发展到极端，就会导致系统性的金融危机，引致市场崩溃，造成宏观经济动荡。即使并未发生金融机构的系统性危机，作为支付中心的某家大银行倒闭，也可能会引起清算、支付体系运转不畅甚至中断，降低社会经济运行效率。

2. 金融市场中的垄断

金融业具有一定程度的自然垄断倾向。例如，通过一家清算、支付机构处理所有的交易将极大提高交易效率；金融机构业务范围越大，越有可能为客户提供全面、便捷、低成本的服务；随着银行持有的信贷组合的多样化，信用风险可以相应降低。然而，在市场竞争中处于优势的金融机构为占据更大的市场份额，也会设法将对手挤出市场，使金融业务趋于集中。金融业的垄断将导致资金价格上升、服务质量下降、客户受到不公平歧视性待遇。

3. 金融市场中的信息不对称

金融交易中普遍存在信息不对称现象，金融中介机构本身是有助于解决信息不对称问题的一种机制，然而这种机制也存在着缺陷，即金融机构并不能通过其对客户甄别体系和监督系统彻底消除信息不对称问题。同时，金融机构本身也存在着道德风险。由于金融机构的杠杆比率比一般企业高出很多，所有者所受损失与债权人的损失对比而言并不高，因而，所有者对金融机构经营者的行为有可能缺乏足够的约束，金融机构有从事高风险投资的倾向。在股票、债券等公开市场上，也存在信息不对称问题，如内幕交易、操纵行情、违反公开信息义务、欺诈客户等，致使市场价格不能真实地、全面地、及时地反映相关信息。

将政府管制的一般理论延伸到金融领域中，可以得出同样的结论：基于公共利益，政府有必要对金融活动进行监督和管理，从而对金融市场的局限进行矫正或弥补。

（二）金融监管的特殊原因

在现实经济生活中，政府对金融部门的管制相对于其他部门通常更为严格。金融监管除了上述一般理由外，还具有其特殊原因。

1. 金融体系在国民经济中占有十分特殊的关键地位

金融存款机构是货币的主要供应者，并为社会提供支付系统。因此，金融体系的稳定对货币供给的稳定和支付结算的顺利进行具有重要意义。同时，金融体系也是社会资源配置的重要渠道。由于金融部门经营的是货币资金，能够在社会投资中发挥导向作用，对经济结构的形成和调整有很大影响。因而，金融体系具有公共性和社会性的特性。

2. 金融体系具有内在脆弱性

内在脆弱性（Fragility）是金融体系的固有特征，意指金融体系中蕴含着促使金融危机爆发的潜在因素，在经济冲击下可能极为脆弱。由于信贷资金使用与偿还在时间上的分离、金融机构的高负债经营、金融资产价格的波动性等原因，使得金融活动中存在信用风险、市场风险、流动性风险等多种风险，而金融市场参与者对高额利润的盲目追逐，会使金融风险不断积蓄，并最终可能导致市场崩溃。

金融市场的一般缺陷和金融体系所处的关键地位、易于震荡的内在脆弱性都意味着：如果没有外部力量的控制，金融领域一旦出现问题将会导致巨大的社会代价，或是对宏观经济造成严重影响，或是使广大处于信息劣势的市场参与者受到损害，因而客观上要求依靠政府的权威对金融业实施较为严格的监管。

金融监管是必要的，通过监管可以控制金融系统的风险，保持金融体系的稳定，提高金融运行效率，但若监管不当或监管过度，将会加大监管成本，降低金融市场效率，甚至阻碍金融业的发展。在现实中，金融监管从未退出金融领域，即使是在放松管制呼声最高的国家，监管仍然存在。从表面上看这些国家的监管放松了,实际上金融监管机构一方面取消了过时的、无效的监管条例,而另一方面又针对新的金融形势制定出相应的、更为适宜的、更规范的监管措施。因而,监管机构所要做的不应是撤离金融领域或是一味固守传统监管模式,而是寻找金融监管的最优范围和最佳方式。这个过程是一个遵循否定之否定规律,不断自我调整和完善的过程。

二、金融监管体制的发展趋势

由于各国的金融发展水平、金融文化和历史传统存在较大差异,加之经济体制、政治体制、中央与地方政府的关系模式不同,各国的监管体制各具特色。近年来,在金融自由化和全球化的背景下,伴随金融体系的结构性演变,如何优化金融监管的体制安排,成为各国面临的共同问题。现代金融监管体制在发展完善的过程中呈现出一些新趋向。

(一)政府监管与行业自律有机结合

根据监管体系中政府监管与行业自律的重要性的不同,可分为政府型监管体制和自律型监管体制两类。政府型监管体制是指政府主导金融监管,设立专门的监管机构并制定管理法规,行业自律起到辅助作用。美国、日本以及许多欧洲大陆国家都倚重规范化的政府监管。自律型监管体制是指政府除了颁布必要的国家立法外,较少直接对金融市场进行规制,市场管理主要依靠行业组织自律,金融机构也通过自我约束给予配合。英国在传统上倚重行业自律性的监管,是自律型监管体制的典型。

政府型监管的优势是监管机构超脱于金融活动的当事人之外,能够公平、严格地发挥监管作用,保护社会公众利益,具有权威性。但是,单纯依靠政府监管也存在不足,现代社会金融结构日趋复杂,金融工具、交易方式创新不断,金融市场上的不确定因素增多,监管的难度也相应提高,政府既要加强监管,又不能过分干预市场,往往处于两难境地。行业自律型监管固然有其局限性,例如缺乏强有力的手段、从本行业利益出发、管理者的非超脱性等,但是,它同时又具有政府监管所没有的优点,自律组织比政府更熟悉本行业的实际情况,制定和执行规则更具灵活性和预防性;政府监管侧重刚性约束,但难以面面俱到,而行业自律内含声誉约束,作用空间较大;自律组织由行业代表组成,能更好地与业内机构沟通,督促其自觉维护金融秩序。

政府监管和行业自律各有所长,二者的有机结合是近年来各国监管体制的普遍趋势。

（二）外部监管和内部控制相互促进

传统监管理论强调外生监管制度的有效性。20世纪90年代后，被监管者的内生激励问题被引入监管体制设计的优化中，外部监管主体不再是一味施加强制性管制，而是促使金融机构强化内部控制制度，提高自我监控水平。

一方面，监管当局对金融机构的内控制度提出了全方位的要求，包括资本充足率内嵌的资产风险度与资本金紧密挂钩的精巧机制、建立科学的企业治理结构、独立与权威的内部监察机构、业务职能部门明确的风险控制分工和相互制约关系、谨慎的授信审批制度或分级授权制度、严格的会计控制制度、有效的内部检查与稽核制度，并将金融机构是否具有完善的内控机制和制度作为监察的重要内容；另一方面，监管当局也注重借助市场约束力量，要求金融机构建立信息披露制度，以便公众及时掌握其风险状况、资本水平、风险管理战略等关键信息，促使其自觉地建立严密的内控制度。此外，监管机构还鼓励金融机构开发内部风险管理模型，调动其自我监控的主动性。

同时，金融机构健全有效的内部控制也是外部监管的基础。监管当局的监管目标需要通过金融机构的稳健经营得以实现。内控制度为金融机构划定了行为边界，促使其在经营运作中时刻保持足够的理性，也使监管机构实施监管的过程更为顺利，从而实现外部监管和内部控制的激励相容。

（三）机构监管向功能监管转变

传统的机构性监管（Institutional Supervision）是以金融机构的类型作为界定监管机构的监管对象和监管内容的标准，针对不同类型的金融机构，设置相应的监管机构。因而，机构监管通常和分业监管模式相对应，即根据金融机构及其业务范围的划分，由不同的专业监管机构分别进行监管。在金融体系结构相对简单、金融机构分工明确的条件下，机构监管的针对性和专业性较强，监管目标明确，可以避免重复监控，减少监管成本。然而自20世纪80年代以来，在金融自由化和金融创新的推动下，现代金融体系的结构发生显著变化，各种金融机构开始涉足彼此的专业领域，业务交叉导致机构之间的边界日益模糊，难以明确认定一家金融机构的类型归属。在混业经营的背景下，这种以机构为导向界定金融监管范围的标准就变得不准确且不稳定。此外，由于各监管机构对金融机构的监管规则和宽严标准存在差异，造成金融机构之间对相同业务的不公平竞争，并可能诱发金融集团的"监管套利"（Supervisory Arbitrage），即将特定业务转移给监管程度最为宽松的子公司，借以逃避监管。

功能监管（Functional Supervision）理念由美国金融学家默顿和博迪（Merton

& Bodie，1993，1995）提出的，其理论依据是金融体系的"功能观"——金融体系中的竞争将推动金融机构向更有效率的新型经营形式不断演进，而金融业务的基本功能比金融机构更为稳定，更适于作为设计监管体系的标准。所谓功能监管，即基于金融业务的特定功能为其设置相应的监管机构和监管规则。依据这一理念，监管者对各金融机构从事的同类业务采用相同的监管规则。功能监管能够有效地解决混业经营中对金融业务监管的归属问题，避免出现监管盲区，而且主张实行跨业务、跨机构、跨市场的协调监管，更适应混业经营对金融监管体制的要求。由于金融业务的功能具有稳定性，使得据此设计的监管体制和监管规则更具连续性和一致性，同时又为金融创新提供了更大的空间。

（四）宏观审慎监管的加强

金融不稳定来自于整个金融体系表现出的顺周期性、信息不对称以及资本流动等各种因素，其中顺周期性是一项重要因素，结果是系统性风险的积聚与爆发，最终波及实体经济，甚至社会稳定。自次贷危机发生以来，金融不稳定的表现尤其突出，资本流动的冲击影响增强、金融顺周期效应凸显以及系统性风险的集中爆发，都可以看出金融不稳定有了新的特征事实以及传导路径。宏观审慎监管主要在解决两个问题：一是将防范系统性风险纳入监管目标；二是消除或减少金融体系与金融监管的顺周期性问题，这些均是先前微观审慎监管所欠缺的。

宏观审慎监管（Macro Prudential Assessment，MPA）是指重点关注金融体系的顺周期问题，以防范系统风险为要义，侧重于维护整个货币体系、金融体系、社会经济稳定的金融监管理念或机制。宏观审慎监管作为不同于微观审慎监管的创新监管模式，将监管范畴从单体金融机构扩展到整个金融系统所面对的风险，从而可以通过更加广泛全面的监测和评估，获得更为真实的市场情况和风险水平，为制定金融稳定政策和采取必要的干预措施提供坚实依据，从而能够更加有效地避免整体金融体系的系统风险形成的负面冲击，缓解和消除风险蔓延的速度和影响，从而能够维护和促进国际金融经济秩序的持续、协调发展。如表8-2所示。

表8-2 宏观审慎监管内涵

目 的	内 容	特 点
宏观层面的金融稳定	重要的金融机构和市场	以防范系统性风险为核心
	宏观经济环境	与微观审慎监管有机统一
	金融风险内生性	全新协调机制
	金融风险积累	需与其他制度配合
	外部风险传染	明确各监管部门职责

宏观审慎监管的内容也就是其主要关注的因素，主要包括五个方面，即重要的金融机构和市场、金融风险内生性、宏观经济环境、纵向风险积累和外部风险传染。宏观审慎的监管视野必须从单纯盯住金融机构拓展成同时关注机构、市场和产品拓展，凡是对整个金融系统的安全稳定会产生十分重要影响的金融机构、金融市场和金融产品都应进入监管视野。

 小知识

典型国家的金融监管体制

一、美国的金融监管体制

美国在1930年颁布《格拉斯—斯蒂格尔法》，实行分业经营，并相应确立了分业监管体制。在银行业监管方面，美国实行的是别具特色的双线多元监管模式。在联邦一级，有财政部货币监理署（OCC）、联邦储备体系（Fed）、联邦存款保险公司（FDIC）三家监管机构；在州一级，有各州的银行监管机构。OCC是国民银行的主要监管机构，此外国民银行还要接受Fed和FDIC的监管。州银行的主要监管部门是州银行监理官和管理机构，若州银行同时也是Fed的成员行和FDIC的投保行，也接受这两家机构的监管。此外，储蓄机构监管局（OTS）负责监管储蓄贷款协会，全国信用社管理局（NCUA）监管在联邦注册的信用社。在证券监管方面，证券交易委员会（SEC）是最高管理机构，对证券发行、交易以及从事证券业务的投资银行业进行监管。各州在不违背联邦法律的前提下，有权制定证券法规和设立证券交易委员会，对本州的证券市场进行管理。全美证券交易商协会以及各证券交易所等自律组织负有监督其成员及市场交易活动的责任。在保险监管方面，由州保险监管署对保险业进行监督，全美保险监督长官联席会议（NAIC）的职责是综合各州保险监管署的意见，制定样板法规，以保证各州保险法和保险监管在一定程度上的统一性。

1999年，美国国会通过《金融服务现代法案》，废止了《格拉斯—斯蒂格尔法》，正式允许混业经营，可以通过金融控股公司的形式实现银行、证券、保险业间的渗透。同时，该法案也对金融监管体制进行调整，采取了综合监管与专业监管相结合的"伞形功能性监管模式"。美联储作为综合监管的牵头人，对金融控股公司实施监管。OCC等银行监管机构、SEC、州保险监管署分别对银行、证券及保险业务进行监管。美联储除了对金融控股公司进行全面监管外，必要时对银行、证券、保险等子公司的限制监管行使裁决权，若专业监管机构认为Fed的限制监管内容有重大恶劣影响，则专业监管机构拥有裁决权。Fed与各专业监管机构之间互通信息，以加强综合监管与分业监管之间的联系。

次贷危机的暴发凸显出这种混合型监管体制存在监管重叠和监管真空的双重问题，易于诱发金融机构的"监管套利"行为，同时对金融消费者的保护也缺乏统一规管。2008—2009 年，美国政府发布《现代金融监管结构蓝图》等一系列文件，对监管系统的改革框架进行规划。2010 年，《多德—弗兰克华尔街改革与消费者保护法》出台。根据该法案和同时期公布的其他法案，金融监管体制的调整主要包括：将美联储的监管职能扩展至非银行控股公司及其附属机构，并赋予美联储对"系统重要性机构"实施严格监管的权力；设立金融稳定监管理事会（FSOC），负责宏观审慎监管，识别和防范系统性风险；撤销储蓄机构监管局，将相关监管权转移给美联储、OCC 和 FDIC；设立金融消费者保护局（BCFP），对提供信用卡、抵押贷款和其他贷款等金融产品及服务的机构实施监管，确保消费者及时得到金融产品的准确信息，杜绝金融机构的欺诈行为；成立财政部联邦保险办公室（FIO），负责对保险业的全面监督。

二、英国的金融监管体制

20 世纪 70 年代以前，英国各类金融机构基本上各自按照传统的业务范围分业经营，与之对应的是分业监管体制。银行业由英格兰银行进行监管，其设立的银行业监督委员会是监管的最高机构，具体管理事务由下属的银行业监督局负责。半官方性质的证券投资委员会（SIB）负责监管从事证券和投资业务的金融机构，证券市场上还有三家独立于政府的自律组织——英国证券交易所协会、收购与合并问题小组和英国证券理事会。贸工部负责对普通保险公司和人寿保险公司进行管理。此外，还有其他一些自律组织。

20 世纪 70 年代后，英国政府放松金融管制，在激烈的市场竞争中，金融业务趋于交叉，出现混业经营的局面。特别是 1986 年伦敦证交所的"大爆炸式"（Big Bang）改革，使银行可以从事证券及其他业务，越发加速了这一趋势。英国开始注重对金融业的全面监管，于 1997 年成立了由 SIB 改组而来的，全面对金融领域实行监管的"超级监管机构"，起初称为 Super SIB，或称新监管组织（NewRo），后定名为金融服务局（FSA）。该机构取代了原先的证券与投资委员会，并继承了 3 个证券业自律组织和被承认的 9 个职业团体的一系列管理职能，还取得了英格兰银行对银行业的监管职能，同时也对保险公司实施监管。英国由此建立了集中统一的混业监管模式。

2007 年，次贷危机从美国蔓延至欧洲，英国发生北岩银行挤兑事件，苏格兰皇家银行等也陷入困境，依靠政府救助方得以渡过难关。单一监管体制暴露出诸多问题，尤其突出的是对金融系统风险缺乏有效识别，存在宏观审慎"监管缺口"。基于对监管体制潜在缺陷的反思，英国政府决定重构监管体系，体现在三个方面。

（一）监管体制从单一到双峰

2010年，英国政府将金融服务局（FSA）拆分为两个机构：审慎监管局（PRA）和行为监管局（FCA）。PRA作为英格兰银行的下设机构并负责对商业银行、保险公司和投资公司的监管；而FCA则对所有公司的商业行为进行监管，侧重于对消费者的保护。由此，英格兰银行在金融市场中的地位得以提高，开始兼具宏观审慎监管与微观审慎监管的双重职能。"双峰"监管模式的最大特征是，英格兰银行金融监管职责全面扩充，集货币政策制定与执行、宏观审慎管理和微观审慎监管于一身，在金融监管体系中处于核心地位。

（二）监管方式从"三方共治"到"超级央行"

1997—2010年，英国一直实行"三驾马车"监管模式，即由FSA与英格兰银行、财政部共同分担金融体系保护责任，但这一"三方共治"的监管体系在金融危机中严重失灵。为消除宏观审慎"监管缺口"，英国议会2009年2月出台了《2009年银行法》，确立了英格兰银行作为中央银行在金融稳定中的核心地位，集货币政策、金融稳定、金融市场运行以及存款性金融机构处置等职能于一身，成为"超级央行"，形成大一统的监管局面。

（三）银行经营从全能银行模式到结构化综合经营

金融危机期间，英国实行的"全能银行"模式造成了诸多监管难题，并产生了系统性影响。2012年，根据英国独立银行委员会的建议，英国政府决定实施"围栏法则"进行结构化监管改革，打破"全能银行"模式，在集团内部对零售银行和投资银行业务实行隔离，并由"超级央行"对金融集团实施审慎监管。

三、中国的金融监管体制

中国真正现代意义上的金融监管始于改革开放后。1986年，国务院颁布《中华人民共和国银行管理暂行条例》，规定由中国人民银行审批专业银行和其他金融机构的设置或撤并，监督、稽核其业务，同时管理企业股票、债券等有价证券和金融市场，并管理全国的保险企业。中国人民银行对银行业、证券业、保险业均负有监管职责，呈自然混业监管的状态。不过，直到1995年《中华人民共和国人民银行法》颁布，中国人民银行的监管职能方以国家立法的形式得以确立。

1992年，国务院证券委员会及其执行机构——中国证券监督管理委员会（以下简称"证券委员会"）成立，履行对证券市场的合规性监管，中国人民银行保留对证券机构的监管职能。为避免政出多门、重复监管，优化监管专业分工，1998年，我国进行金融监管体制改革，原由中国人民银行监管的证券机构划归证监会监管，证券委员会撤销，其职能转由证监会行使，作为证券和期货市场的主管机关；设立中国保险监督管理委员会，专门负责对保险业实施监管。2003年，中国银行业监督管理委员会成立，承担对商业银行和各类非银行金融中介机构的监管职责。这一改革举措有助于提高我国银行监管的专业化水平，同时便于中国人民银行重点实施宏观金融调控职能。中国人民银行保留为履行制定和执行货币政策、维护金融稳定、防范和化解系统性金融风险等职责而对货币市场、金融机构部分业务等的监督管理权力。由此，我国确立了"一行三会"分业监管的框架。此外，20世纪90年代以来，一些全国性银行、证券、保险、期货业自律组织也陆续成立，大部分金融机构设立了内部稽核部门。我国已逐步建立起多层次金融监管体系的基本架构。

2017年11月8日，国务院金融稳定发展委员会（以下简称"金稳委"）成立，作为国务院统筹协调金融稳定和改革发展重大问题的议事协调机构。设立金稳委，是为了强化人民银行宏观审慎管理和系统性风险防范职责，强化金融监管部门监管职责，确保金融安全与稳定发展。"金稳委"的成立有助于构建统一协调的职能监管、行为监管体系。

2018年4月，国务院机构改革方案提出，将中国银行业监督管理委员会和中国保险监督管理委员会的职责整合，组建中国银行保险监督管理委员会（以下简称"银保监会"），依照法律法规统一监督管理银行业和保险业。2018年5月，商务部将融资租赁公司、商业保理公司、典当行业的监管职权移交至银保监会。这意味着相较于以前，银保监会现在的管辖职权进一步扩展至保险业、融资租赁公司、商业保理公司、典当行业、P2P、金融资产投资公司等。与此同时，2017年以来，中国人民银行充分利用货币政策+宏观审慎管理的双支柱框架，不断丰富MPA体系的内容，力求实现MPA的全口径管理，先后将同业业务、投资类业务、表外理财、跨境业务以及同业存单等纳入MPA。

在我国现行的"一委一行两会一局"金融监管框架中，金稳委负责统筹金融监管框架改革，协调各监管机构之间的职能分工与具体的审慎监管工作；中国人民银行除承担货币政策职能外，更多担负宏观审慎管理、系统重要性机构监管、金融基础设施建设、基础法律法规体系健全及全口径统计分析和预警等工作；银保监会和证监会则侧重于微观审慎监管和行为监管职能；各地金融监管局则在"金稳会"和各监管机构的统一指导下，维护区域内金融稳定。

三、银行监管

各国银行监管当局的监管措施主要包括以下几方面：一是银行准入的监管

和银行日常经营的监管;二是为保护存款人的利益并维护银行体系的稳定而建立的存款保险制度;三是在银行濒临危机时采取的紧急救助措施。

(一)银行准入监管

历史上,对商业银行的市场准入有四种原则:①自由主义,法律对银行的市场准入不加规定,银行设立不需经过登记注册,而是依事实而存在;②特许主义,银行成立的依据是统治者颁发的特许令或国会的特别法令;③准则主义,商业银行只要符合法律规定的条件即可申请注册,无须经过监管机构批准;④核准主义,又称审批制,银行的设立除了要符合法律规定的条件外,还需报请监管机构批准后,方可申请登记注册。审批制是现代商业银行市场准入的通行制度。

监管当局对银行市场准入的控制主要有两个目的:①保证新设立的银行具有良好的品质;②保持银行数量与社会需要相适应,促进银行业的适度有效竞争。

银行监管当局判断准入的标准既有量的标准,也有质的标准。量的标准主要是设定商业银行必须达到法定最低注册资本额,以保护债权人的利益并维持银行体系稳定运行。中国设立全国性商业银行的注册资本最低限额为10亿元人民币,城市商业银行和农村商业银行的注册资本最低限额分别为1亿元人民币和5000万元人民币。质的标准主要包括法人资格、组织章程、经营管理的方式与计划、内控制度、高级经营管理人员素质等。对符合条件的申请人,监管当局在审批时还要考虑经济发展的需要和银行业市场竞争状况。

(二)银行日常监管

监管当局制定各项预防性的谨慎监管规则,并通过现场检查和非现场检查对商业银行的日常经营管理进行考察和约束。

1. 谨慎监管规则

"谨慎原则"源于会计处理,即采用尽可能不高估资产和所有者权益的会计处理方法,以使企业的会计核算建立在稳妥可靠的基础之上。谨慎监管的核心内容是督促银行谨慎经营,防范和控制风险,确保银行稳健运行。各国银行监管机构大都基于"谨慎原则"建立了全面监管的规则体系。

(1)资本充足度监管。1988年巴塞尔银行监督委员会颁布《统一国际银行资本计量与资本标准的协议》(巴塞尔协议Ⅰ),提出了银行资本充足度的国际标准,规定银行资本与加权风险资产比率不得低于8%,核心资本比率不低于4%。鉴于1988年巴塞尔协议存在的局限性,1999年,委员会提出巴塞尔资本协议新框架,在广泛吸收多方意见后,2004年,委员会正式公布《资本计量和资本标准的国际协议:修订框架》(巴塞尔协议Ⅱ),于2006年底实施,将最低资本要求、监管评估过程、市场约束作为银行监管体制的三大支柱,扩展监管资本对风险的覆盖范围,并引入风险的内部评级法。2010年,针对次贷危机暴露出的资本监管的潜在缺陷,委员会就"巴塞尔协议Ⅲ"的内容达成一致,强化资本质量,提高最低监管资本要求,一级资本要求达到6%,还同时引入资本留存缓冲和逆周期资本缓冲,并将杠杆率作为资本充足率要求的补充,强化对系统性重要银行的监管。2017年12月,委员会发布《巴塞尔协议Ⅲ:后危机改革的最终方案》,对"2010年版巴塞尔协议Ⅲ"进行修订和补充,提高标准法的风险敏感度,限制内部评级法的使用,以便实现风险计量框架的风险敏感性、简单性和可比性的平衡。

(2) 流动性监管。次贷危机爆发之前,各国监管机构对银行流动性的衡量方法、管理方式差别较大。有的国家以各种流动性比率作为考核流动性的指标。有的国家并无强制性的流动性比率要求,而是向银行发布衡量和管理流动性的指导方针。英国监管当局对银行流动性状况是以流动性缺口来衡量的,并设立流动性指导线对银行的流动性进行监督。美国银行监管机构并不具体规定银行的流动性比率,但是监管机构对银行进行检查时将流动性作为一个重要项目,并对银行的流动性按1~5级进行评级。次贷危机引发了监管者对流动性风险的高度重视。巴塞尔委员会在2010年颁布《巴塞尔协议Ⅲ:流动性风险计量、标准和国际框架》,将流动性覆盖率和净稳定资金比例作为监管指标。2013年,委员会又发布了《巴塞尔协议Ⅲ:流动性覆盖率和流动性风险监测工具》,对流动性覆盖率的监管标准进行修订。

(3) 授信集中度监管。监管者对银行授信集中度加以限制,避免信贷风险过于集中,同时也对关系人授信予以限制。巴塞尔银行监督委员会在1991年发布的《衡量与控制大额授信敞口》中,要求银行对单一私人部门、非银行借款人、单一集团客户的授信敞口不应超过银行资本的25%,并将贷款集中度管理纳入巴塞尔协议Ⅱ的第二支柱中。欧盟规定银行对单一借款人的授信不超过总资本的25%,对关系人授信不超过总资本的20%。美国联邦监管机构规定对单一借款人的无抵押授信不超过银行资本的15%,有抵押授信不超过25%,并规定对关系人贷款不应提供优惠。日本等国也对单一客户的授信规定了限额或比率。

(4) 资产质量监管。银行的资产质量(主要指贷款质量)是衡量银行经营状况的重要依据。美国银行监管机构根据风险程度将银行资产分为正常、关注、次级、可疑、损失五类，以便确定银行的资产质量等级。

除此之外，银行监管当局对商业银行的贷款损失准备监管、内部控制监管、信息披露、风险管理等方面也有相应的要求。

2. 现场检查

现场检查是指监管机构派员到商业银行进行实地检查，采取现场查阅原始报表、账册、文件等资料、采集数据信息和询问、访谈、评估及测试等方式，分析、检查、评价银行的经营管理水平以及遵循法律和政策的合规性。现场检查按检查内容可分为全面检查和专项检查，前者是对银行经营管理和业务活动全面和全过程的检查，后者是对银行某项业务或某一经营管理环节进行检查。按检查频率可分为定期检查和不定期检查。监管机构的工作人员除了亲临现场外，还可能委托某一具备资格的机构对银行进行全面或单项的检查⊖。现场检查的步骤主要包括检查前的准备、进入现场、由各检查小组就其负责的检查内容分别进行检查、对被检查银行进行综合评价、制作检查报告。

现场检查比较直观，能直接检查银行财务会计资料的真实性，还可查访有关人员，较易发现问题。但现场检查的成本较高，而且可能影响银行的正常经营，因此检查不能过于频繁。

3. 非现场检查

非现场检查是指监管当局要求银行定期或不定期报送财务报表等资料，通过收集、分析银行的各种数据来考察、评价银行的经营管理情况、风险状况和合规情况。大多数国家的监管当局都建立了非现场检查报告制度。

与现场检查相比，非现场检查具有较强的及时性、连续性，适用于对银行的风险状况进行早期监督。不过，非现场检查单纯依靠数据资料，对一些深层次、隐蔽性问题可能难于察觉，监管当局应综合运用现场检查和非现场检查，使其优势互补。

（三）存款保险制度

存款保险制度要求接受存款的金融机构为其吸收的存款向存款保险机构投保，当投保机构发生危机无力支付存款时，由存款保险机构向存款人偿付被保险存款。现代存款保险制度形成于20世纪30年代的美国，在经历了严重的经济

⊖ 比利时、瑞士等国家的监管当局主要依靠独立的外部审计师对银行进行常规的现场检查。在英国、德国、澳大利亚等国家，外部审计师也在一定程度上参与银行检查。美国、加拿大等国家的监管当局主要依靠自身实施检查，近年来也开始利用外部审计。

和金融危机后,为保护存款人利益,稳定公众对银行体系的信心,美国《1933年银行法》确立了存款保险制度,并成立了联邦存款保险公司(FDIC)。大部分西方国家在20世纪也先后建立了存款保险制度。2015年,我国颁布《存款保险条例》,建立存款保险制度。2019年,中国人民银行设立存款保险基金管理公司。

绝大多数国家都强制要求符合条件的存款机构必须参加保险。美国最初规定联邦储备体系会员行必须向FDIC投保,实际上现在新成立的银行都必须参加存款保险。有些国家实行自愿参保,这些国家多采取行业性的存款保护组织形式。各国的存款保险标的一般包括本币存款和外币存款,有的国家对外币存款不予保护。创立存款保险制度的目的是维护银行业的稳定性,但该项机制设计的保护重点通常是中小存款人,各国通常不对存款实行全额保险,而是将最高保险金额设定在一定限度。

(四)银行危机处理与退出管理

1. 危机处理

即使在最有效的金融监管体制下,也无法消除银行陷入困境的可能。为保护公共利益,维护公众信心,保持银行体系稳定,各国监管当局建立了一系列银行危机处理制度,以便将银行可能破产倒闭造成的损失降低到最低限度。市场准入和日常监管是事前的预防性措施,危机处理是事后的挽救性措施。银行危机的处理方式一般有以下几种。

(1)紧急救助。对面临流动性困难的银行采取紧急救助,当局既可给予资金援助,也可给予信誉支持:①资金援助。最后贷款人(Lender of Last Resort)通常由中央银行担任。除了直接提供贷款外,中央银行还可以出面设立特别机构或专项基金对有问题的银行提供财务援助。在某些情况下,中央银行会组织大银行对陷入困境的银行提供流动性援助。有些国家的存款保险机构也会以提供贷款、存入资金、购买其资产等方式对发生危机的银行给予援助。2008—2009年,为救助因次贷危机而陷入困境的花旗银行,美国政府先后三次向其注资。②担保。由中央银行或政府出面担保,帮助有问题银行渡过难关。1984年美国伊利诺斯大陆银行出现流动性危机,芝加哥联邦储备银行FDIC及数家银行提供了资金支持,但仍未能稳定存款人的信心,最后美联储宣布将满足该银行任何流动性头寸要求,FDIC也破例承诺所有存款人、债权人的利益将得到充分保护,方使该行的挤提风潮得以缓和。2009年,除了对花旗银行注资购股,美国财政部、美联储和FDIC也对花旗银行的问题资产提供担保。不过，对银行的救助并不是没有限度的。如果维持银行继续经营的挽救费用过高，而且该行倒闭的影响面不会很大，则当局一般不会给予救助，而是让市场的惩罚机制发挥作用。

（2）接管。某些财务困难的危机银行在继续经营状态下的价值大于立即破产清算的价值，为保护银行债权人的利益，避免因银行倒闭造成震荡，监管当局可对其予以接管。监管当局成立接管组织介入危机银行，行使经营管理权，以防止其资产质量和业务经营进一步恶化，争取恢复银行的正常经营。危机银行由金融监管当局直接接管或是由存款保险机构接管，也可能被特设机构接管。被接管银行的法人资格继续存在。在一定的接管期限内，被接管银行经过整顿、改组后可能恢复正常经营能力，或许被其他金融机构兼并或收购，也可能无法恢复正常经营或无法找到买家而最终破产。

（3）并购。监管当局可以组织其他健全银行兼并或收购危机银行，承担其部分或全部债务。并购分为援助性和非援助性两种。如果属于非兼并收购，兼并者将对被并购银行的存款和损失负全责，监管当局不提供资金援助，不过兼并者可能获得在开办新业务、扩大分支机构等方面的优惠。如果属于援助性收购，监管当局将向兼并者提供资金援助，或是承诺兼并者不会因兼并而遭受直接损失。

2. 市场退出管理

如果监管当局对濒临破产的银行采取挽救措施后成效不大或是没有挽救希望，银行已没有继续经营的价值，那么法院将依法宣告该银行破产。破产并不是银行退出市场的唯一形式。若银行在经营中违法违规，监管机构会令其限期整改，情节特别严重或（逾期）不加改正，监管机构将吊销其经营执照，关闭该银行。此外，银行也可能由于合并、分立或是由于银行章程规定的解散事由而自行解散。

四、证券监管

为了使证券市场充分发挥优化配置资源的功能，保护证券市场参与者的正当权益，防范证券市场风险，促进证券业的有效竞争，各国都建立了证券监管体系。证券监管贯穿证券市场运行的各个环节，这里介绍其主要内容。

（一）证券发行监管

证券发行的监管制度主要分为两种类型。

1. 注册制

发行人在发行证券前需按照法律规定向证券监管机构申请注册登记，同时依法提供与发行证券有关的所有资料。注册制的基本价值理念是信息公开主义（Full Disclosure）。证券监管机构的职责是审查资料的全面性、真实性、准确性，但不负有对证券的投资价值等实质问题进行审查的责任。投资者依据公开信息自主作出投资决策，并承担相应的后果。注册制强调市场经济的自由性和监管的效率。监管机构处于较为超脱的地位，不涉及证券发行的实质条件，避免了不当干预，也减少了审核工作量。不过，其假定前提是投资者都能充分获得信息，并作出理性的决策。注册制适用于证券市场发展已进入成熟阶段的国家。美国《1933年证券法》《1934年证券交易法》确立了证券发行的注册制。日本等国家和中国香港地区也实行注册制。

2. 核准制

发行人的证券发行申请须经监管机构审查批准方能生效。发行人除公开信息外，还要符合《公司法》《证券法》及监管机构规定的实质性条件，监管机构有权否决不符合条件的发行申请。监管机构主要对发行人的营业性质、管理人员资格、资本结构、是否有合理的成功机会条件等进行审查。核准制的基本立法思想是准则主义，强调实质管理（Substantive Regulation）。核准制有助于把低质量的发行公司拒之门外，保证发行证券的质量。不过，监管机构设立的审核标准是否科学、审核过程是否客观公正也可能存在不尽人意之处，而且容易造成投资者对监管机构的依赖心理，审核工作量也相当大。采用核准制的主要是英国、法国等欧洲国家，一些新兴经济体的证券市场也多采用这种制度。

 小知识

中国的证券发行制度

中国证券监管部门曾经对证券发行规模实行额度计划管理，由国家计委和证券委共同确定全国及各省的证券发行额度。股票发行根据1993年制定的《股票发行与交易管理暂行规定》实行两级审批制，企业的发行申请经地方政府和中央企业主管部门批准后，送证监会复审。公司债券的发行依据1993年的《企业债券管理条例》由中国人民银行会同中华人民共和国计划委员会审批。证券发行条件在《公司法》《股票发行与交易管理暂行条例》《公司债券管理条例》等法规中作了具体规定。1998年，中国公布《证券法》，并于1999年7月1日正式实施。《证券法》对证券发行制度作了一定程度的改革：一是将证券发行的行政审批制改为核准制，强调发行审核以客观标准为基础；二是设立发行审核委员会，实行表决制，增强了证券发行审核的公开性和公正性；三是实行证券发行价格协议定价，由发行人与承销商协商确定发行价格，改变了以往证券发行市盈率实际上由证券监管部门掌握的定价方式。2000年，证监会发布《股票发行核准程序》，于2001年正式实施股票发行的核准制，取代了额度审批制。2003年末，证监会又发布了《证券发行上市保荐制度暂行办法》。为了进一步推进证券发行监管的市场化，2015年12月，人大常委会授权国务院在改革中调整适用证券法，由国务院决定注册制改革的具体实施方案。2019年，我国设立科创板并试点股票发行注册制。

（二）证券交易监管

1. 证券上市与退市制度

为保证上市证券的质量和流通性，各国通常都制定了证券上市条件。证券上市标准不仅随着一国经济发展水平、证券监管思想的变化而变化，国内不同的证券交易场所也有着不同的上市标准。总体上看，证券上市标准包括以下基本内容：①规模标准。主要是公司的证券发行量和资本总额。资本雄厚的公司抵御风险的能力较强，证券发行量达到一定规模，易于形成交易，且有助于保持市场行情稳定，其市场价格不易被少数人操纵；②经营标准。上市公司需要具备一定的经营年限和连续盈利的经营业绩；③证券持有的分布标准。这一标准主要是指证券持有者达到一定人数，股权适度分散，以避免大户操纵；④合规性标准。主要是指公司财务制度健全、上市证券的规格符合规定、对证券转让未加限制等。

各国对证券上市审核权力的划分存在差异，一种模式是公开发行证券与证券上市交易的审核分离，另一种模式则是将二者结合。前者以美国为代表，证券上市主要是由证券交易所审核，向官方证券监管机构申请注册或是取得其认可。若交易所与证券监管机构准许证券上市，上市公司应与交易所订立"上市契约"，上市公司在取得挂牌交易权利的同时，承诺接受交易所的管理。中国的《证券法》《首次公开发行股票并上市管理办法》等法规以及沪深证券交易所上市规则都对证券上市条件作了规定。根据《证券法》，证券上市交易应向证券交易所提出申请，由其审核同意，并由双方签订上市协议。在实际运作中，我国采取证券发行审核和上市审核一体化的模式。

当上市公司不符合上市条件时，已上市的证券可能被暂停交易或终止上市。证券被停止上市的原因主要是在股权分散、总股本、资本额等方面不符合上市要求，或是效益不佳、负债过重、缺乏投资价值、交易不活跃，或是公司有重大违法行为、不按规定公开信息等。

2. 市场交易规则

各国官方证券监管机构和证券交易所都对证券交易的一般规则作了具体规定，包括证券交易程序、竞价方式、委托方式、交易单位、成交规则、交易费用、清算与交割制度、涨跌幅限制等。

关于证券的信用交易制度，各国监管部门的态度存在差异。不少国家允许信用交易，以增加市场的活跃程度，由于信用交易的杠杆作用有可能加大证券价格波动幅度，放大市场风险，这些国家同时对信用交易实行严格的管理。

此外，监管部门还禁止各种不正当交易行为。不正当交易行为是指违反证券市场公平、公正、公开、诚信的基本原则，破坏市场秩序的行为，主要包括：①内幕交易，是指因地位或职务上的便利能够掌握内幕信息的人直接或间接地利用内幕信息进行证券买卖，获取不正当经济利益，或是泄露内幕信息，使他人非法获利的行为；②操纵市场，是指利用资金、信息或持股优势，或滥用职权，通过证券买卖的具体操作，制造市场交易的种种假象，诱导投资者，以达到操纵市场价格目的的行为；③欺诈行为，主要包括发行人及有关机构和人员在证券发行与信息公开中的欺诈行为、证券市场参与者在证券交易中的欺诈行为及券商在办理客户委托中的欺诈行为等。

（三）信息披露制度

信息披露制度又称公示制度。证券市场的有关当事人在证券的发行、上市、交易等一系列环节中，应依据法律和有关规定将相关信息予以公开。信息披露必须及时、真实、准确、全面、规范。除了在证券发行和上市前必须向投资者提供招股说明书、公司债券募集办法、上市公告书及其他资料外，上市公司还需在证券上市后对有关信息进行定期披露，主要包括反映公司经营业绩与财务状况的年度报告和中期报告。对某些重大事件和重大信息，上市公司要发布临时公告。

（四）上市公司收购监管

上市公司收购是指收购者为取得或巩固对某一上市公司（目标公司）的控制权，而大量购入该公司发行在外的股份的行为。上市公司收购是一种特殊的证券交易行为，对公司控制权和股票市场价格有较大影响，因而应予以制定专门的规则。收购一般要经过三个阶段：①初始阶段。收购者开始购入目标公司的股份，由于其持股比例还比较低，被视同为一般的交易行为。②吸纳阶段。收购者已持有目标公司一定比例的股份，成为主要股东，此时收购者应依据监管部门的规定公开其持股情况。此后，当其持股达到更高比例时，需要详细披露权益变动情况。③要约阶段。当收购者持有目标公司股份达到某一法定比例后,如继续收购,应向目标公司的其他股东发出收购要约。收购要约的发出需经监管部门批准或认可,要约的期限、撤回与无效、收购条件变更等事宜也须遵守有关规定。此外,上市公司收购还可采用协议收购的方式,收购人与目标公司的股东依法以协议方式进行股权转让。收购监管主要是规制在收购中处于主动地位、占有信息优势的收购者,对目标公司也有一定的约束。对收购完成后的事宜,监管部门也有相关规定。

(五)证券商监管

证券商是经营证券业务的机构或个人。由于证券商是证券市场的中介和纽带,对证券商的规制是证券监管的重要内容。

1. 证券商市场准入监管

监管部门对证券商的设立及从事业务范围的管理主要有三种模式:①注册制。证券商的设立以及从事某种业务须向证券主管机关申请注册,申请人只要符合法定条件,其申请即可获得批准。美国和中国香港地区采用这种制度。②特许制。证券商设立或从事经营活动除须具备法定的各种实质性要件外,还须经主管机关特许。法国、德国、意大利等国家实行特许制,日本在第二次世界大战后曾经采用注册制,后于1965年改为特许制,1998年又再次转为注册制。③承认制。政府对证券商的设立不予管理,而由自律性组织管理,政府承认自律组织的会员作为证券商的资格。英国曾实行承认制,1986年以后该制度基本被取消。证券商的组织形式主要有公司法人、合伙、个人独资。对后两种形式,各国的规定不同。传统上,许多国家规定证券商可以是合伙组织或个人。证券商的设立条件主要有最低资本额、管理人员和从业人员素质、机构履历与信誉、经营场所和交易设施等。证券商依据业务范围可分为证券承销商、证券经纪商、证券自营商和综合类证券商。各国对证券商是否可以兼营多种证券业务持不同态度。美国基本上没有对此加以限制,日本准许综合证券商,但要求证券商分别取得不同的特许。英国以前实行单一资格制度,1986年以后允许证券商兼营多种证券业务。一些欧洲大陆国家实行全能银行制,由商业银行兼营证券业务,近年来不少国家走向混业经营,商业银行也被允许涉足证券业。

中国对证券商的设立实行特许制。最初证券经营机构的设立由人民银行批准,对设立条件没有明确的法律规定。1990年的《证券公司管理暂行办法》对设立条件作了初步规定。1992年,证券委员会成立后,对证券商的设立实行双重审批制，人民银行发放经营金融业务许可证，证券委员会发放经营证券业务许可证。1996 年以前，由于未实行分业经营，我国证券商分为专业证券公司和银行、信托投资公司及其他金融机构的证券部。1996 年开始对证券商制度实行改革，银行、信托投资公司等与其证券部脱钩。1998 年的《证券法》明确规定证券公司设立须经证监会审批，证券公司为股份制公司和独资公司，对证券公司实行分类管理，综合类证券商和经纪类证券商在其各自许可证规定范围内开展业务，并规定了设立综合类证券商与经纪类证券商的条件。

2. 证券商业务规则

由于证券商在证券市场上拥有信息优势、资金优势和职务便利，为了保护投资者的利益，监管部门对证券商的业务活动及其高级管理人员和证券从业人员的行为必须给予规范。证券商从事证券业务要遵从监管机构的有关规定，其违法违规行为将受到处罚。

中国《证券法》对证券公司办理业务制定了相应的规则：证券公司必须将证券经纪业务、承销业务、自营业务和证券资产管理业务分开办理；证券公司的自营业务须以自身名义进行，不得将自营账户借给他人；客户的交易结算资金须存入指定的商业银行，单独立户，证券公司不得挪用；证券公司应根据客户委托，按照交易规则代理买卖证券，如实进行交易记录等。

3. 证券商经营状况监管

为了控制证券商经营活动中的风险，监管部门对其经营状况也需进行监管。监管部门要求证券商建立健全的财务制度，并设定证券商净资本规则、最低流动性标准，以防止证券商过度进行高风险投资活动。此外，监管部门还要求证券商提取保证金或准备金。许多国家建立了证券商经营报告制度。证券商须按规定向监管部门定期提交经营报告，以便监管部门全面掌握其经营状况。监管部门还要求证券商随时提供有关的经营报告，对其经营状况随时进行检查。2009 年，中国证监会颁布《证券公司分类监管规定》，以证券公司风险管理能力为基础，结合公司市场竞争力和持续合规状况，确定证券公司的类别，将证券公司分为 5 大类 11 个级别，对不同类别规定不同的监管标准。

除上述监管内容外，监管部门还对证券交易场所、会计师事务所等证券市场中介服务机构以及证券投资者等实施管理。

五、保险监管

保险监管是指国家对保险业的监督和管理，是保险监管机构依法对保险人、保险市场进行监督管理，以确保保险市场的规范运作和保险人的稳健经营，保护被保险人的根本利益，促进保险业健康、有序发展的整个过程。从监管内容上看，保险监管包括国家保险监管机构对保险组织的监管、保险经营的监管、保险财务的监管、保险公司偿付能力监管以及保险中介人的监管。

（一）保险组织的监管

保险组织监管是对保险组织市场准入与退出的监管。它包括对保险机构设立、整顿、接管、分立、合并以及破产清算等方面的监管。

1. 保险组织形式的监管

保险组织是依法设立、登记，并以经营保险为主业的机构。保险人以何种组织形式开展经营，各国可根据国情做出不同的规定。从世界范围看，主要的保险组织形式有股份有限公司、有限责任公司、相互保险公司、保险合作社、个人保险组织等。

2. 保险组织的设立、变更和终止

（1）保险组织的设立。它是创办保险公司的一系列法律行为及其法律程序的总称，是对保险人资格的认定过程。这些资格主要包括一定的设立条件和程序。保险监管机构对保险组织设立进行监管的目的在于：①规定和落实保险机构开业资本金；②限制和选择保险机构的组织形式；③规定保险机构营业范围；④保证保险机构高级管理人员的水平。

（2）保险组织的变更。保险组织的变更是保险机构依法对其组织形式、注册资本、法人代表及其他高级管理人员、营业场所等重要事项进行的变更。当需要对这些重要事项进行变更时，保险机构必须报保险监管机构批准并备案。

（3）保险组织的终止。保险组织的终止分为保险机构的解散、撤销和破产三种形式。保险公司的解散和撤销都要经保险监管机构批准。由于人寿保险合同具有储蓄性质，涉及的社会面广，所以经营人寿保险业务的保险公司不得解散。

3. 保险从业人员的监管

保险从业人员包括保险公司的高级管理人员和业务人员。保险经营的专业化程度高，技术性强，从业人员的业务水平高低对保险企业的经营业绩和财务管理有着直接和重大的影响。因此，对保险从业人员的监管成为保险组织监管的重要内容。

（1）保险企业的高级管理人员的任职资格。对此，世界各国都有较高的要求，并进行严格的资格审查：不符合法律规定的任职条件，不能担任公司的高级管理职务；合格管理人员没有达到法定数量，公司不能营业。

（2）保险公司的各种业务人员。对保险公司中的核保员、理赔员、精算人员、会计师等的配备，法律法规都有相应的规定。

（二）保险经营的监管

保险经营的监管侧重于对保险业务种类和范围、保险条款、保险费率、再保险业务等进行监管。

1. 保险业务种类和范围的监管

对保险业务种类和范围的监管包括两方面的内容。

（1）关于兼业问题，即是否可以同时经营保险业务和其他业务。这可从两方面来看：一方面，非保险企业或个人是否可以经营保险业务。由于保险是经营风险的特殊行业，不论是保险费率、保险条款、保险理赔，还是保险风险防范，都要求运用专门技术，专业化程度相对于一般行业要高得多，非一般行业或企业所能担当。为了保障被保险人的利益，绝大多数国家均通过立法确立商业保险专营原则，未经国家保险监管机构批准，擅自开办保险业务的法人或个人都属非法经营，国家保险监管机构可勒令工停业并给予经济上乃至刑事上的处罚。另一方面，保险企业是否可以经营其他非保险业务。同样，为了防止保险企业经营的失败和保证保险基金的专用性，保险企业也不得经营非保险业务，甚至不得从事未经核准的其他性质的保险业务。

（2）关于兼营问题，即保险人是否可以同时经营财产保险和人身保险业务。由于财产保险和人身保险在经营技术基础、承保手段、保险费计算方式、保险期限、准备金计提方式以及保险赔偿或保险金给付条件和方法等方面存在很大的差别，尤其是人寿保险带有长期性和储蓄性，将二者兼营，很有可能将人寿保险的保险基金挪作财产保险赔付。所以，一般各国保险经营都遵循"产寿险分业经营"的原则，即同一保险人一般不得同时经营财产保险和人身保险业务。与此同步，在监管上也确立了"产寿险分业监管"制度。

2. 保险条款的监管

（1）保险条款监管的重要性。保险条款是保险合同的核心内容，是保险人与投保人关于各自权利与义务的有效约定。由于保险合同是一种附和性合同，投保人、被保险人和受益人处于被动地位，保险人很容易利用保险合同的这一特点加大投保人和被保险人的责任，减少自己的责任，在无形中迫使被保险人接受不公平的条件，侵犯投保人一方的利益。所以，对保险条款的监管成为保险经营监管的主要部分。

（2）保险条款监管的主要方式。对保险条款的监管主要是通过保险条款的审批和备案进行操作。具体方式有以下几种：①由保险监管机构制定，保险公司必须执行的条款；②由保险公司自行制定，报经保险监管机构审批或备案后使用的条款；③由保险公司拟定并使用，但在使用后的一定时间内，需报保险监管机构备案的条款；④法律允许的由保险同业公会依法制定的条款。随着我国保险费率和条款市场化改革的深入，保险公司在条款和费率制定方面的自主权越来越大。

3. 保险费率监管

（1）保险费率监管的意义。保险费率是保险人用以计算保险费的标准，是保险商品的价格。费率的公平、合理对于保险经营和保险市场会产生积极的效应。对保险人来说，合理的费率可以保证保险人有充足的偿付能力，也可以保证保险人实现自身的经济利益。对投保人来说，合理的费率意味着一个公平的价格。对保险市场来说，合理的费率可以防止保险经营出现暴利或者出现巨额亏损，促进资源在保险市场的平衡流动和有序分配，有效调节保险市场参与者数量和保险产品的数量。所以，各国一般都将费率监管作为保险经营监管的又一主要内容。

（2）保险费率监管权限。我国保险费率的监管权限与保险条款的监管权限基本一致。

4. 再保险业务的监管

（1）再保险监管的意义。在承保风险巨大的时候，原保险人必须按照国家有关规定购买再保险。再保险人对原保险人的保险责任予以保障，在承担风险责任方面共同协作。如果再保险人不能履行赔付责任，将会严重影响原保险人的偿付能力，从而影响到被保险人的权益。所以，国家有必要加强对再保险业务的监管。

（2）对兼营再保险业务实行宽松式管理。再保险是保险人之间的一种业务经营活动，再保险人与投保人和被保险人之间不发生任何业务关系，所以各国对同一保险人兼营再保险业务和原保险业务问题态度明确，一般不加以限制。

（三）保险财务监管

保险财务监管包括资本金监管与公积金监管、保险公司负债监管和保险公司资产监管。

1. 资本金监管与公积金监管

（1）资本金监管。资本金是保险公司所有者对公司的投资，代表着所有者对保险公司承担法律责任的最高限额。对资本金进行严格监管的积极作用在于：①增加保险人承保、再保险和投资的能力，避免偿付能力不足的情况发生；②增加对承保及投资预期与非预期损失的弥补能力；③调节责任准备金、投资准备金或资金变动所产生的影响。其最终目的就是要保证资本金的真实性与合法性，促进保险人履行合同责任和社会责任。

（2）公积金监管。保险公司提取公积金是为了用于弥补公司亏损和增加公司资本金。

2. 保险公司负债监管

保险公司的负债主要体现在各种类型的保险责任准备金，包括未到期责任准备金、未决赔款责任准备金、人身险长期责任准备金、保险保障基金等。理论上，这些准备金对应的是未来一段时期保险公司对被保险人的赔付责任，如果准备金提取的额度不充足，则会影响到保险公司赔付责任的履行。监管保险公司的负债主要是监管保险公司准备金的充足性，揭示和纠正保险公司负债的低估或漏列，保证负债的真实性。检查负债内控制度的建立情况等也是保险公司负债监管的内容。

3. 保险公司资产监管

保险公司资产是指保险公司拥有或能够控制的、能以货币计量的经济资源，包括各种财产、债权和其他权利，也包括固定资产、流动资产、长期投资、无形资产、递延资产和其他资产。保险资产是保险公司可运用的资金，也是保险公司收入的主要来源之一。保险监管机构对保险资金运用渠道、投资比例等进行规范，以降低资产的风险，对资产质量进行审核，确定"认可资产"等，使保险公司资产充足、安全，且与负债有很好的匹配度。

（四）保险公司偿付能力的监管

偿付能力是保险公司经营的关键，没有充足的偿付能力就不能从根本上保证保险公司的健康发展，保障被保险人的利益。尤其是在放松管制的大环境下，对保险公司偿付能力的监管就成为监管部门最后的"堡垒"。

1995年《中华人民共和国保险法》首次提出偿付能力的概念，1998年中国保险监督管理委员会（以下简称"保监会"成立后，提出了市场行为监管和偿付能力监管并重的监管理念。2003年保监会发布偿付能力监管的具体指标规定，表明偿付能力监管迈出实质性步伐，监管内容包括保险公司内部风险管理制度、偿付能力评估标准和报告制度、财务分析和检查制度、监管干预制度、破产救济制度五个部分。

2013年保监会正式出台《中国第二代偿付能力监管制度体系整体框架》，2014年保监会陆续公布第二代偿付能力监管（简称"偿二代"）的各项具体技术标准征求意见稿并同时开展定量测试工作。"偿二代"采用"三支柱"框架体系。第一支柱是定量资本要求，主要防范能够量化的风险，通过科学的识别和量化各类风险，要求保险公司具备与其风险相适应的资本，主要包括量化资本要求、实际资本评估标准、资本分级、动态偿付能力测试和第一支柱监管措施五部分内容。第二支柱是定性监管要求，是在第一支柱的基础上，进一步防范难以量化的风险，主要包括风险综合评级、保险公司风险管理要求与评估、监管检查和分析以及第二支柱监管措施四部分内容。第三支柱是市场约束机制，是引导、促进和发挥市场相关利益人的力量，通过对外信息披露等手段，借助市场的约束力，加强对保险公司偿付能力的监管。2015年2月，保监会发布《中国风险导向的偿付能力体系》（China Risk Oriented Solvency System，C-ROSS），亦即"偿二代"体系，保险业进入"偿二代"过渡期。2016年1月1日起，"偿二代"正式实施。

（五）对保险中介人的监管

保险公司出售的保险产品多数是由保险中介人面向客户进行销售的，中介人是保险公司和客户之间的一个桥梁。因此，对中介人（尤其是保险代理人和保险经纪人）的监管就成为保护消费者利益的一个重要环节。

几乎在所有的国家，保险法均严禁保险代理人和保险经纪人的一些行为，例如：①歪曲事实，或称误导，指保险代理人进行不实陈述，误导被保险人购买不利保单；②回扣，指保险代理人或保险经纪人为诱使消费者购买保险而和其一起分享佣金；③欺诈行为；④侵占保险人或被保险人的资金等。违规行为严重的中介人将被处以罚款、吊销许可或支付由法庭宣判的惩罚性损害赔偿金。这种严格监管的目的是保护投保人的利益不受侵害，维持保险市场良性运转。

六、互联网金融监管

作为传统金融业与互联网结合的新兴领域，互联网金融具有透明度高、参与广泛、中间成本低、支付便捷、信用数据更为丰富和信息处理效率更高等优势；互联网金融在资金需求方与资金供给方之间提供了有别于传统银行业和证券市场的新渠道，提高了资金融通的效率，是现有金融体系的有益补充。互联网金融发展迅速，正日益成为正规金融的补充，也成为社会各界的关注热点。

互联网金融是相对独立于传统金融的业态，基于传统金融制定的现行监管规则显然难以适应互联网金融的发展。这种不适应主要体现在以下三个方面：①由于技术往往领先于监管，现行金融监管规则基于传统金融业务而制定，无法预判当前互联网金融发展的态势，造成既有的法律法规中有些规定无法适用于互联网金融的发展。例如，按照目前规定，民间借贷利率不得超过银行贷款利率的4倍，这种一刀切的做法与当前P2P网络贷款的发展格格不入。②在现行监管规则下，互联网金融平台面临较大的法律风险，不仅可能存在民事上的侵权行为，还可能涉嫌非法吸收公众存款、非法发行证券、非法经营等违法犯罪活动。这对于保护企业的创新是极为不利的。③由于互联网金融是新兴的业态，现行监管规则对互联网金融的规范不健全。例如，目前对于网络融资平台，在资金监管、借贷双方信用管理、个人信息保护、业务范围等方面均没有做出明确规定，这对于平台的健康发展、个人投资者利益保护均是不利的。④互联网介入金融以后，互联网的开放性和虚拟性使得金融机构和非金融机构之间的界限趋于模糊，金融业务综合化发展趋势不断加强，原来的分业监管模式面临越来越多的问题。

总结国际上对互联网金融的监管，体现了如下趋势和特征。

（一）将互联网金融纳入现有监管框架

作为新生事物，互联网金融监管在全世界都面临挑战。国际上普遍认为互联网金融是传统金融业务信息化的产物，重在渠道的升级，而非产品与内涵的创新，因此互联网金融并未改变金融的本质，从功能上来看仍脱离不了支付、金融产品销售、融资、投资的范畴，既然作为金融业务，那么就理应接受监管。同时，由于国外成熟市场对各类金融业务的监管体制较为健全和完善，体系内各种法律法规之间互相配合协调，能大体涵盖接纳互联网金融新形式，不存在明显的监管空白。因此国际上普遍的做法是，将互联网金融纳入现有监管框架，不改变基本的监管原则。例如，美国证监会对P2P贷款公司实行注册制管理，对信用登记、额度实施评估和管控。英国从2014年4月起将P2P、众筹等业务纳入金融行为监管局（FCA）的监管范畴，德国、法国则要求参与信贷业务的互联网金融机构获得传统信贷机构牌照。

（二）注重行为监管，根据业务的实际性质，归口相应部门进行监管

互联网金融业务交叉广、参与主体来源复杂，以往侧重市场准入的机构监管模式难以完全满足监管需求，因此国际上普遍的做法是，针对不同类型的互联网金融业务，按照其业务行为的性质、功能和潜在影响，来确定相应的监管部门以及适用的监管规则。美国、意大利、西班牙将互联网融资分为股权、借

贷两种模式，分别由金融市场监管机构和银行监管机构实施监管。法国根据众筹机构是否同时从事支付和信贷发放，来确定负责监管支付行为的金融审慎监管局是否参与。

（三）根据互联网金融的发展形势及时调整和完善法律法规体系

在将互联网金融纳入现有监管体系的同时，世界各国也在根据形势发展，不断创新监管理念，针对互联网金融出现后可能出现的监管漏洞，通过立法、补充细则等手段，延伸和扩充现有监管法规体系。例如，美国、澳大利亚、意大利通过立法给予众筹合法地位，美国、法国已拟定众筹管理细则。英国 FCA 在正式接受互联网金融监管的同时，配套推出涵盖众筹、P2P 等产品的一揽子监管细则。

（四）行业自律标准与企业内控流程相互补充

在行政监管的同时，各国也在积极发展各类互联网金融的行业自律监管组织。国际上，很多行业协会通过制定行业标准、推动同业监督、规范引导行业发展。英国三大 P2P 平台就建立了全球第一家小额贷款行业协会，美、英、法等国积极推动成立众筹协会，制定自律规范。很多企业本身，也通过制定企业内部监管规定，规范交易手续，监控交易过程，实施自我监管。

【要点回顾】

1. 风险被认为是未来不确定性引起的可能后果与预定目标发生多种偏离的综合，这种偏离通常由两类参数描述：一是偏离的方向与大小；二是各种偏离的可能程度。

2. 金融机构风险管理的侧重点在于经营中由于各种不确定因素而导致金融机构经济损失或收益率负向波动的可能性。衡量金融机构风险，就是衡量内外部不确定因素对金融机构盈利性或价值造成的潜在负面影响。

3. 金融风险具有以下特征：客观性、潜在性、可度量性、双重性和可控性。

4. 不同类型的金融机构风险，其产生根源、形成机理、特征和引起的后果各不相同，需要采取不同的防范与化解措施。银行风险包括：信用风险、市场风险、操作风险、流动性风险、法律风险、合规风险、声誉风险等。

5. 金融风险的度量，有灵敏度方法、波动性方法、VaR 方法、压力测试方法。不同测度方法，具有不同的优缺点。

6. 风险管理的策略包括风险预防、风险规避、风险分散、风险转移、风险抑制和风险补偿等。

7. 金融监管是指政府或政府授权的机构或依法成立的其他组织对金融活动及其参与者施加规制和监督的统称。除了市场失灵,金融监管的必要性还在于金融体系在国民经济中占有十分特殊的关键地位和金融体系具有内在脆弱性。

8. 现代金融监管体制在发展完善的过程中呈现出一些新趋势,包括政府监管与行业自律有机结合、外部监管和内部控制相互促进、机构监管向功能监管转变、宏观审慎监管的加强。

9. 银行监管的主要内容包括商业银行的市场准入监管、银行日常监管、存款保险制度、银行危机处理与退出管理。

10. 证券监管主要包括证券发行监管、证券交易监管、信息披露制度、上市公司收购监管、证券商监管等。

11. 从监管内容上看,保险监管包括国家保险监管机构对保险组织的监管、保险经营的监管、保险财务的监管、保险公司偿付能力监管以及保险中介人的监管。

12. 总结国际上对互联网金融的监管,体现了如下趋势和特征:将互联网金融纳入现有监管框架;注重行为监管,根据业务的实际性质,归口相应部门进行监管;根据互联网金融的发展形势及时调整和完善法律法规体系;行业自律标准与企业内控流程相互补充。

【复习题】

1. (多选题)现代金融监管体制在发展完善的过程中呈现出以下新趋势( )。
   A. 政府监管与行业自律有机结合 B. 外部监管和内部控制相互促进
   C. 机构监管向功能监管转变   D. 宏观审慎监管的加强

2. (多选题)风险具有以下特征( )。
   A. 客观性   B. 潜在性   C. 双重性   D. 可控性

3. (多选题)存款保险制度建立的目的是( )。
   A. 保护银行   B. 保护银行股东
   C. 保护储户   D. 保护贷款人

第九章

国际金融

【本章要点】

1. 了解国际收支和国际收支平衡表；
2. 熟悉国际收支失衡与调节；
3. 了解外汇、汇率及其标价方法；
4. 熟悉汇率的决定基础与影响因素；
5. 了解外汇风险；
6. 了解各种汇率制度及其优缺点；
7. 了解外汇管制及其影响；
8. 了解国际储备及其构成；
9. 熟悉国际储备的管理；
10. 了解国际货币制度的主要内容及类型。

国际金融（International Finance），是指货币资金跨越国界的运动。国际金融由国际收支、国际汇兑、国际结算、国际储备、国际投资和国际货币体系构成，它们之间相互影响、相互制约。

第一节 国际收支

一、国际收支与国际收支平衡表

（一）国际收支

国际收支（Balance of Payment）是在一定时期内一国居民对其他国家居民

所进行的全部经济交易的系统记录,它是一个特定时期的统计报表,系统地总结某一个经济体与世界其他经济体之间的经济交易。

国际收支具有以下特征:①它是一个流量概念。当人们提及国际收支时,总是需要指明它是属于哪一段时期的。②它所反映的内容是国际经济交易。所谓国际经济交易是指经济价值从一个经济体向另一个经济体的转移,具体划分为五类:商品和劳务与商品和劳务的交换,即物物交换;金融资产与商品和劳务的交换,即商品和劳务的买卖;金融资产与金融资产之间的交换;无偿的、单向的商品和劳务转移;无偿的、单向的金融资产转移。③它强调经济交易必须是在一个经济体的居民与非居民之间进行的。一个经济体的居民包括该经济体的各级政府及其代表机构,以及在该经济体领土上存在或居住一年(含一年)以上的个人及各类企业和团体(但使领馆、外交人员、留学人员等均一律视为原经济体的居民而不论其居住时间是否超过一年)。居民与居民或非居民与非居民之间的交易一般不在国际收支统计范围之内,只有居民与非居民之间的交易才是国际经济交易,因而必须在国际收支中反映出来。

(二)国际收支平衡表

国际收支平衡表是一国根据国际经济交易的内容和范围设置项目和账户,按照复式簿记原理,系统地记录该国在一定时期内各种对外往来所引起的全部国际经济交易的统计报表。

国际收支平衡表集中反映了一国国际收支的构成及总貌,其主要特点有:①它记载所有国际经济交易,这一点与外汇统计及海关统计都不同。外汇统计仅包括外汇收支,并未将没有外汇收支的进出口、实物资本移动等计算在内。海关统计则不问有无对等支付,而以通过海关的商品为统计对象,这虽与平衡表相似,但海关统计,仅以商品进出口为限,而未包括劳务交易与资本流动等,其范围较国际收支小。②采用复式记账法。设借贷双方,每一笔经济交易借贷双方必有相等的数字与之对应,双方才是平衡的;单方面转移项目例外,它没有相对应的项目。③国际收支失衡,在平衡表中可以用平衡项目来平衡,并不意味着一国的债权与债务必然相等。④国际收支平衡表既不是资产负债表,也非损益计算书。资产负债表是指一个企业在某一时点上的债权债务情况,无法显示整个期间的情况,属于静态情况;而国际收支平衡表显示了动态的情况,是反映一段时间内由债权债务变动所发生的外汇收支的总和。另外,损益计算书中的若干项目,在国际收支平衡表中不予列入,如毛利率、所得税等。⑤国际收支平衡表中记录的时间原则为:每笔经济交易的所有权改变的时间为记录的时间，具体是指在一定时点上，记录全部结清的交易项目，记录已到期（法律规定所有权应变更）必须结清的部分（不管实际上是否结清），记录交易已经发生（所有权已变更），但需要跨期结清的部分。

根据国际收支发生的不同原因，即不同类型的国际经济交易，国际收支平衡表可以分为三个基本账户。

1. 经常账户（Current Account）

经常账户是对实际资源在国际间的交易行为进行记录的账户，它包括商品贸易、劳务贸易、收益及单方转移四个子账户。

2. 资本和金融账户（Capital and Financial Account）

资本与金融账户是指对资产所有权在国际间流动的行为进行记录的账户，它包括资本账户（Capital Account）和金融账户（Financial Account）两个二级账户。

3. 错误和遗漏账户（Errors and Omissions Account）

国际收支账户运用的是复式计账法，因此所有账户的借方总额和贷方总额相等。但是，由于不同账户的统计资料来源不一、记录时间不同以及一些人为因素（如虚报出口）等原因，会造成结账时出现净的借方或贷方余额，这时就需要人为设立一个抵消账户，数目与上述余额相等而方向相反。错误和遗漏账户就是这样一种抵消账户，它归结了各种统计误差和人为差异，其数值与经常账户、资本和金融账户余额之和相等，方向相反。

二、国际收支失衡与调节

（一）国际收支失衡的判断与类型

国际收支可能出现顺差、逆差、均衡、危机几种情况。如果仅从国际收支平衡表各项目的记录综合在账面上看，国际收支平衡表总是均衡的，这是因为以复式记账法原理记录国际收支各个项目所致（有借必有贷，借贷必相等）。但现实中的均衡是很少见的，一国对外交易中的收入和支出，一般不可能完全相等，须通过人为的调节才使得国际收支平衡表达到基本均衡。

在现实的经济活动中，由于自主性交易很难完全达到收支平衡，总会发生或多或少的顺差或者逆差。因此可以说，一国的国际收支在较短时间内和较小范围内的不均衡是正常的现象。只有国际收支长期地、持续地、大量地不均衡而得不到改善，才会导致国际收支危机。

国际收支失衡的类型主要有以下几点。

1. 偶然性失衡

偶然性失衡指由于偶发性因素引起的国际收支失衡，例如战争、自然灾害等。这种失衡的实际表现既可能是国际收支顺差，也可能是国际收支逆差。

2. 周期性失衡

周期性失衡是指由于一国经济周期波动引起该国国民收入、价格水平、生产和就业发生变化而导致的国际收支不平衡。周期性不平衡是世界各国国际收支不平衡常见的原因。

3. 货币性失衡

货币性失衡是指一国货币价值与其他国家相比发生较大变化而引起的国际收支不平衡。这种不平衡主要是由于国内通货膨胀或通货紧缩引起的，一般直观地表现为价格水平的不一致，故又称价格性的不平衡。

4. 收入性失衡

收入性失衡是指由于各种经济条件的恶化引起国民收入的较大变动而引起的国际收支不平衡。国民收入变动的原因很多，一种是经济周期波动所致，这属于周期性不平衡，另外一种是因经济增长率的变化而产生的，即这里所指的收入性不平衡。一般来说，国民收入大幅度增加，全社会消费水平就会提高，社会总需求也会扩大，在开放型经济下，社会总需求扩大，通常不一定会表现为价格上涨，而表现为增加进口，减少出口，从而导致国际收支出现逆差；反之当经济增长率较低时，国民收入减少，国际收支出现顺差。

5. 结构性失衡

结构性失衡是指当国际分工的结构（或世界市场）发生变化时，一国经济结构的变动不能适应这种变化而产生的国际收支不平衡。

（二）国际收支失衡的调节

国际收支失衡的调节渠道存在于两个不同的层面：一方面，市场机制使得市场上存在着国际收支失衡的自动调节机制；另一方面，政府采用的宏观政策措施可以对国际收支失衡起到一定的调节作用。

1. 自动调节机制

国际收支的自动调节机制是指由国际收支失衡引起的国内经济变量变动对国际收支反作用，使国际收支自动恢复平衡的过程。具体包括以下四点。

(1) 物价调节机制。它是在纸币流通制度下，国际收支通过物价实现的一定程度的自动调节。当一个国家国际收支发生逆差时（顺差情况正好相反），意味着对外支付大于收入，货币外流；在其他条件既定的情况下，物价下降，本国出口商品价格也下降，出口增加，贸易差额因此而得到改善。

(2) 汇率调节机制。当一国出现国际收支失衡时，必然会对外汇市场产生压力，促使外汇汇率变动，进而使该国国际收支自动恢复均衡。例如，当一国出现国际收支逆差时，必然会引起外汇市场上的外汇需求大于外汇供给，在政府不对外汇市场进行干预的前提下，外汇汇率将上升，而本币汇率会下跌。如果该国满足马歇尔—勒纳条件，那么本币贬值将会改善该国贸易收支状况，并使其国际收支趋于均衡。

(3) 收入机制。它是指当国际收支失衡时，国民收入的水平也会随之改变，从而通过影响总需求及进口需求使贸易收支改善。

(4) 利率调节机制。在固定汇率制度下，国际收支失衡会通过货币供应量的调整，引起利率水平的变化，从而减轻一国国际收支的失衡。例如，在出现国际收支逆差的情况下，如果货币当局采取严格的稳定汇率政策，就必然会干预外汇市场，抛售外汇储备，回购本币，从而造成本国货币供应量的下降。货币量的减少会产生一个提高利率的短期效应，导致本国资本外流减少，外国资本流入增加，从而使该国资本和金融账户得以改善，并减轻国际收支逆差的程度。

国际收支市场调节机制能够自发地促使国际收支趋向平衡，不需要政府付出调节代价，可以避免各种人为的价格扭曲。因此，各国政府都不同程度地为市场调节机制创造适宜的环境。

2. 政策调节机制

国际收支失衡的政策调节方法主要包括以下六点。

(1) 财政货币政策。它主要通过三个渠道来影响国际收支，分别称为收入效应、利率效应和相对价格效应（或称替代效应）。当一国国际收支赤字时，政府当局应采取紧缩性的财政货币政策。首先，紧缩性财政货币政策通过乘数效应减少国民收入，由此造成本国居民商品、劳务支出的下降。只要它能够降低本国的进口支出，就可以达到纠正国际收支赤字的效果。这一收入效应的作用大小显然取决于一国边际进口倾向的大小。其次，紧缩性货币政策通过本国利率的上升、吸引资金从国外的净流入来改善资本账户收支。这一利率效应的大小取决于货币需求的利率弹性与国内外资产的替代性高低。最后，紧缩性财政货币政策还通过诱发国内生产的出口品和进口替代品的价格下降，来提高本国产品的国际价格竞争能力，刺激国内外居民将需求转向本国产品，从而获得增加出口、减少进口的效果。这一相对价格效应的大小主要取决于进出口供给和需求弹性。

（2）汇率调整政策。它是指运用汇率的变动来纠正国际收支失衡的调节政策。一是汇率制度的变更。在一国原先采用固定汇率或钉住汇率的情况下，如果出现巨额国际收支赤字，货币当局可以采用浮动汇率制或弹性汇率制，允许汇率由外汇市场供求自行决定，让汇率的自发变动来纠正国际收支逆差。二是外汇市场干预。在汇率由市场决定的情况下，一国货币当局可以通过参与外汇交易、在外汇市场上购入外汇出售本币的方法，操纵本币贬值以增加出口减少进口，改善其国际收支状况。三是官方汇率调整。在实行外汇管制的国家，汇率由一国货币当局人为规定，而非由市场供求决定。货币当局可以通过公布官方汇率贬值，直接运用汇率作为政策杠杆实现奖出限入，以消除其国际收支逆差。

（3）直接管制政策。它是指对国际经济交易采取直接行政干预的政策，包括财政管制、贸易管制和外汇管制等。

（4）外汇缓冲政策。各国都持有一定的国际储备，即黄金、外汇、国际货币基金组织的储备头寸，以及特别提款权，用以对付国际收支短期性不均衡。

（5）产业和科技政策。调整产业政策的核心在于优化产业结构，根据一国资源拥有状况和世界市场需求的变化，制定合理的产业结构规划，对部分产业部门进行调整与限制发展，而对一国优势产业和战略性产业采取政策措施促进其发展壮大，从而提高一国产业的国际竞争力，减少甚至消除结构性国际收支失衡。供给调节政策是一种长期性的政策措施，虽然在短期内难以取得显著的效果，但它可以通过提高国民经济的综合实力和国际竞争力，从根本上改善一国国际收支状况。

（6）国际经济合作。在一国国际收支不平衡时，可以寻求国际社会的帮助和支持，加强国际经济和金融的合作。

第二节 外汇与汇率

一、外汇的含义与作用

（一）外汇的含义

根据国际货币基金组织的定义，外汇是货币行政当局（中央银行、货币管理机构、外汇平准基金组织和财政部）以银行存款、财政部库券、长短期政府证券等形式所保有的，在国际收支逆差时可以使用的债权。具体包括以下几点：①可以自由兑换的外国货币，包括纸币、铸币等；②长、短期外汇有价证券，即政府公债、国库券、金融债券、股票、息票等；③外币支付凭证，即银行存款凭证、商业汇票、银行汇票、银行支票、银行支付委托书、邮政储蓄凭证等。目前，国际货币基金组织对外汇的定义已被普遍接受和采用。

外汇是以外币表示的各种金融资产，但并不是所有的外国货币表示的金融资产都是外汇。具体而言，一种外币金融资产作为外汇必须同时具备三大要素：①外汇必须是以外币表示的金融资产，且具有可偿性。一方面，外汇属于外币金融资产，具体表现为外币现金、外币支付凭证、外币有价证券等，任何以外币计值的实物资产和无形资产并不构成外汇；另一方面，外汇必须具有可偿性，也就是作为外汇的外币资产必须是在国外能得到偿付的货币债权，能够用于对外支付。②外汇必须具有充分的可兑换性，即作为外汇的外币资产必须要能够自由地兑换成他国货币。由于国际间的支付比较复杂，币种要求不一，因而并不是所有的外国货币或支付手段都能算作外汇，只有能自由地转入一般商业账户的外国货币或支付手段才可以算作外汇。按照IMF的规定，一国若对其国际收支中的经常账户不加限制，不采取差别性的多种汇率，且能应另一会员国的要求随时履行换回对方在经常项目往来中积累起来的本国货币的义务，则该国货币可称为自由兑换货币（Convertible Currency）。③作为外汇的外币资产必须能够在国际经济交易中被各国普遍接受和使用。目前，世界上有60多个国家或地区的货币被认为是可自由兑换货币，但作为外汇的外币种类并不多，它们主要包括：美元（USD）、欧元（EUR）、日元（JPY）、英镑（GBP）、新加坡元（SGD）、港币（HKD）、加拿大元（CAD）、澳大利亚元（AUD）、新西兰元（NZD）、瑞士法郎（CHF）、丹麦克朗（DKK）、瑞典克朗（SEK）以及挪威克朗（NOK）等。

按照不同标准，外汇可划分为诸多类型。

1. 从外汇是否可以自由兑换来看，可分为自由外汇和记账外汇

自由外汇是指不需要经过官方的批准，就可以自由兑换其他货币，或者可以向第三者办理支付的外国货币及支付手段。记账外汇是指在两国政府间签订的协定项目下所使用的外汇，在未经货币发行国批准的情况下，不能自由兑换成其他货币或对第三者支付的外汇。记账外汇只能根据两国政府间的清算协定，在双方银行开立专门账户记载使用，故又称为协定外汇。

2. 从外汇的来源或用途来看,可分为贸易外汇和非贸易外汇

贸易外汇是指通过出口贸易取得的外汇,以及用于进口商品支付的外汇,包括进出口贸易货款及其从属费用,它是一国外汇收支的主要组成部分。非贸易外汇是非来源于出口贸易或非用于进口贸易的外汇。非贸易外汇主要包括:劳务外汇、旅游外汇、侨汇、捐款和援助外汇,以及投资收益汇回等。

3. 从外汇的交割期限来看,可分为即期外汇和远期外汇

即期外汇是指在外汇买卖成交后的两个营业日以内办理交割的外汇,又称现汇。远期外汇是指买卖双方在签订外汇买卖合约时,约定在成交后两个营业日以后的某一时间或者期限办理交割的外汇,又称为期汇。

4. 按照外汇持有者的不同来划分,可分为官方外汇和私人外汇

中央银行、其他政府机构、国际组织等持有的外汇被称为官方外汇。其中,一国中央银行和其他政府机构持有的外汇构成一国的外汇储备。居民个人和企业法人所拥有的外汇称为私人外汇。在存在着外汇管制的国家,私人外汇往往受到外汇持有额度、汇出等方面的限制;而不存在外汇管制的国家,不对居民和企业持有外汇进行限制,允许个人和企业对其持有的外汇自由支配。

(二)外汇的作用

外汇作为一种主要的储备资产,在国际经济、政治和文化的交往中具有非常重要的作用。

1. 转移国际间购买力,促进国际间货币流通发展

由于外汇是一种国际间清偿债务、了结债权的手段,所以,一国拥有大量外汇,就意味着它拥有大量的国际购买力。外汇业务的发展使国际间代表外汇的各种信用工具大量涌现,使不同货币制度国家之间的非现金结算成为可能,这样既便利了国际结算,又使各国的购买力得以相互转换,极大地促进了国际间货币流通的发展。

2. 促进国际经济交易尤其是国际贸易的发展

作为国际间清偿债权债务的工具,外汇加速了资金在国际间的周转速度,促进了投资和资本流动,极大地便利了国际经济交易的发展。更重要的是,各种信用工具在国际贸易中的使用增加了国际信用,扩大了国际间商品流通的速度和范围,这就促进了国际贸易的发展。例如现在出口商可以开出远期汇票,允许进口商延期付款。

3. 调节国际间资金的供求失衡

世界各国的经济发展水平极不平衡，国际间资金失衡状况尤为严重，各个国家都在力求寻找新的国际经济合作，特别是在国际资金借贷方面的合作。而外汇作为国际间的支付手段，可以起到加速国际资本移动，活跃资金市场，针对国际资金市场的供求状况调剂余缺的作用，从而推动了整个世界经济的发展。

4. 衡量一国对外经济活动的地位和支付能力

作为储备资产，外汇占有量的多寡，通常还是衡量一国对外经济活动的地位和支付能力的重要标志之一。

二、汇率及其标价方法

汇率是外汇汇率（Foreign Exchange Rate）的简称，是指一国货币折算为他国货币的比率。它是两国货币的相对比价，即用一国货币所表示的另一国货币的价格，因此汇率又称为汇价或兑换率。

汇率所反映的是两种货币的相对比价，而要确定两种不同货币的比价，先要明确以哪种货币作为标准。因此，我们将所涉及的两种货币区分为基本货币（Base Currency）和标价货币（Quoted Currency）。前者是指在标价过程中作为常量的货币；后者是指在标价过程中作为变量的货币。

根据货币在标价的过程中是作为基本货币，还是作为标价货币，汇率的标价方法主要有两种：①直接标价法（Direct Quotation），是指在标价过程中，以外币作为基本货币而以本币作为标价货币的汇率表达方式。由于它是以一定单位（1个或100个货币单位）的外币为标准来折算应付若干单位本币的汇率标价法，所以又可以称为应付标价法（Giving Quotation）；②间接标价法（indirect Quotation），是指在标价过程中，以本币作为基本货币而以外币作为标价货币的汇率表达方式。由于它是以一定单位的本币为标准来折算应收若干单位外币的汇率标价方法，故又称为应收标价法（Receiving Quotation）。

需要特别指出的是，在当今国际金融市场上，汇率的表达方式已经普遍采用标准化的美元标价法（U. S. Dollar Quotation）。它有两层基本含义：一是所有在外汇市场上交易的货币都对美元报价，当交易员在询问某种非美元货币的汇价时，实际上是在问美元对该货币的汇价；二是除了英镑、澳大利亚元、欧元等少数货币外，其他货币的报价都是以美元来作为基本货币。

三、汇率的决定基础与影响因素

(一) 汇率的决定基础

一般说来,各国货币所具有或代表的价值量是决定外汇汇率的基础,而汇率之所以发生变动,其关键因素,是不同国家货币之间的价值对比关系发生了变化。由于在不同货币制度下,各国货币具有或代表的价值有差异,因此,我们有必要根据各种不同的货币制度,来分析和研究汇率的决定基础。

1. 金本位制下汇率的决定基础

从1816年到第一次世界大战之前,西方国家普遍实行金币本位制,其主要特征是:各国的货币均以黄金铸成,有法定的含金量;金币具有无限清偿能力,可以自由铸造、自由流通和自由输出入。金币含金量代表了金币的价值,因此实行金币本位制国家的货币单位的含金量之比,即铸币平价(Mint Par),就是决定汇率的物质基础。例如,英镑与美元的铸币平价为 $113.0016/23.22 = 4.8665$ 或 $7.32238/1.50463 = 4.8665$,它表示1英镑的含金量是1美元的4.8665倍,即1英镑=4.8665美元。铸币平价是决定汇率的基础,但它并非就是外汇市场上外汇交易的真实汇率。其真实汇率是以铸币平价为基础,随着外汇市场供求关系而上下波动的。

第一次世界大战期间,西方各国纷纷放弃金币本位制,改行金块本位制或金汇兑本位制。两者的共同点是金币不再自由铸造,国内不流通金币,只流通银行券。区别是在金块本位制下,银行券不能自由地兑换金币,但必要时可以请求兑换一定数量的金块,并且银行券的价值与黄金保持一定的等值关系;而在金汇兑本位制下,银行券在国内不能兑换黄金,并且本国货币只同另一实行金本位制国家的货币保持固定比价。这两种货币制度下汇率的决定基础不再是铸币平价,而是两国货币单位所代表的黄金量即黄金平价(Gold Parity)之比。

2. 纸币流通制度下汇率的决定基础

在金本位制崩溃以后,世界各国普遍采取了纸币流通制度。布雷顿森林体系下,世界建立了以美元为中心的固定汇率制。它的基本内容是:第一,美元与黄金挂钩,规定1盎司黄金等于35美元的法定官价,各国的中央银行和政府机构按照规定用美元向美国兑取黄金;第二,各国货币与美元挂钩,确定美元含金量为1美元兑0.888671克纯金,其他国家的货币也规定含金量,再按其含金量与美元保持固定比价。各国货币的汇率以金平价之比为基准,在上下限各1%的幅度内波动,其汇率决定的基础仍然是各国货币所代表的含金量之比。

在牙买加体系下，各国纷纷实行浮动汇率制。它有两个主要特征，一是在纸币流通条件下，各国不再限定货币的含金量；二是各国货币汇价不再限定上下波动幅度，而是任其自由涨落。各国纸币间的汇率不再以它的含金量来决定，而是以其国内价值也就是各国货币的实际购买力来决定。两种货币实际购买能力的对比即购买力平价就成为浮动汇率制下汇率决定的基础。

（二）影响汇率变动的主要因素

从20世纪70年代国际社会实行浮动汇率制度以来汇率变动的实际情况看，影响汇率变动的主要因素有以下几点。

1. 国际收支状况

国际收支的顺差或逆差会影响汇率的变动，汇率的变动又会影响国际收支的状况。其中经常项目收支差额对一国汇率具有长期的影响。当一国对外经常项目收支顺差，外国对该国货币的需求增加，使该国货币汇率趋于上升；反之则下降。

2. 通货膨胀的差异

如果一国发生通货膨胀，而外国的物价水平不变，那么该国货币的购买力下降，货币对外汇率就趋于下降；反之则上升。当两国均出现通货膨胀时，如果国内的通货膨胀率高于国外，则本币汇率趋于下降；反之本币汇率趋于上升。通货膨胀对汇率的影响存在着时滞。

3. 利率的差异

在开放经济条件下，利率水平的变化会对汇率水平产生影响。一国利率水平上升，资本流入增加，资本外流受到抑制，使该国货币的汇率上升。

4. 汇率预期

如果预期某国的通胀率将比别国高，实际利率水平将低于别国，经常项目收支将出现逆差，则交易者会预期该国货币汇率将呈跌势，于是抛售该国货币而购进外币，从而使该国货币的供给大于需求，汇率趋于下跌。

5. 外汇干预

政府可以对汇率进行短期干预。例如中央银行可以直接在外汇市场上买进或卖出外汇稳定汇率。

6. 宏观经济政策

宏观经济政策对汇率的影响主要反映在财政政策和货币政策的宽松与紧缩上。当经常项目逆差导致本币汇率下跌时，政府可实行紧的财政政策来改善经常项目，并辅以紧的货币政策来改善资本项目，从而阻止本币汇率的跌势。

7. 政治因素

一个国家的政治局势是否稳定也会对汇率产生很大的影响。一国政治局势越稳定，货币的币值就越稳定，汇率的波动就越小。

8. 外汇投机行为

大量投机行为会对货币的流向和规模产生影响，进而造成汇率的波动。例如当市场上的投机者认为某种货币即将升值，那么这些投机者将会大量购买该种货币，从而造成该货币汇率水平的上升。

四、外汇风险

外汇风险（Foreign Exchange Risk）是指在国际经济交易中，由于有关货币汇率发生变动，给经营双方任何一方带来损失的可能性。从国际交易的最终结果看，风险承担者既可能因汇价的波动而获益，也可能遭受损失。但外汇风险仅指风险承担者因汇价波动而承受损失的可能性，即由于汇价波动导致企业、个人以外币计价的资产或负债的价值蒙受损失的可能性。

外汇持有者或经营者存在的外汇风险一般通过外汇暴露（Exposure）来体现。所谓外汇暴露是指一个企业或个人以外币计价的资产或负债受汇价波动影响的资产金额。它具体表现为两种情形：①当企业或个人以外币计价的资产或负债的金额不相等时，就会出现一部分外币资产或负债净额受汇率变动的影响，这一净额成为敞口头寸（Open Position）；②当企业或个人以外币计价的资产或负债的期限不同时，就会出现所谓的期限缺口（Maturity Gap）或非对称缺口（Mismatch Gap）。简言之，体现外汇风险的外汇暴露是指企业或个人在以外币计价的经营活动中受汇率变动影响的那部分外汇资金额。

外汇风险有三种类别。

（一）交易风险

交易风险（Transaction Exposure）是指由于汇价变化导致企业应收账款和应付债务的价值发生变化的风险，反映汇价变动对企业交易过程中所发生的资金流量的影响。交易风险的产生是由于企业达成了以外币计价的交易，其以外币计算的现金流量已定，而交易还没有结束，账目还未了结，因而汇率变化会影响以本币计算的现金流量发生变化。外汇交易风险所涉及的范围主要有：进出口过程中的外币收付；外币存款、借款和贷款过程中涉及的货币兑换；投资中所涉及的本币与外币兑换。

（二）转换风险

转换风险（Translation Exposure）是指由于汇率变动导致资产负债表中某些外汇项目的价值发生变化的风险，又称会计风险、账面风险、换算风险等。当国际经营企业对其经营活动编制统一的财务报告，将其以外币计量的资产、负债、收入和费用折算成以本币表示的有关项目时，汇率变动就有可能给公司造成账面损益，这种账面损益即是由转换风险所带来的。可见，转换风险的产生是由换算时使用的汇率与当初入账时使用的汇率不同，从而导致外界评价过大或过小。

（三）经营风险

经营风险（Operating Exposure）又称经济风险，是指由于未预料到的汇率变化导致企业未来的纯收益发生变化的外汇风险。风险的大小取决于汇率变化对企业产品的未来价格、销售量以及成本的影响程度。一般而言，企业未来的纯收益由未来税后现金流量的现值来衡量，这样，经济风险的受险部分就是长期现金流量，其实际国内货币值受汇率变动的影响而具有不确定性。例如，当一国货币贬值时，出口商可能因出口商品的外币价格下降而刺激出口，使其出口额（对外销售额）增加而获益。但另一方面，如果出口商在生产中所用的主要原材料是进口品，因本国货币贬值会提高以本币表示的进口商品的价格，出口商品的生产成本又会增加。其结果有可能使出口商在将来的纯收益下降，这种未来纯收益受损的潜在风险即属于经营风险。

第三节 汇率制度与外汇管制

一、汇率制度

汇率制度（Exchange Rate Regime），又称汇率安排，是指一国货币当局对本国汇率变动的基本方式所做的一系列安排或规定。其主要内容包括确定汇率的原则和依据、汇率波动的界限、维持和调整汇率的措施以及相应的管理法规和机构等。

传统上，汇率制度可分为两大类型：固定汇率制（Fixed Exchange Rate System）和浮动汇率制（Floating Exchange Rate System）。其中，固定汇率制是指现实汇率受平价的制约，只能围绕平价在小范围内上下波动的汇率制度，即在这种汇率制度下，各国货币间保持固定比价，允许市场汇率围绕中心汇率（固定比价）上下自由波动，但波动被限制在一定的幅度之内，而且政府有义务采取措施来维持所规定的波幅。而浮动汇率制是指现实汇率不受平价的限制，随外汇市场供求状况变动而波动的汇率制度。在这种汇率制度下，各国货币间不在规定固定比价，汇率决定于外汇市场的供求，同样也不再规定市场汇率的波动幅度。因此，政府也就没有维持汇率波幅的义务。

2009年国际货币基金组织对汇率制度又进行了重新划分，具体分为四大类（含十小类）。

（一）硬盯住

硬盯住包括无独立法定货币的汇率制度（No Separate Legal Tender）和货币局制度（Currency Boards）两种类别。前者指一国采用另一国货币作为唯一法定货币或者成员国属于货币联盟共有同一法定货币，包括美元化和货币联盟。后者指本国货币通过一个固定比例与在经济上和其关联程度较密切的另一国货币可兑换，所发行的货币保证完全以外汇储备作为后盾，以使货币局制度下的国家负债具有足够的信用保证。

（二）软盯住

软盯住包括五个小类：①传统钉住（Conventional Pegs），指一国通常会以固定汇率钉住另一国货币或者一篮子货币，而被选定的货币或一揽子货币需要向国际货币基金组织公开或告知。这些国家当局可以通过直接或间接干预来保持汇率的稳定。官方承诺的这一汇率虽不是一成不变，但是对其波动需要符合以下条件：汇率围绕中心汇率的浮动幅度应小于1%，或者在即期市场汇率的最大值和最小值相差小于2%，并持续至少6个月。②稳定安排（Stabilized Arrangements），指在即期市场上汇率应在至少6个月时间里维持在2%的波幅范围内（除个别的异常值）。所谓稳定的浮动区间是相对于指定货币或者一揽子货币而言，其中锚货币或者一揽子货币是通过统计技术确定的。稳定安排要求汇率统计是符合统计标准的，而且政府行为可以维持汇率稳定。但这种制度分类并不代表国家当局的政策承诺。③爬行钉住（Crawl），指汇率可以在一个固定汇率上进行小幅调整，也可以对相应的定量指标做出相应的调整，这些定量指标包括和主要贸易伙伴间过去的通胀差异，或者在主要贸易伙伴间通胀目标和通胀预期之间的差异。爬行汇率可以形成一个与通胀相适应的汇率（回溯），或者预设一个低于预期通胀差异的固定汇率（前瞻）。而汇率安排的条件和指标需要向国际货币基金组织公开或告知。④类似爬行制（Crawl-like Arrangements），指在一个统计识别趋势上汇率波动需维持在2%的波幅范围内（除个别的异常值），并持续至少 6 个月的汇率制度，但这种汇率安排并不是浮动的。一般而言，这种波动的最小值大于稳定安排规定的波幅。如果汇率以充分单调或连续的方式升值或贬值，且其年化率的波动不小于 1% 时，才能被定义为类似爬行制度。⑤平行钉住汇率制度（Pegged Exchange Rate within Horizontal Bands），指允许货币价值围绕一个中心汇率波动时波动范围不低于 1%，或者汇率的最大值和最小值相差超过 2% 的汇率政策。这种汇率制度下的国家需要将中心汇率和浮动范围向国际货币基金组织公开或告知。

（三）浮动汇率

浮动汇率包括浮动制度（Floating Arrangements）和自由浮动（Free Floating）两个类别。前者指由市场决定的，但难以预测波动趋势的汇率，在浮动制度下，汇率的波动并非是由政府行为导致的，但又满足固定汇率制度或爬行钉住汇率制度下汇率波动的特征。直接或间接的外汇市场干预可以减少汇率的波动，但如果设定一个固定汇率，就会与浮动汇率制度的要求相违背。浮动制度对汇率波动的影响取决于经济冲击的大小。后者指政府干预发生仅仅是偶然发生，且旨在处理无序的市场条件，并且政府当局能提供信息和数据来证实这些干预在过去 6 个月被限制在 3 次以内，且每次都不超过 3 个工作日。一旦这些资料没有递交给国际货币基金组织，那么其汇率就会归类于浮动制度。

（四）其他管理安排（Other Managed Arrangements）

它是指对汇率制度的查漏补缺，货币当局政策波动无规律的汇率制度都属于这种类型。

二、外汇管制

（一）外汇管制的定义与类型

外汇管制（Foreign Exchange Control），是指一个国家或地区的政府或货币当局为平衡国际收支、维持其货币汇率的稳定以及其他目的对本国或本地区的外汇买卖、外汇汇率以及外汇资金来源和运用所采取的限制性措施。

按照外汇管制的内容、范围、项目和严格程度的不同，可以把当今世界的国家分为以下三种类型。

1. 实行严格外汇管制的国家和地区

即对国际收支的所有项目，包括经济项目、资本项目和平衡项目都进行较严格的管制。这类国家和地区通常经济不发达，外汇资金短缺，为了有计划地组织稀缺的外汇资源并合理运用，调节外汇供求，通过外汇管理达到稳定金融的目的,外汇管制措施都比较严格。凡实行计划经济的国家以及多数发展中国家,如印度、缅甸、巴西、哥伦比亚、伊拉克、阿富汗、摩洛哥、乍得、塞拉利昂、葡萄牙等国家都属此类。据统计,这类国家大约有九十个。

2. 名义上取消外汇管制的国家和地区

即对非居民往来的经常项目和资本项目的收付原则上不进行直接管制,尽管事实上还存在一些间接管制。属于这一类型的主要是发达的工业化国家,如美国、德国、日本、瑞士、卢森堡等,还有收支持续顺差的国家,如科威特、沙特阿拉伯、阿拉伯联合酋长国等石油输出国家。属于这类的国家和地区约有二十多个。

3. 实行部分外汇管制的国家和地区

这类国家包括一些比较发达的资本主义工业国,其对外贸易规模较大,有较雄厚的黄金外汇储备,国民生产总值也较高,如法国、澳大利亚、丹麦、挪威等国。还有一些经济金融状况较好的发展中国家,如圭亚那、牙买加、南非等国。目前,这类国家约有二三十个。

另外,不管是发达国家,还是发展中国家,其外汇管制宽严程度可分为三种类型:①完全控制。这类国家的货币尚未实现自由兑换,国家对经常项目、资本项目的外汇收支都实行严格的管理与控制,居民的货币兑换也受控制。这些国家主要是广大发展中国家和苏联、东欧国家,以及目前仍然实行计划经济的国家。列入这一类型的国家大约有九十多个。②部分控制。这类国家的货币已经实行经常项目下的自由兑换,通常是放开经常项目的外汇收支,国家只对资本项目的外汇收支进行严格控制,允许外汇自由买卖。它们多为经济发达国家和新兴工业化国家和地区,以及国际收支和经济状况较好的发展中国家。列入这一类型的国家和地区约有二十多个。③完全取消管制。这类国家和地区的货币基本上已经实现国际化,经常项目和资本与金融项目下的外汇收支实行自由化,货币当局只进行国际收支的统计监测和国际储备资产管理。这类国家和地区名义上取消了外汇管制,但对非居民也还实行间接的或变相的限制措施(如瑞士对非居民存款采取倒收利息的办法),对居民的非贸易外汇收支也有限制,不过限制的程度比前两种类型的国家和地区大大减小。属于这一种类型的国家和地区也有二十多个,主要是经济发达国家,如美国、德国、卢森堡等,还有国际收支顺差的石油生产国,如科威特、沙特阿拉伯、阿拉伯联合酋长国等。

(二) 外汇管制的目的和原因

一般来说,实行外汇管制的目的是:①限制外国货物的输入,促进本国货物输出,增加外汇收入,扩大国内生产;②限制资本逃避和防止外汇投机,以稳定外汇市场汇率和保持国际收支平衡;③保护本国产业,缓和失业矛盾。因为外汇管制可以配合保护关税政策,对那些不利于本国工业和新兴工业的进口商品实行限制,对促进本国工业发展的先进技术、设备及原材料的进口给予鼓励;④增加财政收入。实行了外汇管制,国家垄断了外汇业务买卖,经营外汇买卖的利润归国家所有。同时,外汇税的课征、许可证的批准、预交存款的规定、歧视性关税等可以使国家得到一笔额外的财政收入,这对解决财政紧张状况有一定的帮助;⑤外汇管制还可以作为一个国家外交谈判的筹码,借以实现推行一般行政措施所达不到的经济目的。

外汇管制的原因:各国的外汇管制都是为国家的政治服务的,是国家政治、经济政策的体现。从上面外汇管制演变的历史过程可以看出,一国国际收支逆差严重,外汇黄金储备大量流失,本国货币对外币比价不能维持,是实行外汇管制的直接原因。工业发达国家实行外汇管制,是为了维护本国货币汇率的稳定,减少国际收支逆差,加强出口产品的国际竞争能力。而广大发展中国家实行外汇管制,则是因为经济不发达,外汇资金短缺,想通过外汇管制来保证本国经济的独立发展,稳定本国货币的币值,保持国际收支的平衡,使有限的外汇资金不致任意流失,而能用在发展本国经济建设上。

(三)外汇管制的方法

从各国外汇管制的内容和运作过程来看,外汇管制的方法可分为直接外汇管制和间接外汇管制。

1. 直接外汇管制

直接外汇管制是指对外汇买卖和汇率实行直接的干预和控制。其按方式不同,又可分为行政管制和数量管制。

(1)行政管制。指政府以行政手段对外汇买卖、外汇资产、外汇资金来源和运用所实行的监督和控制,其具体措施有以下几点:①政府垄断外汇买卖。政府通过外汇管理机制控制一切外汇交易,汇率官定,限制买卖;②政府监管私有外汇资产。政府强制国内居民申报他们所拥有的一切国外资产,以便尽可能多地掌握外汇资产,在急需时可以运用;③管制进出口外汇。规定出口商所获外汇必须按官方价格卖给外汇指定银行,而进口商所需外汇必须向管理部门申请核准,不能以收抵支调剂使用;④控制资本输出输入。不论资本输出输入的金额多少,都必须逐笔向管汇机构申报。未经批准,任何居民或非居民都不得向外借债,更不得将外汇、黄金输出境外。

（2）数量管制。指对外汇收支实行数量调节和控制，具体操作包括：①进口限额制，是指由外汇管理机构按照本国在某一时期内所需进口的物资数量和种类，对不同进口商所需外汇分别实行限额分配；②外汇分成制，是指由外汇管理机构根据本国某些方面的需要制定出口所获外汇的分成比例，其具体形式有现汇留成、额度留成或者结汇证留成；③进出口连锁制，是一种以出限进的制度，即需进口货物者必须先行出口货物，只有能够出口货物者，才能取得相应的进口权。

2. 间接外汇管制

间接外汇管制是指外汇管理机构通过控制外汇的交易价格来调节外汇的成本和外汇的供求关系，从而达到间接管制外汇的目的，其具体措施有以下几点。

（1）实行差别汇率制。即外汇管理机构根据进出口商品的种类及用途不同，而规定两种以上的进出口结汇汇率。通常，对某些生产资料等必需品的进口，规定较低的结汇率，而对某些高档奢侈品的进口，规定较高的结汇率，以便通过汇率差别抑制某些高档商品的进口，支持必需品的进口。相应地，对于鼓励出口的商品按较高的汇率结汇，其余商品的出口则按普通汇率结汇。

（2）进口外汇公开标售。即外汇管理机构对进口用汇率价格不予以规定，而是采用公开招标方式，将外汇卖给出价最高者。

第四节 国际储备

一、国际储备及其构成

国际储备（International Reserve）是指一国货币当局为了弥补国际收支逆差、维持本国货币汇率稳定以及应付其他紧急支付的需要而持有的国际间普遍接受的所有资产的总称。国际储备资产必须同时具备三个特征：①可获得性（Availability），一国货币当局必须能够无条件获得并在必要的时候动用这类资产，非官方金融机构、企业和私人持有的这类资产不能算作国际储备，所以国际储备又被称为官方储备（Official Reserve）；②流动性（Liquidity），该资产必须具有充分的变现能力；③普遍接受性（Acceptability），该资产必须得到国际间普遍接受。

根据国际货币基金组织的统计口径，各成员国的国际储备主要由黄金储备、外汇储备、在国际货币基金组织的储备头寸和特别提款权四种资产构成。

（一）黄金储备

作为国际储备的黄金是指一国货币当局持有的货币化黄金（Monetary Gold），非货币用途黄金（如工业用途和民间收藏的黄金）不在此列。黄金作为国际储备由来已久。在国际金本位制和布雷顿森林体系下，黄金是重要的储备资产。基金组织于20世纪70年代中期实行的黄金非货币化（Demonetization of Gold）削弱了黄金的储备作用，但它仍是国际储备中的重要组成部分。

（二）外汇储备

外汇储备是一国货币当局持有的外国可兑换货币及其他短期金融资产。各国普遍接受的可自由兑换的通货称为储备货币（Reserve Currency），储备货币必须具备下列条件：①在国际货币体系中占有重要地位；②能自由兑换成其他储备货币；③内在价值相对稳定；④为世界各国普遍接受作为国际计价和支付手段；⑤供给数量同国际贸易、国际投资乃至世界经济的发展相适应。外汇储备是目前国际储备的主体。就金额而言，它超过所有其他类型的储备资产的总和，目前全球外汇储备总额接近8万亿特别提款权。

（三）在国际货币基金组织的储备头寸

在国际货币基金组织的储备头寸（Reserve Position in IMF）又称普通提款权（General Drawing Rights），是成员国在基金组织的普通账户中可以随时自由提取和使用的资产，包括成员国在基金组织储备部分提款权余额、基金组织用去的成员国的本国货币份额部分以及基金组织向成员国的借款。其中，后两种属于债权头寸，代表基金组织对成员国货币的净使用。一国储备头寸的多少与该国向基金组织缴纳的份额成正比。

（四）特别提款权

特别提款权（Special Drawing Rights，SDR）是国际货币基金组织对成员国根据其份额分配的，可用以归还基金组织贷款和成员国政府之间偿付国际收支赤字的一种账面资产。它实际上是基金组织为了解决国际储备不足，于1969年创设的国际储备资产。一国分配得到的尚未使用完的特别提款权构成其国际储备资产。特别提款权具有与其他储备资产不同的特征：①它是一种记账单位，不具有内在价值；②它没有商品贸易及金融交易基础，由国际货币基金组织按基金份额比例无偿分配给会员国；③它不能直接用于国际贸易支付和结算，也不能直接兑换成黄金，仅在成员国政府与基金组织及各成员国之间发挥作用。

特别提款权创设时以黄金定值，每一单位特别提款权含金量为0.888671克纯金，一单位特别提款权等于当时一美元的价值，但是不能按此兑换成黄金。

从 1974 年 7 月 10 日开始以一篮子 16 种货币为基础，采用加权平均的方法来确定特别提款权的价值，篮子货币的入选标准：该货币在 1972 年之前的五年在世界商品和劳务出口总额中占 1% 以上的份额。从 1981 年 1 月 1 日起，使用五种货币（美元、英镑、日元、德国马克、法国法郎）作为计算基础，以五国各自对外贸易在五国总贸易中的百分比作为权数，分别乘以五国货币计算日当日（或前一日）在外汇市场上对美元的比价，来求得特别提款权当天的美元价值，然后再通过市场汇率，套算出特别提款权对其他货币的比价。定值货币篮子每五年评估调整一次。2015 年 11 月 30 日，国际货币基金组织执董会决定将人民币纳入特别提款权货币篮子，货币篮子相应扩大至美元、欧元、人民币、日元、英镑 5 种货币，人民币在 SDR 货币篮子中的权重为 10.92%。新的特别提款权篮子于 2016 年 10 月 1 日生效。特别提款权作为一篮子货币，其汇率比单一货币更为稳定。

二、国际储备的管理

国际储备管理是指一国货币当局对储备资产的适度规模、正确投放和合理使用所采取的战略和政策。因此，国际储备的管理主要涉及两个方面：一是规模管理，即确定国际储备的适度规模；二是结构管理，即在总额既定的前提下，实现储备资产结构上的优化。

（一）国际储备的规模管理

一国国际储备的规模是由下列因素共同决定。

1. 经济规模和发展速度

在当今经济全球化加速发展的大背景下，一国的经济规模越大，发展速度越快，则对国外市场和资源的依赖程度越大，该国势必需要较为充足的国际储备以支持其大规模、高速度的经济发展。

2. 国际收支状况

一方面，一国的储备需求和国际收支赤字出现的规模和频率呈正相关关系，国际收支状况越不稳定，对国际储备的需求越高。另一方面，一国储备需求和国际收支失衡的性质有关，面临的国际收支逆差越偏向于短期性，需要的储备越多。若发生长期国际收支逆差，则只能通过吸收政策和转换政策进行调节。

3. 汇率制度和外汇政策

国际储备很重要的一个作用是干预外汇市场，维持汇率稳定。如果一国实行固定汇率制度，并且不愿意频繁调整汇率水平，它对国际储备的需求量就较多,以便能够随时入市干预以应对国际收支危机和汇率波动;反之,如果一国实行浮动汇率制度,汇率弹性越大,该国对储备的需求越小。外汇管制严格的国家,能有效控制进口和外汇资金的流动,因而较少的国际储备能够满足其需求;反之,如果一国取消或放松外汇管制,国际收支状况不确定性因素增加,则需要较多的国际储备。

4. 一国对外筹借应急资金的能力

国际储备需求量与其对外筹借应急资金的能力呈负相关关系。一国出现对外支付困难或外汇市场异常波动时,货币当局既可动用储备,也可通过国际金融市场筹借资金。如果一国资信等级较高,能够迅速以相对较低成本借入资金,说明该国筹借应急资金的能力就强,它所需要持有的国际储备就可以少一些;反之,若一国的国际资信较差,国际融资能力低,则需要保有较高水平的国际储备。

5. 本币的国际地位与国际货币合作状况

如果一国货币是储备货币,它可以通过增加本国货币的对外负债来弥补储备货币的不足,而不需持有较多的国际储备;反之,处于非储备货币地位的国家则需要较多的国际储备。如果一国政府同外国货币当局和国际货币金融机构有良好合作关系,如签订有较多互惠信贷和备用信贷协议,或者国际收支发生根本性失衡时,其他货币当局能协同干预外汇市场,则有助于减少一国储备需求;反之,储备需求就越多。

6. 金融市场的发育程度与国际收支调节机制的效率

一国金融市场越发达,其对利率、汇率等调节政策的反应越灵敏,则该国国际收支调节机制的效率就越高,储备需求就越少;反之,一国金融市场发育不充分,国际收支调节机制不畅或失灵,储备需求就越多。

7. 国际资本流动状况

随着全球金融一体化的逐步加深,国际资本流动规模越来越大。20世纪90年代由于国际资本流入突然停止而引爆的货币和金融危机频繁发生,充足的国际储备可以在一定程度上抵御外部冲击和预防危机。因此,金融开放度越高,国际资本流动规模越大,为了增强本国经济抵御外部冲击的能力,储备需求就越多。

8. 持有国际储备的机会成本

国际储备代表着一定的实物资源,持有国际储备意味着放弃利用实际资源的权利,持有的国际储备量越大,闲置的实际资源就越多,由此造成的利润损失就越大。目前各国国际储备一般都是以现金之外的金融资产保留,具有一定的利息收益。因此,一般认为一国持有国际储备的机会成本(Opportunity Cost)等于该国的边际投资收益率与国际储备资产利息率之差。但是如果进一步分析,国际储备的机会成本还应包括因进行储备而减少的实际资源的投入,经过乘数作用会引起产出多倍减少的因素。所以,持有国际储备的机会成本越高,国际储备需求量越低。

实践中最具代表性的确定国际储备适度规模的方法是比率分析法。比率分析法是根据外汇储备与某些经济变量的关系测算适度储备规模。最广为人知的是美国耶鲁大学罗伯特·特里芬教授(Robert Triffin)1960年开创的外汇储备与进口额比率,即一国外汇储备的合理数量应为该国年进口总额的20%~50%。

需要指出的是,在确定一国对国际储备的需求量时,应将上述因素综合起来考察,而且最佳的国际储备规模水平往往难以确定,更具实际意义的或许是确定国际储备的一个适度区域。概括而言,一国国际储备适度区域的确定原则是:根据该国经济发展状况来确定国际储备的上、下限。上限是该国经济发展最快时可能出现的进出口量与其他金融支付所需要的最高储备量,称为"保险储备量",下限是指该国经济缓慢增长,进口大量削减年份所需要的最低储备量,称为"经常储备量"。上限表示该国拥有充分的国际清偿能力,下限则意味着国民经济发展的临界制约点,上下限之间的范围则构成国际储备的适度区域。

(二)国际储备结构管理

国际储备结构管理是指一国基于安全性、流动性和盈利性原则,如何确定其国际储备资产的构成,使黄金储备、外汇储备、储备头寸和特别提款权四种形式的国际储备资产的持有量之间保持合适的比例关系。由于一国所持有的储备头寸和特别提款权数额是由该国向基金组织缴纳份额的多寡决定的,份额调整必须具备一定条件并经过一定程序,一个国家自己很难将其改变,所以只有黄金储备和外汇储备是一国的货币当局能够自己掌控的。20世纪70年代黄金非货币化以后,黄金储备在国际储备中所占比重有日益下降的趋势,并且多年来各国的黄金储备量保持相对稳定。因此,国际储备结构管理的核心是外汇储备的结构管理,具体又分为外汇储备币种结构管理和外汇储备资产结构管理。

20世纪70年代以后,国际货币体系发生重大变革,多种储备货币并存的局面取代了以美元为中心的单一的国际储备体系。各种储备货币在汇率、利率和通货膨胀率上存在很大差异，使得储备币种结构管理的重要性凸显。一般而言，一国确定外汇储备币种结构时应考虑以下标准：①币种结构尽可能与一国国际贸易结构和国际债务结构相匹配，这样做的好处是避免兑换风险，节约交易成本；②储备货币要与弥补赤字和干预外汇市场所需的货币保持一致，保证储备的使用效率；③应尽可能多地持有硬货币储备，而尽可能少地持有软货币储备，并根据软硬货币的走势，及时调整和重新安排币种结构；④实行储备货币的多元化，以抵消或降低汇率风险。

外汇储备资产结构管理就是通过优化配置不同类型的资产，实现外汇储备的系统优化，保持流动性、安全性和收益性的动态有效平衡。一般来说，在外汇储备资产组合管理时，各国政府通过储备资产的分级管理来进行。根据流动性的不同，储备资产可分为三部分：首先是一级储备，指可以立即用以直接支付以适应各种需求的储备资产部分，即现金或准现金，如活期存款、短期国库券或商业票据等；其次是二级储备，指收益率高于一级储备，但流动性仍然较高的资产，如中期债券等；最后是三级储备，指流动性较低的长期投资工具，如长期债券、股票等。由于持有储备的最直接目的就是满足对外支付需求和干预外汇市场，所以一直以来，各国都把储备资产的安全性和流动性置于首位。相应的，官方的外汇储备投资以一级储备为主，如金融秩序良好的国家所发行的国债。在此基础上，持有一定数量的流动性较高、容易变现的二级储备以应付一些难以预期的偶然性变动，剩余部分才考虑进行长期投资，获得较高收益。各层次的储备资产之间并不存在泾渭分明的界限。例如，即将到期的中长期债券的流动性并不亚于短期国库券。因此，只要合理安排持有的中长期债券的到期时间，则即使中长期债券所占比率较高，仍能确保国际储备资产的充足流动性。

 小知识

人民币国际化

货币国际化是指一国货币突破国家和主权的限制，在国际范围内发挥价值尺度、交易媒介、流通手段和贮藏手段的职能，从而成为国际货币的过程。因此，人民币国际化就是指人民币能够跨越国界，在境外流通，成为国际上普遍认可的计价、结算、投资及储备货币的过程。

人民币国际化起始于经常项目的自由兑换。1994年人民币汇率制度改革使人民币实现了经常项目下有条件自由兑换；1996年12月1日，中国成为国际货币基金组织第八条款接受国，实现经常项目下人民币的可兑换。亚洲金融危机成为人民币国际化的重要转折点,柬埔寨宣布将人民币作为国家的储备货币,人民币的流通范围扩大到周边国家的边境城镇,在朝鲜、越南、蒙古境内流通使用,甚至在一些国家的边境地区出现了部分的货币替换。

中国经济的高速发展,世界经济、货币格局的变化,推动了人民币国际化进程。2000年5月,东盟与中日韩"10+3"财长在泰国清迈共同签署了建立区域性货币互换网络的协议,即《清迈协议》(Chiang Mai Initiative),以便在一国发生外汇流动性短缺或出现国际收支问题时,其他成员国可集体提供应急外汇资金。《清迈协议》签订以后,东亚"10+3"货币合作实现突破性进展,人民币成为亚洲关键货币。2001年11月10日,中国正式加入世界贸易组织。区域货币合作的加强和中国产业对世界更广泛范围的开放,为人民币国际化创造了良好的环境。

2007年6月,第一只人民币债券在香港发行,香港作为人民币离岸金融市场的地位正式确立。2008年7月,中国人民银行设立汇率司,明确其一项重要职能为"根据人民币国际化进程发展人民币离岸市场",首次在官方文件中提出人民币国际化,正式拉开了人民币国际化的政策序幕。2008年国际金融危机爆发后,人民币国际化进入加速发展阶段。2011年8月实现了全国及全球范围的跨境贸易人民币结算。除《清迈协议》框架下的货币互换协议外,截至2015年,中国已与30个国家和地区签订了共计31102亿元人民币的双边货币互换协议。2010年8月16日,中国人民银行发布《关于境外人民币清算行等三类机构运用人民币投资银行间债券市场试点有关事宜的通知》,允许经过批准的境外银行参与中国银行间市场债券交易,打开了人民币投资回流的渠道。而2011年底开始实施的 RQFII,允许境外合格投资机构在离岸市场筹集人民币资金投资于境内证券市场,实质上也是在探索建立人民币回流机制,满足离岸人民币资金回流境内投资的需求。跨境人民币直接投资(FDI)的正式推出,是人民币资本项目开放的重要举措。2016年10月,人民币正式加入SDR篮子,开启了人民币国际化的新征程。

2018年,跨境人民币占本外币跨境收付比重为22.5%,人民币已连续八年为我国第二大国际收付货币;人民币在国际支付货币中的份额为2.07%,为全球第五大支付货币;各经济体央行持有的外汇储备中,人民币外汇储备资产约合2027.9亿美元,占全球官方外汇储备资产的1.89%;人民银行已累计与38个国家或地区的央行签署了货币互换协议,同时全球已有超过60个国家将人民币纳入官方储备。

第五节 国际货币体系

一、国际货币体系概述

（一）国际货币体系的概念与内容

国际货币体系（International Monetary System）亦称国际货币制度，是指为了适应国际贸易和国际支付的需要，各国政府对货币在国际范围内发挥世界货币职能所做的一系列安排，包括为此所确定的原则、采取的措施和建立的组织机构。

作为调节国际货币关系的一整套国际性的规则、安排、惯例和组织形式，国际货币体系构成国际金融活动总的框架，各国之间的货币金融交往在各个方面都要受到国际货币体系的约束。国际货币体系的主要内容包括：国际收支调节方式的确定；汇率制度的确定；国际货币本位或储备资产的确定；国际货币活动的协调与管理。

（二）国际货币体系的分类

国际货币体系可以从多个角度进行划分。

1. 从货币本位角度划分，国际货币体系可以分为货币本位、纯粹商品本位和纯粹信用本位三种类型

（1）货币本位。货币本位是一国货币制度的基准，是指在国际经济活动中，国家出于经济条件或政策上的考虑，用法律的形式将本国货币与之固定地联系起来，作为衡量价值的标准，以及国际交易的最终清偿手段。

（2）纯粹商品本位。纯粹商品本位是指纯粹以某种商品或贵金属作为货币本位的货币体系，如国际金币本位制以黄金作为国际货币本位。

（3）纯粹信用本位。纯粹信用本位也称为不兑换纸币本位，它是指只以外汇作为国际货币本位而与黄金无任何联系的货币体系，如牙买加体系以美元、英镑、德国马克、瑞士法郎、法国法郎、日元等外汇作为国际货币本位。混合本位，是指同时以黄金和可兑换黄金的外汇作为国际货币本位的货币体系，如国际金币本位制崩溃以后的金汇兑本位制，以及布雷顿森林体系。

2. 从汇率制度角度划分，国际货币体系可以分为固定汇率制度和浮动汇率制度，以及介于两者之间的可调整钉住汇率制度、爬行钉住汇率制度、管理浮动汇率制度等

3. 从货币制度运行的地域范围划分，国际货币体系可以分为全球性的国际货币体系和区域性的国际货币体系

全球性的国际货币体系如布雷顿森林体系，世界上绝大多数国家都加入了；区域性的国际货币体系如欧洲货币体系，主要限于欧洲地区的国家。

实际上，在谈到一种货币体系时往往将这些分类标准结合起来，例如国际金本位制是一种以黄金为货币本位的固定汇率制，布雷顿森林体系是以黄金和不兑现的纸币（美元）为货币本位的固定汇率制，而牙买加体系是一种储备货币多元化、以浮动汇率制为主的混合体制。

国际货币体系随着历史的发展而不断演变。按照出现的先后顺序，经历了以下几个主要阶段：国际金本位制、布雷顿森林体系以及牙买加体系。

二、国际金本位制

国际金本位制在19世纪下半叶随着西方主要国家相继过渡到金本位制而形成。一般把1880年作为国际金本位制开始的年份，因为这个时候，欧美主要国家普遍实行了金本位制。金本位制（Golden Standard）是指以一定成色及重量的黄金为货币本位的一种货币制度。黄金是货币体系的基础。按照货币与黄金的联系程度，金本位制可以分为金币本位制（Gold Specie Standard）、金块本位制（Gold Bullion Standard）和金汇兑本位制（Gold Exchange Standard）。

国际金本位制的典型形式是金币本位制，其主要内容包括：①用黄金来规定货币所代表的价值，每一货币单位都有法定的含金量，价值符号（辅币和银行券）可以自由兑换金币；②金币可以自由铸造，任何人都可按本位货币的含金量将金块交给国家造币厂铸成金币；③各国的货币储备是黄金，国际的结算也使用黄金，黄金可以自由输出与输入国境；④金币是无限法偿货币，具有无限制支付手段的权利。据此，金币本位制具有三个"自由"，即自由兑换、自由铸造和自由输出入。

国际金本位制（特别是金币本位制）"三大自由"的特征决定了它是一种相对稳定的货币制度。由于金币可以自由铸造与熔化，金币的面值与其所含黄金的商品价值保持一致，金币数量能自发地满足流通中的货币需要；由于价值符号（辅币和银行券）能自由兑换金币，所以它们能稳定地代表一定数量的黄金进行流通，从而保证了货币价值和价格的相对稳定；由于黄金可在各国之间自由转移，这就保证了外汇行市的相对稳定与国际金融市场的统一。稳定的价格水平和汇率水平，有力地促进了世界经济的繁荣与发展。

但是随着历史条件的变化，国际金本位制稳定的基础逐渐削弱，其缺陷逐渐暴露出来：①世界黄金产量的增长远远落后于世界经济增长的速度，由此造

成的清偿力不足严重制约了经济发展;②国际金本位制的自动调节机制受许多因素制约,它要求各国政府严格按照金本位制的要求实施货币政策,对经济不加干预。然而在金本位制度末期,各国政府经常设法抵消黄金流动对国内货币供应量的影响,使自动调节机制难以实现;③金本位制下的价格稳定只有当黄金与其他商品的相对价格较为稳定时才能实现。经验研究表明,国际金本位时期,价格并不是长期稳定的,其波动与世界黄金产量的波动直接相关;④金本位制要求各国的货币发行量不能超出其黄金存量可支撑的货币量,这意味着难以根据本国经济发展的需要执行有利的货币政策。

因此,第一次世界大战结束以后勉强恢复的金块本位制和金汇兑本位制,由于基础脆弱,终于在1929 – 1933年世界性经济危机中土崩瓦解。

三、布雷顿森林体系

国际金本位制崩溃以后,国际货币体系经历了持续的动荡。1944 年 7 月,44 个国家的代表在美国新罕布什尔州(New Hampshire)布雷顿森林市(Bretton Woods)召开国际金融会议,通过了《联合国货币金融会议决议书》以及《国际货币基金组织协定》和《国际复兴开发银行协定》两个附件,总称为《布雷顿森林协定》(Bretton Woods Agreement)。至此,一个新的国际货币体系——布雷顿森林体系正式建立起来。

(一)布雷顿森林体系的主要内容

1. 确立黄金和美元并列的储备体系

美元与黄金直接挂钩,各国确认1943年美国规定的1盎司黄金 = 35美元的官价。各国官方可按黄金官价随时用其持有的美元向美国兑换黄金。换言之,只有美元可以兑换黄金,其他货币要先兑换成美元,然后才能换成黄金。照此规定,美元是这一体系的关键货币,是最主要的国际储备货币。实践中,由于各种原因,绝大多数国家用美元兑换黄金的数量很小,甚至根本不兑换,因此这一体系实际上是美元本位制。

2. 实行可调整的钉住汇率制

美国公布美元的法定含金量为0.888671克纯金。基金组织成员国都要规定对美元的货币平价,要么通过与美元含金量的对比(即黄金平价之比)确定,要么遵守对美元的固定比价(这与通过黄金平价之比确定实际上是一回事,因为官方可以按照35美元1盎司黄金的官价将美元兑换为黄金)。各成员国汇率的波动幅度不得超过平价的±1%,一旦突破规定的波幅,各国有责任进行干预。法定平价一旦经基金组织确认，一般不得随意更改。只有在国际收支发生根本性失衡并且经过基金组织同意以后，才能调整法定平价。这种汇率安排介于金本位制的永久性固定汇率和完全自由的浮动汇率之间，实际上是一种"可调整的钉住汇率制"（Adjustable Peg），即"钉住"法定平价，但在特定条件下可调整。由于各国货币均与美元保持可调整的固定比价，因此，各国相互之间实际上也保持着可调整的固定比价，整个货币体系就成为一个固定汇率的货币体系。

3. 提供多渠道的国际收支调节机制

布雷顿森林体系提供的国际收支调节机制主要有两个渠道：①基金组织通过预先安排的资金融通措施，向国际收支赤字国提供短期资金融通。主要途径包括：普通提款权、特别提款权、出口波动补偿贷款、缓冲库存贷款、石油贷款、中期贷款、信托基金贷款、补充贷款和扩大基金贷款等。贷款的资金来源是成员国向基金组织缴纳的份额，以及向某些成员国的借款等。②当成员国发生国际收支根本性失衡，其他调节措施无效或代价太高时，经过基金组织同意，可以改变法定的汇兑平价。

4. 取消对经常项目的外汇管制，但允许对资本流动进行限制

20 世纪 30 年代国际金本位制崩溃以后，各国都采取了严厉的外汇管制措施，严重损害了国际间的经济交往。布雷顿森林体系的一项重要任务就是努力取消外汇管制，因而规定在经历必要的过渡期后，成员国不得限制经常项目的支付，不能采取歧视性的差别汇率，要在其货币可兑换性（20 世纪 50 年代末，货币普遍恢复了可兑换性）的基础上实行多边支付。但是，鉴于两次世界大战间国际资本流动的投机色彩浓厚，给国际货币体系的稳定带来了非常大的冲击，因此布雷顿森林体系允许对国际资本流动进行限制。

5. 制定稀缺货币条款（Scarce-currency Clause）

当一国国际收支持续盈余，并且该国货币在基金组织的库存下降到其份额的 75% 以下时，基金组织可将该货币宣布为"稀缺货币"，允许其他国家对"稀缺货币"采取临时性限制兑换，或限制进口该国的商品和劳务。这一项内容未得到实际贯彻。

为了保证上述内容的贯彻实施，布雷顿森林体系协定决定建立一个永久性的国际金融机构，即国际货币基金组织（International Monetary Fund, IMF），以促进国际间政策协调。国际货币基金组织负责制定成员国间的汇率政策和经常项目的支付以及货币兑换性方面的规则，并进行监督；对发生国际收支困难的

成员国在必要时提供紧急资金融通，避免其他国家受其影响；为国际货币合作与协商提供场所。

（二）布雷顿森林体系的特征

布雷顿森林体系实际上是以美元为中心的国际金汇兑本位制（International Gold Exchange Standard System）。美元可以直接兑换黄金和实行可调整的钉住汇率制，是构成这一货币体系的两大支柱。

与第二次世界大战前的金汇兑本位制相比，布雷顿森林体系有着很大的不同：①布雷顿森林体系以美元为主要储备货币，而战前有英镑、美元、法郎等多种主要储备货币；②第二次世界大战前美国、法国、英国三国允许居民兑换黄金，布雷顿森林体系只满足中央银行用美元兑换黄金的要求；③布雷顿森林体系是一种可调整的钉住汇率制，而第二次世界大战前的金平价更具刚性；④国际货币基金组织则是维持布雷顿森林体系正常运行的中心机构，而第二次世界大战前没有这样一个促进国际货币合作的常设机构。因此，有人把布雷顿森林体系称为新金汇兑本位制（New Gold Exchange Standard System）。

布雷顿森林体系的贡献在于：结束了金本位制崩溃以后国际金融领域的混乱局面；实行可调整的钉住汇率制度，在一定程度上消除了汇率风险，促进了国际贸易和国际投资的发展；弥补了国际清偿力不足；国际货币基金组织向成员国提供资金融通，促进了国际收支的平衡，使有暂时性国际收支逆差的国家仍有可能对外继续进行商品交换，而不必借助贸易管制；树立了开展国际货币合作的典范，开辟了国际金融政策协调的新时代。

（三）布雷顿森林体系的崩溃

布雷顿森林体系在20世纪50年代运行基本良好。但随着全球相对经济力量的不断变化，该体系的缺陷充分暴露出来——清偿力和信心之间的矛盾。美国在布雷顿森林体系中有两个基本责任：一是保证美元按固定官价兑换黄金，维持各国对美元的信心；二是提供足够的国际清偿力，即美元。但信心和清偿力同时实现是有矛盾的。美元供给太多就会有不能兑换黄金的危险，发生信心问题；美元供给太少则不能满足国际经济发展对清偿力的需求，发生清偿力不足的问题。第一次提出这一根本缺陷的是美国耶鲁大学教授特里芬（D. Triffin），故称为"特里芬难题"。这是任何以单一货币作为国际储备货币的货币体系的弱点。因此，布雷顿森林体系存在崩溃的必然性。

布雷顿森林体系以美元为中心，美元的地位及其变动对体系有举足轻重的影响。布雷顿森林体系建立早期，世界经济经历了"美元荒"（Dollar Shortage）

的冲击。从 20 世纪 50 年代中期起，西欧各国由于得到"马歇尔计划"（Marshall Plan）的支援，其经济迅速复苏，国际收支状况逐渐好转，国际储备不断增加；而美国由于援助外国以及发动侵朝战争，军费开支猛增，加上美国国内低利率造成资本外流，各国手中持有的美元数量激增，"美元荒"演变为"美元过剩"（Dollar Glut）。20 世纪 60 至 70 年代，特别是 70 年代初，美元危机（即由于美元国际收支逆差严重，而引起美元对外汇率急剧下降，美国的黄金大量外流的经济过程）频繁爆发，1960 年 10 月爆发了第一次美元危机；1968 年 3 月爆发了第二次美元危机；1971 年 8 月，1972 年 6 月和 1973 年初，美元又连续爆发了三次危机。每一次美元危机爆发以后，美国与其他国家采取的一系列拯救措施可以在短时间稳定金价和汇率，维持体系的正常运行，但无法根本改变"特里芬难题"所揭示的布雷顿森林体系在制度安排上的缺陷。1973 年 2 月，布雷顿森林体系彻底崩溃。

四、牙买加体系

1976 年 1 月，国际货币基金组织"国际货币体系临时委员会"在牙买加首都金斯顿（Kingston）召开会议，达成了《牙买加协定》（Jamaica Agreement）。同年 4 月，国际货币基金组织理事会通过了《国际货币基金协定第二次修正案》，对国际金融体系作出新的规定，认可了 1971 年以来国际金融的重大变化，国际货币体系从此迈入牙买加体系时代。

（一）牙买加体系的主要内容

1. 浮动汇率合法化

具体表现为：①承认固定汇率和浮动汇率制度同时并存，允许成员国自由选择汇率制度；②成员国的汇率政策应受基金组织的指导和监督，以确保有秩序的汇率安排和避免操纵汇率来谋取不公平的竞争利益；③在货币秩序稳定后，经基金组织总投票权的 85% 多数通过，可以恢复"稳定的但可调整的汇率制度"。事实上，至今仍然没有恢复这种汇率制度。

2. 黄金非货币化

具体表现为：①废除黄金官价，取消成员国之间以及成员国与基金组织之间以黄金清算债权债务的义务，目的是使黄金与货币彻底脱钩，让黄金成为一种单纯的商品；②成员国中央银行可以按市价从事黄金交易，基金组织不在黄金市场上干预金价；③逐步处理基金组织所持有的黄金，按市价出售基金组织黄金份额的 1/6（约 2500 万盎司），另外 1/6 按官价归还各成员国，剩余部分（约1亿盎司）根据总投票权85%的多数作出处理决定。

3. 增加基金组织的份额

具体表现为：①各成员国对基金组织缴纳的份额总量增加，从原有的292亿特别提款权增加到390亿特别提款权，增加了33.6%；②各成员国应缴份额所占的比重也有所改变，主要是欧佩克国家的比重提高一倍，由5%增加到10%，其他发展中国家维持不变，主要西方国家除前联邦德国和日本略增以外，其余都有所降低。份额重新修订的结果是，发展中国家的投票权相对增加。

4. 扩大对发展中国家的资金融通

具体表现为：①以在市场上出售黄金超过官价部分的所得收入建立信托基金，以优惠条件向最穷困的发展中国家提供贷款；②将基金组织的信贷总额由成员国份额的100%提高到145%；③放宽出口波动补偿贷款，由原来占份额的50%提高到75%，以满足发展中国家的特殊需要。

5. 提高特别提款权的国际储备地位

未来的国际货币体系，应使特别提款权逐步取代黄金和美元成为国际货币体系的主要储备资产，成员国可以用特别提款权来履行对基金组织的义务和接收基金组织的贷款，各成员国相互之间也可用特别提款权来进行借贷。

（二）牙买加体系的特征

牙买加体系实际上是以美元为中心的多元化国际储备和浮动汇率体系。

1. 国际储备多元化

在布雷顿森林体系下，世界储备主要是美元和黄金，外汇储备90%以上是美元，结构比较单一。在牙买加体系下，国际储备形成多元化的格局。美元在各国国际储备中的份额已经减少，但仍是最主要的储备货币。欧洲货币单位（ECU，即欧元的前身）、德国马克、法国法郎、英镑、日元和瑞士法郎等相继跻身于国际货币之列。1999年欧元启动以后，欧元取代欧洲货币单位成为重要的国际储备货币，德国马克和法国法郎等退出国际储备体系。2016年，人民币纳入特别提款权，成为储备货币的新选择，黄金的储备地位继续下降。尽管《牙买加协定》曾规定未来的国际货币体系应该以特别提款权为主要储备资产，但事实上，特别提款权在世界各国国际储备中的比重不但没有增加，反而呈下降趋势[⊖]。

⊖ 2015年为2.50%。资料来源：IMF，《International Financial Statistics》各期。

2. 以浮动汇率为主的混合体制得到发展

汇率制度实践形式的多样性及向浮动的汇率制度转变的国际趋势是牙买加体系的主要特点。从各国实际汇率安排情况看,工业发达国家以单独浮动、联合浮动或管理浮动为主,发展中国家的汇率安排更多地偏向固定汇率,如钉住美元或欧元、钉住(参考)自选的货币篮子、钉住特别提款权等。

3. 多种国际收支调节机制相互补充

在牙买加体系下,国际收支不平衡的调节主要通过汇率机制、利率机制、国际金融市场、国际金融机构的协调、动用国际储备资产等方式进行,多种调节机制相互补充。

汇率机制是牙买加体系下国际收支调节的主要方式。当一国经常账户收支发生赤字时,该国货币汇率趋于疲软下跌,有利于增加出口减少进口,从而贸易收支和经常账户得到改善。反之,当一国经常账户收支盈余时,该国货币汇率坚挺上浮,导致进口增加出口减少,国际收支恢复均衡。

利率机制调节指通过一国实际利率与其他国家实际利率的差异来引导资金流入或流出,从而调节国际收支。实际上是通过国际收支资本账户的盈余或赤字,来平衡经常账户的赤字或盈余,或者说利用债务和投资来调节国际收支。

牙买加体系与布雷顿森林体系一样,可以通过基金组织的干预和贷款活动来调节国际收支。此外,可以发挥国际金融市场的媒介作用,通过国际商业银行的活动或者通过外汇储备的变动来调节国际收支。

(三)牙买加体系的作用

牙买加体系在一定程度上克服了布雷顿森林体系的缺陷,在保持全球流动性、调节国际收支和促进经济一体化发展等方面发挥了积极作用。牙买加体系与第二次世界大战后成立的联合国以及关贸总协定(1995年被WTO取代)一起,构成当今国际秩序的三大支柱,促进了世界和平、全球经济发展和金融稳定。

(1)多元化的储备体系基本上摆脱了布雷顿森林体系时期基准货币国与依附国相互牵连的弊端,并在一定程度上解决了"特里芬难题"。

牙买加体系由于实现了国际储备多元化和浮动汇率制,即使发生美元贬值,也不一定影响各国货币的稳定性;由于美元与黄金脱钩,即使发生美元贬值的预兆,各国也不可能用所持有的美元储备向美国联邦储备银行兑换黄金,所以,牙买加体系基本上摆脱了布雷顿森林体系时期基准货币国与依附国相互牵连的弊端。另外,美元不是牙买加体系下唯一的国际储备货币和国际清算及支付手段，即使美元不外流，也会有其他储备货币和国际清算及支付手段来弥补国际清偿力的不足；即使美国国际收支不断发生逆差和各国的美元储备超过美国的黄金储备，各国也不可能用美元储备向美国挤兑黄金，从而加重美国的经济困难，所以，牙买加体系在一定程度上解决了"特里芬难题"。

（2）以主要货币汇率浮动为主的多种汇率安排体系能够比较灵活地适应世界经济形势多变的状况；自由的汇率安排能使各国充分考虑本国的宏观经济条件，并使宏观经济政策更具独立性和有效性。

（3）多种国际收支调节机制并存和相互补充，能适应各国经济发展水平相差悬殊，各国发展模式、政策目标和客观经济环境都不相同的特点。

牙买加体系是在保留和加强基金组织作用的前提下对布雷顿森林体系的一种改革，是一种灵活性很强的国际货币体系，因为在许多方面都缺乏硬性的统一标准，所以西方有些学者把它称为"无体制的体制"（Non-System）。

【要点回顾】

1. 国际收支是指在一定时期内一国居民对其他国家居民所进行的全部经济交易的系统记录，系统地总结某一经济体与世界其他经济体之间的经济交易。根据国际收支发生的不同原因，国际收支平衡表可以分为经常账户、资本和金融账户以及错误和遗漏账户。

2. 外汇是指一国货币兑换成他国货币，并清偿国际债权、债务关系的一种专门性的经营活动或行为。汇率是指一国货币折算为他国货币的比率。汇率的标价方法分为直接标价法和间接标价法。外汇风险是指在国际经济交易中，由于有关货币汇率发生变动，给经营双方任何一方带来损失的可能性。

3. 汇率制度是指一国货币当局对本国汇率变动的基本方式所做的一系列安排或规定。汇率制度可分为四大类：硬盯住、软盯住、浮动汇率和其他管理安排。

4. 外汇管制是指一个国家或地区的政府或货币当局为平衡国际收支、维持其货币汇率的稳定以及其他目的，对本国或本地区的外汇买卖、外汇汇率以及外汇资金来源和运用所采取的限制性措施。

5. 国际储备是指一国货币当局为了弥补国际收支逆差、维持本国货币汇率稳定以及应付其他紧急支付的需要，而持有的国际间普遍接受的所有资产的总称。国际储备资产必须同时具备可获得性、流动性和普遍接受性这三个特征。国际储备主要由黄金储备、外汇储备、在国际货币基金组织的储备头寸和特别提款权四种资产构成。

6. 国际货币体系是指为了适应国际贸易和国际支付的需要，各国政府对货币在国际范围内发挥世界货币职能所做的一系列安排。

【复习题】

1. （多选题）国际收支失衡的类型包括有（　　）。
A. 偶然性失衡　　B. 周期性失衡　　C. 货币性失衡　　D. 收入性失衡
2. （多选题）外汇风险的类别包括（　　）。
A. 交易风险　　B. 转换风险　　C. 经营风险　　D. 信用风险
3. （多选题）牙买加体系的主要内容包括（　　）。
A. 浮动汇率合法化　　　　　　B. 黄金非货币化
C. 增加基金组织的份额　　　　D. 扩大对发展中国家的资金融通

参考文献

[1] 桑德斯. 信用风险度量：风险估值的新方法与其他范式 [M]. 刘宇飞，译. 北京：机械工业出版社，2001.
[2] 罗斯. 商业银行管理 [M]. 刘园，等译. 4版. 北京：机械工业出版社，2001.
[3] 科伊尔. 信用风险管理 [M]. 周道许，关伟，译. 北京：中信出版社，2003.
[4] 格拉迪. 商业银行经营管理 [M]. 谭秉文，译. 北京：中国金融出版社，1989.
[5] 弗里德曼. 存款经营 [M]. 刘诗隐，译. 北京：中国计划出版社，2001.
[6] 米什金，等. 金融市场与机构 [M]. 李健，贾玉革，译. 北京：中国人民大学出版社，2013.
[7] 胡夫，迈克唐纳. 国际银行管理教程与案例 [M]. 刘群艺，译. 北京：清华大学出版社，2003.
[8] 科普兰. 汇率与国际金融 [M]. 康以同，译. 北京：中国金融出版社，1992.
[9] 汉达. 货币经济学 [M]. 郭庆旺，译. 2版. 北京：中国人民大学出版社，2005.
[10] 奥伯斯费尔德. 国际经济学 [M]. 北京：中国人民大学出版社，1998.
[11] 普莱斯，拉特. 现代中央银行 [M]. 北京：经济科学出版社，2000.
[12] 鲁斯. 贷款管理 [M]. 石召奎，译. 北京：中国计划出版社，2001.
[13] 梅尔文. 国际货币与金融 [M]. 欧阳向军，俞志暖. 译. 上海：上海三联书店，1991.
[14] 弗雷泽，等. 商业银行业务——对风险的管理 [M]. 北京：中国金融出版社，2002.
[15] 史密森. 货币经济学前沿：争论与反思 [M]. 柳永明，译. 上海财经大学出版社，2004.
[16] 马歇尔，班赛尔. 金融工程 [M]. 宋逢明，等译. 北京：清华大学出版社，1998.
[17] 克鲁格曼，等. 国际经济学 [M]. 北京：中国人民大学出版社，2011.
[18] 陈建忠. 证券投资学 [M]. 北京：中国电力出版社，2009.
[19] 陈文汉. 证券投资理论与实务 [M]. 北京：清华大学出版社，2012.
[20] 陈学斌. 金融监管学 [M]. 北京：高等教育出版社，2003.
[21] 陈雨露. 国际金融学 [M]. 北京：中国人民大学出版社，2008.
[22] 陈泽聪. 证券投资分析 [M]. 厦门：厦门大学出版社，2009.
[23] 戴国. 商业银行经营学 [M]. 北京：高等教育出版社，1999.
[24] 邓田生. 证券投资学 [M]. 北京：北京邮电大学出版社，2011.
[25] 董继刚，张健，刘浩莉. 证券投资学 [M]. 北京：中国农业大学出版社，2011.
[26] 段文军. 保险学概论 [M]. 成都：西南财经大学出版社，2009.

[27] 葛红玲. 证券投资学 [M]. 北京：机械工业出版社，2007.

[28] 何国华. 国际金融理论最新发展 [M]. 北京：人民出版社，2014.

[29] 何国华. 国际金融学 [M]. 武汉：武汉大学出版社，2017.

[30] 胡昌生，熊和平，蔡基栋. 证券投资学 [M]. 2版. 武汉：武汉大学出版社，2009.

[31] 胡继之. 金融衍生产品及其风险管理 [M]. 北京：中国金融出版社，1997.

[32] 胡金焱，高金窑，霍兵. 证券投资学 [M]. 北京：高等教育出版社，2013.

[33] 黄宪，代军勋，赵征. 银行管理学 [M]. 武汉：武汉大学出版社，2011.

[34] 黄宪，潘敏，江春，等. 货币金融学 [M]. 6版. 武汉：武汉大学出版社，2017.

[35] 黄宪. 开放条件下中国银行业控制力与国家金融安全 [M]. 北京：中国金融出版社，2009.

[36] 姜波克. 国际金融新编 [M]. 5版. 上海：复旦大学出版社，2012.

[37] 萨克斯，拉雷恩. 全球视角的宏观经济学 [M]. 费方域，等译. 上海：上海三联书店，上海人民出版社，2004.

[38] 李志辉. 银行管理学 [M]. 北京：中国金融出版社，2015.

[39] 凯弗斯. 世界贸易与国际收支 [M]. 余淼杰，译. 9版. 北京：中国人民大学出版社，2005.

[40] 刘德红. 证券投资 [M]. 北京：经济管理出版社，2009.

[41] 刘思跃，肖卫国. 国际金融 [M]. 2版. 武汉：武汉大学出版社，2013.

[42] 饶余庆. 现代货币银行学 [M]. 北京：中国社会科学出版社，1983.

[43] 史建平. 银行管理 [M]. 6版. 北京：机械工业出版社，2014.

[44] 孙祁祥. 保险学 [M]. 北京：北京大学出版社，2017.

[45] 谭燕芝. 银行管理 [M]. 湘潭：湘潭大学出版社，2012.

[46] 王建国，刘锡良. 衍生金融商品 [M]. 成都：西南财经大学出版社，1997.

[47] 魏华林，林宝清. 保险学 [M]. 3版. 北京：高等教育出版社，2013.

[48] 魏加宁. 存款保险制度与金融安全网研究 [M]. 北京：中国经济出版社，2014.

[49] 叶永刚，熊和平. 衍生金融工具概论 [M]. 武汉：武汉大学出版社，2002.

[50] 张守川. 银行风险策略管理研究 [M]. 北京：中国金融出版社，2013.

[51] 张小红，庹国柱. 保险学基础 [M]. 北京：首都经贸大学出版社，2009.

[52] 张元萍. 量化投资实验 [M]. 北京：北京大学出版社，2017.

[53] 赵何敏，黄明皓. 中央银行学 [M]. 北京：清华大学出版社，2012.

[54] 周浩明. 银行经营与管理 [M]. 上海：上海交通大学出版社，2014.